中国の見方がわかる中国史入門

福村国春
Fukumura Kuniharu

はじめに

歴史をモノにするために

『史記』によれば、斉《せい》の兵家《へいか》、孫臏《そんぴん》（孫子）は『孫臏兵法』を残しました。いわゆる『孫氏の兵法』です。彼は『謀攻編』にて次のように述べています。

「彼を知りて己を知れば、百戦して殆《あや》うからず。彼を知らずして己を知れば、一勝一負す。彼を知らず己を知らざれば、戦うごとに必ず殆うし」

古くから我々は、中国を鏡として自己を認識するとともに、中国を範として自己を形成してきました。今、日本が国際社会のなかで進むべき道を断じていくためには、まずもって自分たちについて知らねばなりません。本書を通読していただければ、中国という巨大な隣人がどのように歩んできたのかを知ることができるとともに、中国の歴史が如何に興味深く、魅力ある人物に溢れているか、実感していただけるはずです。そして、より重要なことに、我々自身についても知ることができるでしょう。

なお、本書では「中国の見方」を習得しながら歴史を追っていきます。特に、中国の統治の原理、技術、盛衰の法則、あるいは人々の気質などに一定の見方を紹介しています。前著『歴史の見方がわかる世界史入門』でも述べたように、歴史を習得していくことは、ダンスを習得していくことと同じです。私が皆さんの前で踊ってみせますので、まずは同じ様に踊ってみてください。きっと、踊る楽しさも共有できるはずです。そのうちに、その踊り方はいいなとか嫌だなとか、共感や反発が出てくるでしょう。そうやって皆さんの「踊り方（歴史の見方）」が生まれてくるはずです。

では本書の舞台や音響の設定について説明しておきましょう。中国の歴史は、欧米の侵略を受ける前と後で、大きく二つに分けることができます。

◎アヘン戦争以前（欧米の侵略以前）…皇帝による王朝体制を維持した時代
◎アヘン戦争以後（欧米の侵略以後）…皇帝による王朝体制が崩壊した時代
以降、中国は変化を迫られ、再建と前進を続ける

欧米の侵略を受ける前、中国には皇帝を中心とする王朝体制がとられ、王朝交替が繰り返さ

れます。しかし、19世紀、帝国主義の時代になると欧米の侵略を受け、王朝体制は崩壊、中国は欧米を中心とする国際社会に組み込まれていきます。変化を迫られるなか、多くの挑戦と挫折を経て、現在の新しい中国が生まれてくることになります。

本書は中国の歴史を学ぶ入門書であり学習書でもあります。とはいっても、人名・事件名・年号などの知識を受験生のように覚える必要はありません（覚えるにこしたことはありませんが）。けれども、一度学んだ「中国の見方」は覚えておいてください。すでに起きた動きと同じような動きが起きれば、同じ「中国の見方」でとらえられるようにしてほしいと思います（巻末に「中国の見方」をまとめましたので、必ず復習してください）。

それでは、舞台は整いました。音が鳴りはじめますので、手足を動かす準備はよろしいでしょうか。歴史とは何か、人間とは何か、そして巨大な隣人はどのように歩んできたのか、そんな思いを共有しながら、4000年前の中国へとさかのぼりましょう。

中国の見方がわかる中国史入門　目次

目次

第1章❖中華の誕生——周・秦・漢

本章の目次

第1章では「中華の誕生」を主題として歴史の歩みを見ていきましょう。この時代には、中国の基礎となる様々なものが誕生します。

中国の歴史は王朝交替の歴史です。古代では、重要な王朝が周・秦・漢と続き、それぞれの間には混乱の時代がはさまります（左図）。中国の歴史は統一と分裂の繰り返しでもあります。

周の支配が崩れると、春秋戦国時代という混乱の時代が訪れます。この時代には、孔子や孟子、あるいは韓非《かんぴ》といった学者が登場して、中国の秩序の基礎となる多くの「思想」が生み出されます。その後、乱世をおさめて新たに中国を統一したのは秦でした。

秦は中国の中核となる「領域」を確定、そして中国を支配するための「王朝」をつくりだします。しかし、わずか3代15年で滅ぶと、次の時代をめぐって項羽と劉邦が衝突、いわゆる楚漢戦争が勃発すると、再び混乱の時代となります。その後、劉邦が勝利して漢を建てました。

漢は４００年にわたって存続、中国を代表する王朝になります。漢の政治が乱れると、三国志でおなじみの曹操・劉備・孫権といった英雄たちが衝突して乱世が訪れます。

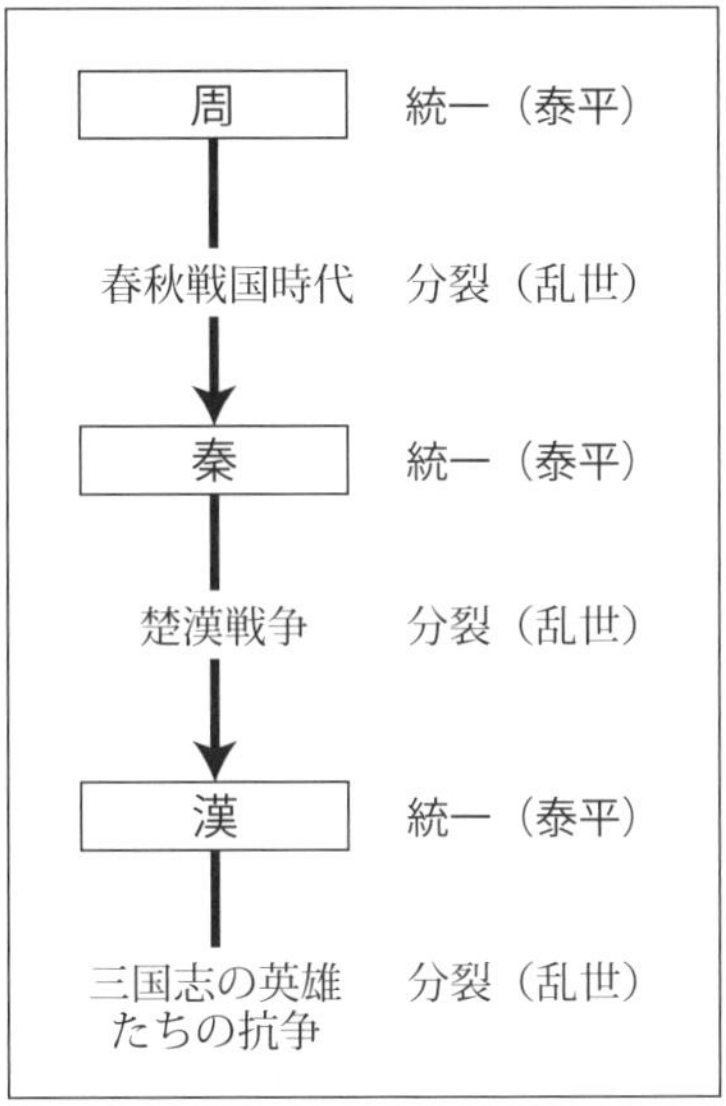

第1幕 殷・周と春秋戦国時代——徳か法か、あるいは道か

天道是か非か

紀元前。司馬遷《しばせん》（図1）は、治世も乱世も、中華の歴史を人の世として実に生き生きと描き出しました。大著『史記』には天下に生きる人々の千姿万態の道が描かれています。司馬遷は筆を進めながらも、これらの群像に対して次のような思いを抱きました。

「余甚《はなは》だ惑う。儻《も》しくは所謂《いわゆる》天道是か非か」（『史記』伯夷《はくい》列伝）

（私は歴史を見ていると戸惑いを隠せない。天は果たして正義を支え、悪逆を退けているのだろうか）

司馬遷の目には、人の世が不条理に満ちたものとして映りました（何より彼の運命こそが理不尽であった！）。善人でも不運な末路を歩み、悪人であっても悠然と天寿を全うする、天の定めた道理は正しい者に味方しているといえるのか、疑わしいかぎりである、と、大歴史家はそう

図1：司馬遷

嘆息するのです。

司馬遷が示したように、歴史は「人」です。群像たちの織り成す物語でもあり現実でもある歴史から、学ぶとともに問おうではありませんか。天道是か非か、と。

中国の見方1
中国は「中心」の文明

太古の時代を生きる人々は、自らの立つ自然環境から世界を認識しました。エジプト人は砂漠と太陽、そして悠久のナイル川から、ギリシア人は岩山によって分断された狭い土地から、それぞれの世界観や死生観を形成していきました。それは中国の人々も同様です。

中国は「広く」「平ら」な地域。無論、現在の中国西部には、その昔、『西遊記』の三蔵法師が通った砂漠や高原、山脈がありますが、古代中国の舞台である東部は、華北平原と呼ばれる「広く」「平ら」な「一つの完結した世界」でした。なかでも人口が集中したのは、農耕に適した黄河の中下流域です。当然の流れとして、人々は、この地を最も賑わう「中心」として定め、その周りを廃れた「周辺（東夷・西戎《せいじゅう》・南蛮・北狄《ほくてき》）」と見なして蔑視しました。中華思想の誕生です。

◉中国は「中心」の文明
中国は自らの住む地域を世界の「中心」と見なす文明。

なお、中華思想は我々にも強い影響を与えています。現在の中国は「中華人民共和国」を名乗っており、日本は「日本国」を名乗っています。「中華」は「中心」、「日本」は中華の東側、すなわち「東方（辺境）」を意味しています。結局のところ、中国人も日本人も、この中華思想をもとにして自らを認識しているのです。

中国の見方２ 中国は「秩序」の文明、「政治」の文明

さて、この「広く」「平ら」な土地には多くの人間が居住しているため争いが絶えません。中華の平和を守るためには「秩序」が重要になります。中国は「広く」「平ら」な地域ですから、外敵が侵入してくれば遮るものはなく、洪水が起これば土地は荒れてしまいます。所有権も不動産も役には立ちません。中国の人々が頼りにした「秩序」は「血縁」、あるいは「地縁」に基づく人間関係による相互扶助でした。

◉中国は「秩序」の文明

「血縁」や「地縁」に基づく人間関係による相互扶助を「秩序」とした。

中国が「秩序」の文明であるということは、「政治」の文明でもあるということです。中国では宗教も経済も、文化すらも「政治」に従属します。儒教（儒学）は政治のための宗教（学問）です。キリスト教の世界でいう聖人は偉大な宗教者を意味しますが、儒教の世界では理想の政治家を意味します。また、共産主義は政府が経済を管理する思想、絢爛たる文化も、多くの場合は政治権力を行使する官僚たちが創造します。そして、時に歴史や人命も政治に従属するのです。これは今も昔も変わりません。ヨーロッパでは宗教や哲学が重んじられます。日本では経済、特に生産活動が重視されているように思います。何に価値を置くかは、環境によって異なりますが、中国では「政治」が最も価値あるものなのです。

中国の人々は、この「政治」に関して、一種の装置のようなものをつくりあげました。すなわち「権力」を動力とする「王朝」という体制です。古代、孔子の説を継承した孟子は、王朝について次のように説明します。天帝が有徳の者に天命を与え、天子（皇帝）として王朝を組織して天下を支配する、しかしながら、天下が乱れれば、天帝は別の有徳の者に天命を下して王朝は交替していく（易姓革命《えきせい》）、と。中国の歴史は、20世紀に至るまで、王朝交替の歴史として展開していきます。

◉中国は「政治」の文明
「権力」を動力とする「王朝」という体制がつくりだされた。

さて、中国が「中心」の文明であり、「政治」の文明であるなら、歴史の全体像も必然的に決まってきます。歴史を追っていく前に、まず全体像を整理して眺めてみましょう。

中国の見方3　中国の歴史は「漢民族支配」か「異民族支配」に分かれる

王朝交替を順に見ていくと、いくつかの見方で整理することができます。まず、中国は「中心」の文明ということから、歴史は常に次のどちらかの時代に振り分けられます。

◉「中心」の人々が担う「漢民族支配」の時代……中華の民族が中国を支配する時代
◉「周辺」の人々が担う「異民族支配」の時代……北方の民族が中国を征服した時代

中国の見方4

中国の歴史は「統一の時代」か「分裂の時代」に分かれる

次に、中国は「政治」の文明であるということから、歴史は常に次のどちらかの時代に振り分けられます。

◉「政治」がうまくいっている時代……統一の時代（泰平の世・治世）
◉「政治」がうまくいっていない時代……分裂の時代（動乱の世・乱世）

中国の王朝交替の歴史は、「中心」と「政治」という二つの観点から、次のようにまとめることができるでしょう（図2）。

中国の歴史には、それぞれの時代をつくる「顔」といえる人々がいます。「政治」を名君や名臣が行えば天下は泰平となり、暴君や佞臣《ねいしん》が行えばたちまち動乱となります。飢餓に苦しむ農民、反乱の頭領と参謀・豪傑などなどが天下を大きく揺るがしていきます。そして「中心」たる漢民族の秩序が乱れれば「周辺」の異民族が侵入の機会を窺い始めます。これから語られる中国の歴史は、治世と乱世を振り子のように行き来しながら進み、個性あふれる人々によっ

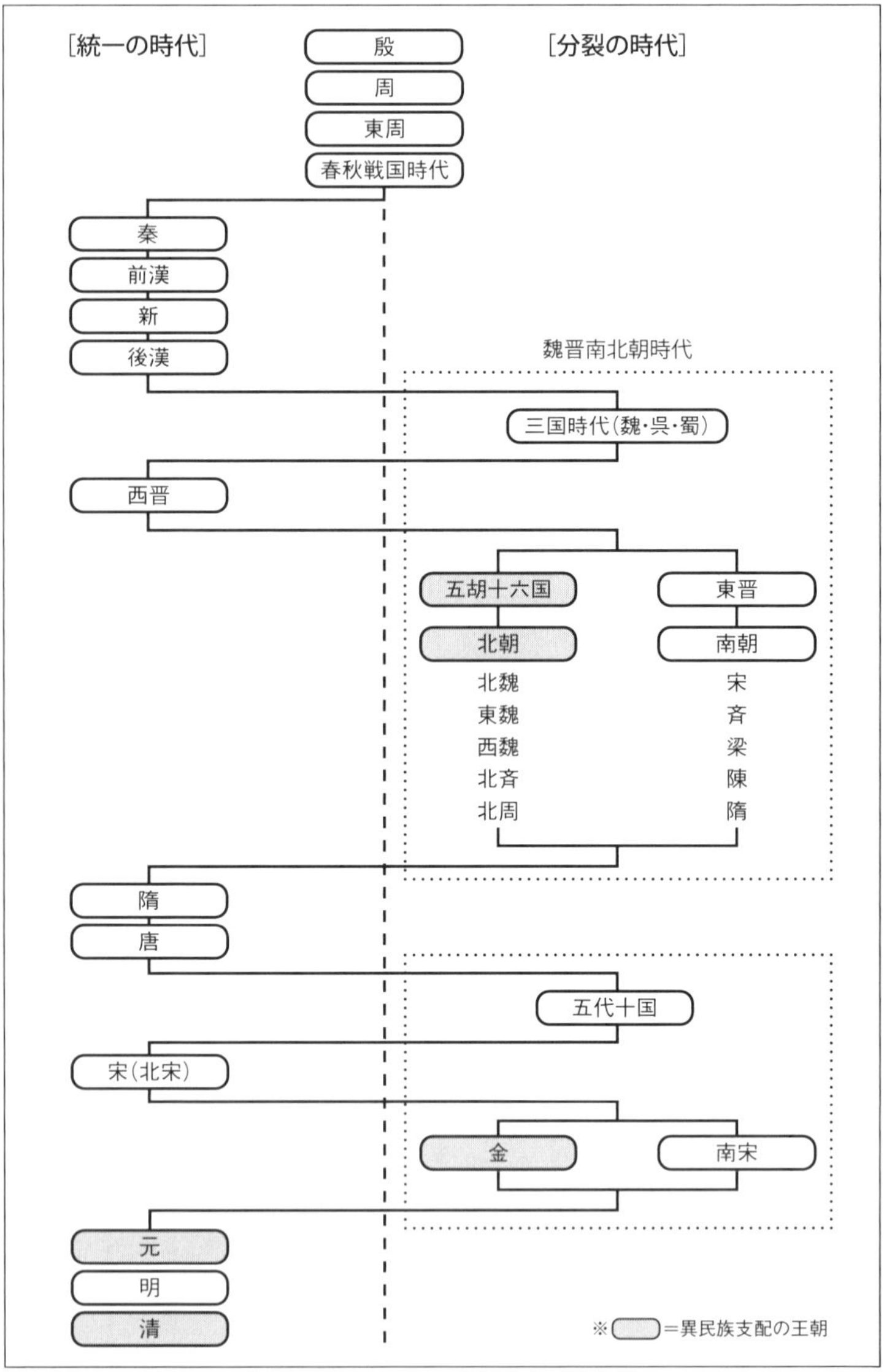

図2：中国の王朝交替の歴史

て彩られます。それでは、長い長い中国の歴史を古代から紐解いていくことにしましょう。

中国人の誕生

世界を見渡すと、二つの民族が衝突して文明を形成する例が数多くあります。インドでは先住民のドラヴィダ人と侵入者のアーリヤ人が混淆《こんこう》しました。西ヨーロッパでは在来のラテン人と外来のゲルマン人が、イギリスでは先住していたケルト人と渡来したアングロ・サクソン人がぶつかり合います。中国の場合は、東方の殷《いん》と西方の周という民族集団の衝突が起源です。

中国の人々は「血縁」による結びつきをもとに集落（邑《ゆう》）を形成して暮らし始めました（中国の見方2）。やがて、巨大な集落の君主は王を名乗り、周辺の集落を諸侯として支配するようになります。中国の最初の王朝は、こうした集落と集落の連合体として形成されました（邑《ゆう》制国家）。伝説によると、その王朝は夏《か》という名の王朝であったとされています。17代・450年続いたとされていますが、実在は証明されていません。

夏に代わって新たに殷《いん》という王朝が建てられます。これは商という集落を中心に形成された王朝で、30代・600年続いたとされ、殷墟《いんきょ》という王宮跡の発見によって実在が確認されています。商の人々は東方を拠点として農耕を行い、あるいは沿岸の貝を貨幣として交易を行う民族でもありました（「商業」「商人」の由来）。司馬遷の『史記』を代表とする数々の史書は、殷の最後の王であった紂王《ちゅうおう》がとんでもない暴君であったと伝えています。暴虐な振る舞いが多く、愛妃の妲己《だっき》とともに「酒池肉林」の故事で有名な淫楽にふけり、諫言《かんげん》するものはことごとく殺されたようです。

堕落した殷《いん》を討伐したのが周です（前11世紀頃・殷周革命）。周の人々は西方を拠点とする遊牧民族と関係の深い民族でした。中国人は、こうした農耕民族ないし商業民族の気質を持つ殷と、遊牧民族の気質を持つ周が衝突することで誕生しました（図3）。

実は、この殷周革命は日本にも大きな影響を与えます。東方の殷が西方の周に討たれることで、東アジアの諸民族が玉突きのように動くと、押し出された人々は北九州へとやってきました。私たち日本人も、先住の縄文人と渡来した弥生人が混合することで誕生したのです。現在でも、「中心」たる大陸は、「東方（辺境）」の島国に、政治・経済、文化、その他黄砂なども含めて、大きな影響を与え続けていますが、それは3000年前から変わらないことがわかります。

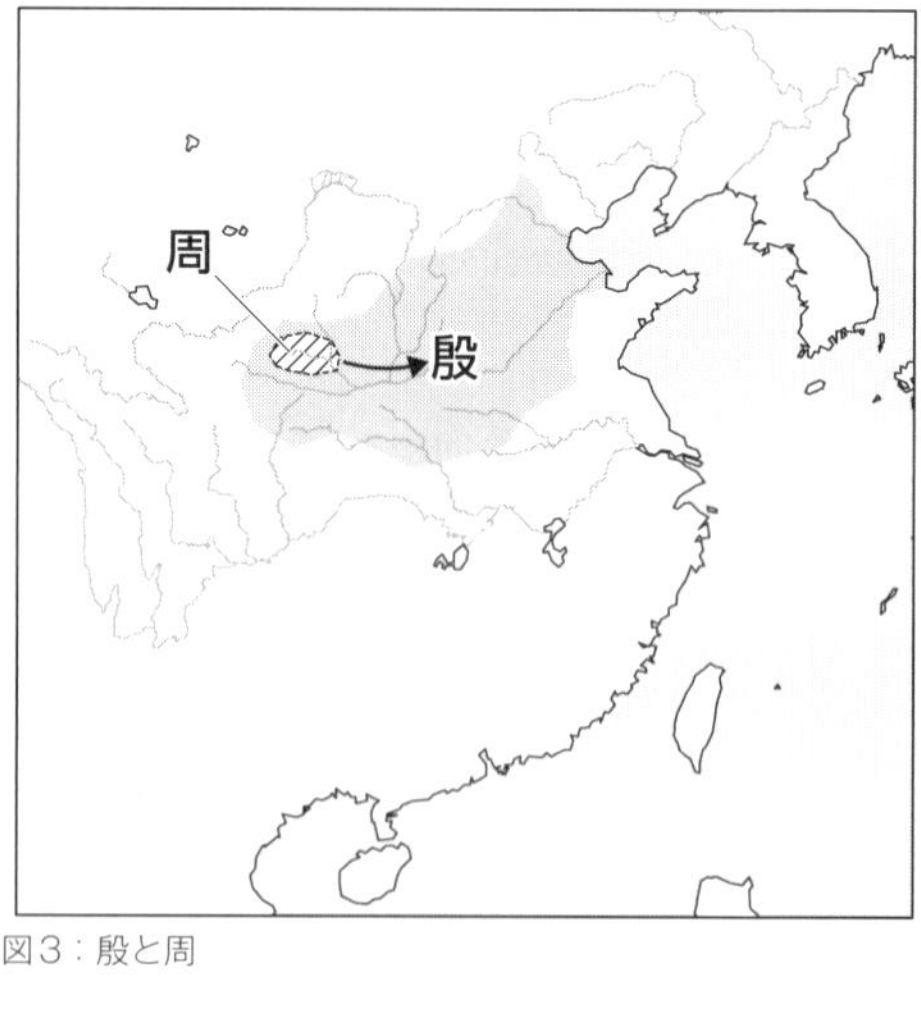

図3：殷と周

周

周は封建制度によって黄河中下流域を支配しました。封建制度とは、土地を媒介にして君臣関係を形成する制度をいい、古代中国のみならず中世ヨーロッパにも見られた制度です。周王は、一族や功臣に領地（封土）を与え、世襲の諸侯として統治を任せました。主君と家臣の間の信頼は原則として「血縁」で保証されます（中国の見方2）。例えば、私が周王であるなら、私の弟や私の親しい友に領地を与え、諸侯として統治を任せるのです（図4）。周の武王は、実弟の周公旦《たん》に魯《ろ》（現在の山東省南部）を、参謀の太公望《たいこうぼう》には斉《せい》（現在の山東省北部）を与え、周王が魯や斉などの諸侯を束ねる形で天下を統治しました。まさに、国を家としたわけです。

ただし、封建制度には潜在的に欠陥がありました。この関係では、周王（主君）と諸侯（家臣）の間の「血縁」、すなわち関係を支える信頼は、代を経るごとに弱くなってしまいます。例えば、周王が私の孫、諸侯が私の弟の孫、では面識すらも危うくなるのと同じことです。このようにして、周王と諸侯の結びつきが徐々に弱まると、諸侯たちは自立する傾向を見せ、天下は分裂し始めました。そんな時、第12代幽王《ゆうおう》は諸侯からの信頼を失う失態を犯してしまいます。

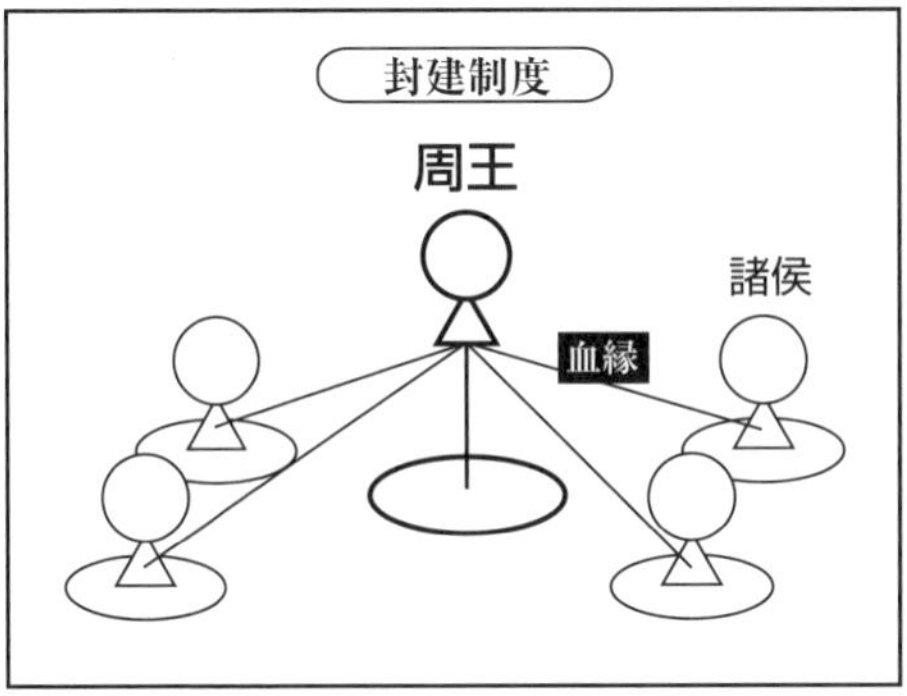

図4：春秋戦国時代の状況

亡国の笑み

周は幽王《ゆうおう》の代に至ると、大地震や土砂崩れ、川の水も干上がってしまうほどの干魃《かんばつ》など、自然災害が相次ぎ始めます。中国では、古くから、天子が不徳であると天災が起こるとされていました。事実、幽王は褒姒《ほうじ》（図5）という側室を溺愛して政治は大いに乱れていたのです。

この女性は、伝説では神竜の口から出た泡から生まれ、息を呑むほどの婉然たる美女であったとされています。しかし、褒姒には問題が一つありました。

「褒姒は笑うことを好まず」（『十八史略』）
（褒姒は笑うことを好まなかった）

全く笑わないのです。王はなんとか美しい笑顔を見ようと手を尽くしますが、褒姒は一向に表情を変えません。なびかない相手ほど夢中になるもの、あげく幽王は褒姒に溺れ、側室である褒姒との間に生まれた息子を退け、正妻との間に生まれた息子を太子にしようと考え始めます。正妻の一族は幽王を恨み、憎みました。こうしたなか、褒姒が笑顔を見せる

図5：褒姒

出来事が起こります。いったい何があったのでしょう。

幽王は予《かね》てより、外敵が攻めて来た際には辺境を警備する兵に狼煙《のろし》を上げさせ、それを合図に諸侯たちを参集させる体制をとっていました。ある時、その狼煙が上がります。諸侯たちには緊張が走り「いざ鎌倉」とばかりに集結、兵士たちは緊迫した面持ちで整列したまま出陣の時を待ちます。しかしながら、後になってこの狼煙は手違いであったことがわかりました。幽王が兵士たちの前に現れ、そのことを伝えると、兵士たちは緊張の糸が切れたのか、ガックリと間の抜けた表情を浮かべました。すると、それを見ていた褒姒が声高に笑い出したというのです。幽王が喜んだことはいうまでもありません。それからというもの、幽王は有事でもないのに狼煙を上げては愛妃の笑いを誘ったため、諸侯は馬鹿馬鹿しくて誰も集まらなくなってしまいます。

正妻の一族はこれを利用して、西方の蛮族と手を組み、彼らを領内に引き入れます。この危機にあって周の防衛体制は全く機能せず、都はことごとく荒らされ、幽王と褒姒は連れ去られて殺害されてしまいます。正妻との息子は、首都を東方に移し

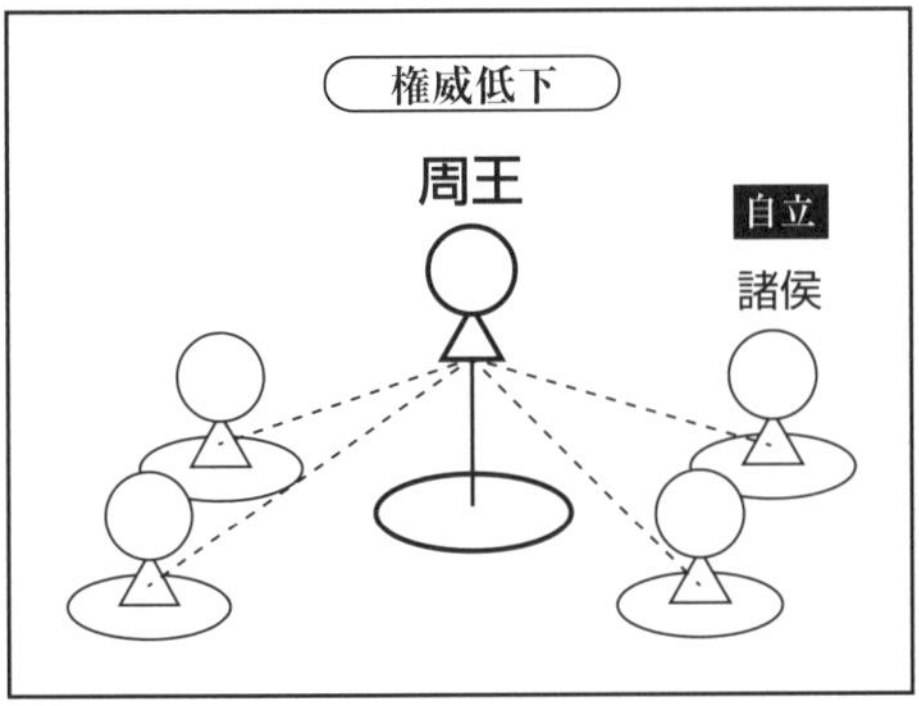

図6：天下の分裂

て周を再興しました。周の遷都以前を西周、以後を東周と呼びます。
この失態によって周王の権威は低下、諸侯の信頼は失われ、天下の分裂が進んでしまいます（図6）。この周王が存在しながらも諸侯が自立し相争った時代を、春秋戦国時代といいます。

春秋と戦国の世相

春秋戦国時代は、春秋時代とそれに続く戦国時代に分けられ、時代が進むごとに秩序の乱れは激しくなっていきます。

◉春秋時代（前775〜前256年）
周王の権威は低下したが、まだ尊重されている時代。
血縁の秩序（封建制度）が軽視された時代。

◉戦国時代（前256〜前221年）
周王の権威が消滅した時代。
血縁の秩序（封建制度）が無視された時代。

春秋時代には、12の諸侯国がありました。魯《ろ》、斉《せい》、晋、秦、楚、衛、陳、蔡《さい》、曹《そう》、鄭《てい》、燕《えん》、呉です。そして、これらの国々からは、周王に代わって諸侯をまとめる「覇者」と呼ばれる諸侯のリーダーが登場しました。「春秋の五覇」と呼ばれる5人の覇者たち、すなわち晋の文公、斉の桓公《かんこう》、楚の荘王、呉王闔閭《こうりょ》もしくは夫差《ふさ》、越王勾践《こうせん》らです。家臣たちのなかには「戦わずして勝つ」などの兵法で有名な孫氏（孫武）といった軍人も登場しました。覇者は、周王を尊びながらも、周王に代わって夷狄《いてき》を討ち払おうという「尊王攘夷」を標語に掲げ、中華の秩序の維持を図りました。そこからは、周王の権威が低下したとはいえ、まだ尊重されていることが見てとれます。

続く戦国時代には、戦国の七雄と呼ばれた七大諸侯国、すなわち斉、楚、秦、燕、韓、魏、趙《ちょう》が覇を争います。周王がその存在を顧みられない、実力主義と下剋上の時代です。「戦国の四君」と呼ばれた貴族たち、すなわち斉の孟嘗君《もうしょうくん》、趙の平原君《へいげんくん》、楚の春申君《しゅんしんくん》、魏の信陵君《しんりょうくん》らが活躍します。家臣たちのなかでは「刎頸《ふんけい》の交わり」という故事で有名な藺相如《りんしょうじょ》と廉頗《れんぱ》が登場します。こうした混乱のなかから秦が台頭すると、他の6国を合従連衡《がっしょうれんこう》の末に征服して中国統一に至ります。

動乱は如何にして加速したか

春秋時代から戦国時代にかけての過渡期は、政治的混乱が進むとともに経済的、社会的変動が生じていた時代でもありました。経済的には、鉄製農具や牛耕農法などが普及し始め、生産力が向上します。農業が発展すると、商業や工業も発達、そして都市が誕生します。あるいは、農業が発展すると人口が増大、土地の開拓も行われ始めます。国家は領土を拡張し、隣国と接するようになっていきました。すると、領土をめぐる熾烈な争いが生じるのは必然です。こうして、戦争の時代へと進んでいくことになったのです。

また、経済的・社会的変動が起きるとともに、この時期には文化的にも発展、多くの学者たち（諸子百家）が思想を闘わせた百花斉放《ひゃっかせいほう》・百家争鳴《ひゃっかそうめい》の時代でもありました。中国は「政治」の文明です（中国の見方2）。中華の秩序が乱れた時代にあって、中国が平和になるためにはどうすればよいか、人々は知恵を絞ったのです。そこには、大きく分けて二つの提言がありました。一つは旧秩序の復活、もう一つは新秩序の創造です。前者は儒家が訴え、後者は法家が担うことになります。

儒家の期待

孔子（図7）は魯《ろ》の人、字《あざな》は仲尼《ちゅうじ》といいました。彼は人間に必要な「徳」を説き、儒学（儒教）の祖となります。「徳」とは人間関係をうまく維持するための姿勢で、五つの徳が提示されました。

図7：孔子

◉仁…愛情を持つこと
◉義…正義を貫くこと
◉礼…礼儀を守ること
◉智…道理を知ること
◉信…誠実であること

なかでも最も重要な概念は「仁」です。いわば思いやりのようなもので、親への思いやりは「孝」、兄への思いやりは「悌《てい》」といい、特に家族のなかでの思いやりが重視されました。孔子は家族を社会の最小単位と考え、家族の秩序が維持できれば、天下の秩序も維持できるだろう、と考えたのです。

「古《いにしえ》の明徳《めいとく》を天下に明らかにせんと欲する者は、先《ま》ずその国を治む。その国を治めんと欲する者は、先ずその家を斉《ととの》う。その家を斉えんと欲する者は、先ずその身を修む（修身、斉家、治国、平天下）」（『大学』）

（古代の明徳を天下に対して明らかにしようという者は、まずその国をよく治める。その国をよく治めたいという者は、まず自分の家族を整える。その家族を整えたいという者は、まず自分の身を修める）

しかしながら、家族の秩序は「血縁」の秩序です。周は血縁の秩序でもって治めていたわけですから、かつての秩序が機能しない時代にあって、かつての秩序を復活させよとは説得力がありません。孔子は、祖国（魯《ろ》）の改革に失敗すると、諸国を巡歴して自説を展開、しかし、それも受け入れられず、最後は弟子たちの教育に尽力しました。

法家の必罰

孔子を祖として、儒家には孟子《もうし》と荀子《じゅんし》も登場します。二人は人間に対して異なる見方を示しました。孔子と同様に、孟子は性善説の立場から「徳」によって治めることを主張、一方で荀子は性悪説の立場をとって「礼」によって治めることを主張します。荀子は、人間は生まれながらに悪であるからこそ、礼儀を教えなければ秩序の乱れは正せないとしたのです。

荀子の説いた「礼」は、のちに門下生である李斯《りし》や韓非《かんぴ》が継承すると、礼儀作法というように、「法」の思想に発展しました。彼らこそが、新しい時代を切り開いた法家たちです。こうして、春秋時代から戦国時代にかけて、中国を統治するうえでの二つの政治思想、徳治主義（王道）と法治主義（覇道）が誕生します。

◉徳治主義（王道）…**人間は生まれながらに善である**（性善説）
ゆえに、徳をもって善を伸ばす政治を行わなければならない

◉法治主義（覇道）…**人間は生まれながらに悪である**（性悪説）
ゆえに、法をもって悪を抑える政治を行わなければならない

乱世にあって人間の本性が善であるという儒家の期待は、現実的ではありません。時代は性悪の立場に立った法家による必罰、すなわち法治主義の時代に向かうことになります。性善か性悪か、「徳」か「法」か、王道か覇道か、儒家思想か法家思想か、この二つの概念の衝突が中国の歴史であるという見方もできるでしょう。

道家の諦観

この時代には老子（図8）と荘子も登場します（老子が実在の人物かは不明）。二人は道家と呼ばれ、思想は老荘思想と呼ばれました。老子の主張した思想は無為自然といいます。彼らの根本には政治に対する、言い換えれば「人為」に対する懐疑がありました。人が何かを為そうとするから乱れる、そう考えます。ゆえに、人間の生物としての本分にしたがって「無為」に生きていくべきであり、「自然」の摂理に則るべきである、理想は自然のなかで自給自足の生活

図8：老子

を行う農民である、としました。確かに、政治に期待が持てず、経済の発展にも虚しさを感じるのであれば、理想は俗世を切り離した自然とともにゆく生き方になるでしょう。

乱世において、老子の言葉には重みを感じることができます。しかしながら、それでは問題を解決することはできません。政治を重視する立場からすれば傍観者ということになり、経済を重視する立場からすれば隠遁者ということになります。本質を模索しているものの、老子の言葉が新しい時代を切り開くことは想像できません。消極的、受動的ニヒリズムといえます。

老荘思想は、政治腐敗の時代、経済発展に辟易とした時代にこそ意味を持ちます。道家の思想は、混乱の魏晋南北朝時代に再び注目され、道教へと成長していくことになります。

中国の見方5

中国の統治は「徳治」か「法治」に分かれる

徳か法かという二つの立場は、我々の生活にも十分あてはめて考えることができるでしょう。例えば、あなたが組織をまとめる地位にいた場合、どちらの立場に立っているでしょうか。性善の立場で部下の良いところを感化しようとしているのか、性悪の立場で部下の悪いところを制御しようとしているのか、です。これは、もちろん状況によって立場を変えるべきで、バランスの問題です。組織がうまくいっているのなら、性善の立場に立って「徳」をもって部下たちに自由に能力を発揮させた方がよいでしょう。「法」などというものはナンセンスです。組織の秩序が乱れているのなら、性悪の立場に立って「法」で統制すればよいのです。そして、組織の乱れが著しい場合、例えば上司と部下の関係や男女の関係が複雑に絡み合って乱れていた場合、そういうことに一線を引いて関わらないようにする人、本来の仕事のみを坦々とこなそうとする人が必ず出てきます。それが「道」を重視した人の動きでしょう。無論、その行動に組織を改善する力があるとはいえません。しかしながら、その本来の立場にこそ真理があることもまた否めません。

◉徳治政治…人間は生まれながらに善である（性善説）
ゆえに、徳をもって善を伸ばす政治を行わなければならない（王道）
◉法治政治…人間は生まれながらに悪である（性悪説）
ゆえに、法をもって悪を抑える政治を行わなければならない（覇道）
◉無為自然…人為を否定、自然の摂理に従うことこそが正しい生き方である

当時の中国はどうであったか。無論、秩序は乱れています。にもかかわらず、人間は生まれながらに善である、という主張は説得力を持ちません。やはり、「法」によって統制すべきでしょう。そしてそれこそが新しい時代の秩序となっていったわけです。

変化は如何にしてもたらされたか

変化の時代、生き残ることができる者は変化に対応できる者。秩序は「法」へと変化していきます。戦国の七雄と呼ばれた七大諸侯国のうち、いち早く国家の方針として「法」を取り入れ変化に対応したのは秦でした。

秦の孝公《こうこう》は、衛という国からやってきた商鞅《しょうおう》（図9）という人物を登用します。商鞅は法家の思想をもとに信賞必罰を徹底した改革を提言しました（変法）。孝公は批判を恐れて躊躇しましたが、商鞅の「疑行は名なく、疑事は功なし（やるからには自信をもって断行しなくてはいけない。あやふやな気持ちでやったのでは、成功もおぼつかなければ名誉も得られない）」という言葉に励まされ、改革を決断します。

商鞅は、厳格な法令の発布を前に、次のようなことを行いました。都の南の門の前に、丸太を穴に差して立てておき、近くにお布令を出しておきます。

「能く徙《よ》して北門に置く者あらば十金を予《あた》えん」（『史記』商君列伝）

（北の門に移した者には十金を与える）

図9：商鞅　© Fanghong

誰にでもできることです。民はいたずらであると考え実行する者はいませんでした。そこで商鞅は額を三十金に上げて再びお布令を出します。民はいまだに信じられませんでしたが、嘘か誠か、私が試してみよう、と一人の男が丸太を北門へと運びます。人々は面白がって後をついてきました。男が北門の穴に丸太を移し終えると、商鞅が現れ、お布令の通りに三十金を与えました。半信半疑の民に「王の出すお布令に嘘偽りはない。それをよく覚えておくがよい」と言います。民に法の意味を示したのです。その後、商鞅は次のような法令を布告しました。

◉隣組をつくり互いに監視せよ、罪を犯す者は連座とする
◉不正を告発した者は、敵を斬ったのと同じ賞とする
◉不正を隠した者は、敵に降伏したのと同じ罰とする
◉戦で功のあった者には位を与える、個人の恨みで争う者には罰を与える

商鞅は法を厳しく守らせました。そこに聖域はありません。皇太子の後見人や教育係の不正が発覚した際にも、躊躇することなく鼻削ぎの刑や黥《いれずみ》の刑に処してしまいます。

「法の行われざるは、上《かみ》より之を犯せばなり」（『十八史略』）
（法が守られないのは上の者が守らないからである）

言外の法があっては法の力は失われ、部下に規律を求めるなら、まず上司から、これは現代の組織にもいえることでしょう。改革の断行から10年、国は富み、兵は命を惜しまずに戦うようになり、秦の支配は強固なものになりました。しかしながら、この動乱の時代には、主君と家臣の関係において、次のような言葉が残されています。

「蜚鳥《ひちょう》尽きて良弓蔵《りょうきゅうぞう》され、狡兎《こうと》死して走狗烹《そうくに》らる」（『史記』越世家）

（空を飛ぶ鳥をとらえられれば良い弓は仕舞われ、すばしこい兎がとらえられれば優れた猟犬も煮て食われてしまう。それと同じように、敵国が滅びれば功臣は無用となり殺されてしまう）

秦を強国へと成長させたはずの商鞅《しょうおう》にも悲劇が待ち受けていました。

悲劇に見舞われる改革者

商鞅《しょうおう》を引き立てた孝公が没すると、皇太子が恵文王《けいぶんおう》として即位します。法は行き過ぎると窮屈なものになります。予《かね》てより商鞅に不満を抱いていた勢力が動き、罪に落とされて国を追われました。国外への脱出を試み、国境付近で宿を取ろうとすると、商鞅は宿屋の主人に次のように言われてしまいます。

「商君の法、人の験《けん》無き者を舎《しゃ》せば、之に坐《ざ》す」（『史記』商君列伝）

（商鞅様の法によれば、旅行手形のない者を泊めては同罪となってしまいます）

商鞅は行き過ぎた法の弊害に気づきました。

「法を為すの弊、一《いっ》にここに至るか」（『史記』商君列伝）

（過酷な法の弊害はこんなところにまで及んでいるのか）

商鞅は捕らえられ車裂きの刑となります。司馬遷《しばせん》は商鞅を「商君其の天資刻薄《てんしこくはく》の人なり」と評しました。後ろ盾となっていた君主が没すると、活躍していた参謀が消される、あるいは権力の座に長く居すぎると反発が起こる、これはどこの地域でもいつの時代でもよく見られる悲劇です。特に商鞅は秦の人ではなく衛《えい》の人、つまり外国人です。しがらみがなく、抜本的な改革を行いやすい面もありますが、一方で、スケープゴートにされやすい面もあったのでしょう。現代の日本企業でも見られることかもしれません。

商鞅が施行した改革は、彼が処刑されても廃止されることなく残り、秦は他の国々に対して頭一つ抜けて実力をつけます。そして、秦王政《せい》が登場すると、中国は秦の掲げる「法」という秩序に飲み込まれていくことになります。

秦王政登場

秦は少しずつ領土を拡大していきました。戦国の七雄のうち、残る6国は秦に合従《がっしょう》策で抵抗します。残る6国が一致団結して対抗するというものです。それに対して、秦は連衡《れんこう》策で打破します。秦に対抗して合従《がっしょう》する国に対し、秦と同盟して隣国を攻める利を説いて合従から離脱させ、一つひとつ滅ぼしていくというものです（「合従連衡《がっしょうれんこう》」の由来）。

やがて秦王に13歳の政《せい》が即位します。のちに始皇帝を名乗る人物です。政は、少年時代に人質となっていた経験から、冷静に人を観察して容易に人を信用しない性格を備えていました。この政によって、性悪の立場に立つ「法」という秩序は一気に効力を発揮します。政は法家の韓非《かんぴ》が著した『韓非子《かんびし》』の内容を強く支持しました。

「能法《のうほう》の士は勁直《けいちょう》にして、聴用せらるれば、且《まさ》に重人《じゅうじん》の姦行《かんこう》を矯《た》めんとす」（『韓非子』孤憤）

（法を守る者は他人の悪事を正せる）

「故に明主の国、書簡の文無し。法を以て教へと為す。先王の語無し。吏を以て師と為す。私剣の捍《かん》無し。斬首を以て勇と為す」（『韓非子』五蠹）

（名君の国では書ではなく、法が教えである。師は先王ではなく官吏である。私的な武力行使ではなく戦で敵の首をあげるのが勇である）

秦は徳から法への転換を着実に歩み、着々と時代を前進させていきました。政が本格的に中国統一に乗り出すと、残る6国は悲鳴を上げます。秦の国庫は充実し、兵士は統率され、各国は抵抗する余地がありません。早々に韓と趙《ちょう》を征服すると、やがて燕《えん》の国に迫りました。秦は強勢を誇り、燕も何か策を講じなければ遅かれ早かれ征服されてしまうことは明らかです。ここで、燕の太子はとんでもないことを考えました。秦の猛攻を食い止められないなら、大将の首を取るしかありません。秦王を暗殺しようというのです。

秦王暗殺——計画

荊軻《けいか》は衛《えい》の人。若い頃から読書と剣術を好み、やがて諸国をめぐって遊説の術を学んでいきました。帰国したのちには官僚を志し、衛の君主と大いに議論したこともありましたが、全く取り入れられませんでした。この挫折以降、荊軻は遊侠の徒となります。やがて、燕の国に移り、そこで筑《ちく》の奏者である高漸離《こうぜんり》と出会います。彼らは夜な夜な酒を飲み歩いては、高漸離の伴奏とともに荊軻は歌い、楽しみ、ところが最後には必ず泣き出してしまう、といった有様でした。その様子は「傍らに人無きが若し（「傍若無人《ぼうじゃくぶじん》」の由来）」だったようです。魅力的な人物だったに違いありません。そんなある日、燕の太子から密かに声がかかりました。燕の太子は秦王暗殺を企てており、賢人に相談したところ、荊軻の名が浮上したのでした。

荊軻は、自分を評価し推薦してくれた賢人への恩義と、自分のこれまでの人生について思いをめぐらせ、最も恐れられている秦王を相手に勝負を挑むのも悪くないと、太子の依頼を承諾します。ここから、成功すれば時代が変わってしまうであろう秦王暗殺計画が進み始めます。

決行の時期は秦が燕の国境付近にまで迫った時、その時こそ、降伏の使者として秦王に会うことができる、荊軻はそう考えました。そして、成功のためには信頼できる部下が必要であるとも考えていました。しかし、秦が燕の国境付近にまで迫ったその時がやってきても、肝心の相方が見つかりません。史記の注釈の一つでは、荊軻は楚の友人である薄索《はくさく》という人物を待っていた、としていますが、それ以上のことは何も語っていません。燕の太子は、13歳で人を殺し、壮士として有名であった秦舞陽《しんぶよう》という豪傑を推薦しましたが、荊軻はこれをただのならず者と見抜いて退けます。しかし、このままでは時期を逸すると急かされたため、荊軻《けいか》は仕方なく出発を決めました。この秦舞陽が噂通りの人物であったなら、暗殺は成功していたかもしれません。

出立の日、白装束に身を包んだ事情を知る者たちとともに、荊軻は易水のほとりまで向かいました。彼らは杯を交わし、親友の高漸離《こうぜんり》が筑《ちく》を奏で、いつものように荊軻がこれに合わせて歌い、離別を惜しみました。荊軻は生還を期さない覚悟を次のように詠います。

風蕭々《しょうしょう》として易水寒し、壮士《そうし》ひとたび去って復《ま》た還《かえ》らず

（風は寂しげな音をたてて吹き、易水の水は冷たい。壮士はここを一度去れば二度と帰ることはないであろう）

これを聞いた士たちは、皆感情の昂《たかぶ》りのあまり凄まじい形相になっていました。やがて荊軻は馬車に乗り出立します。荊軻、終《つい》に己に顧みず。狙うは秦王の命ひとつ！

秦王暗殺──失敗

荊軻は、降伏の使者として秦王への謁見を取りつけます。秦王は燕《えん》が恐れをなしたことに気をよくして、最高の礼をもって迎えようと咸陽宮《かんようきゅう》を謁見の場に選びました。

荊軻と秦舞陽を乗せた馬車は宮殿の前の広場に到着。そこを降りると、二人はいかにもよく訓練された兵士たちの列の間を進みます。荊軻が歩き、秦舞陽がその後に続きます。しかし、宮殿に上がる階段の下まで来た時、周囲のあまりの異様さに秦舞陽はがたがたと震え出してしまいます。群臣これを怪しむ。荊軻謝《しゃ》して曰く。

「北蕃蛮夷《ほくばんばんい》の鄙人《ひじん》、未だ嘗《かつ》て天子に見《まみ》えず。故に振慴《しんしゅう》す」（『史記』刺客列伝・荊軻）

（この者は北方のいなか者で、天子様にお会いしたことなどないので震えているのです）

そして、どうか大目に見て使者としての役割を果たさせてほしい、と言うと、秦王はこれを許諾。荊軻は震える秦舞陽とともに階段をのぼっていきます。秦王の前に辿り着くと、献上する土地の地図を見せるよう促され、荊軻は巻物をうやうやしく差し出します。秦王がそれを開いていくと巻末に短刀が現れました。

荊軻は即座にそれを摑むと秦王に斬りかかります。ですが、体を傷つけるまでには至りません。間一髪、秦王は後ろに身を引いて攻撃をかわしたのです。秦王は剣を抜こうとしますが、飾りも兼ねての長剣なので咄嗟に抜くことができません。群臣たちは急な事態に驚きましたが、法では武器をもって殿上に上がることができないため、殿下から動けませんでした。殿上では荊軻と秦王の一騎打ちが展開され、秦王は柱を盾にして逃げ回ります（図10）。側近の何人かが素手で荊軻に立ち向かったものの、短刀には毒が塗ってあり、取り押さえることができません。ここで、典医の夏無且《かむしょ》が薬箱を荊軻に投げつけます。これが荊軻に当たり、粉末が目に入ってうろたえると、側近たちが叫びます。

「王剣を負へ！」(『史記』刺客列伝・荊軻)

(王よ！　剣を背負われよ！)

剣を背負うようにすれば抜くことができます。秦王は剣を抜いて荊軻を斬りつけました。傷を追った荊軻は最後の攻撃として短刀を秦王に投げつけますが、むなしくも柱にあたってしまいます。覚悟を決めた荊軻は柱を背にどっかと腰をおろします。秦王は荊軻を斬りまくりました。

暗殺は失敗です。息を切らせた秦王の前には、無惨に斬り殺された勇者の遺体が転がっています。この時、秦《しん》舞陽《ぶよう》はただ震え、事を見ていただけでした。

激怒した秦王は、直ちに燕《えん》に兵を差し向けます。震え上がった燕は、暗殺を企てた太子の首をもって降伏を申し出ますが聞き入れられず、直ちに滅ぼされました。

中国の統一と王翦《おうせん》の気くばり

図10：秦王暗殺未遂

戦国の七雄のうち秦を除いた韓・魏・趙《ちょう》・楚・燕・斉《せい》の6国を滅ぼすにあたって、重要な役割を果たしたのは王翦でしょう。秦王政《せい》は、彼に魏を討たせ、やがて楚の平定に向かいます。この時、政は王翦と李信の二人の将軍に必要な兵力を問いました。すると、王翦は60万と答え、李信は20万と答えます。政は若い李信の勢いある意見を採用しました。これを受けて、王翦は病気と称して引退を申し出て隠居してしまいます。王翦は、政の性格をよく理解していました。政は役に立つ臣には丁重ですが、役に立たぬ臣には冷淡で、特に権勢のある者は容赦なく粛清します。王翦は、政の判断を見て素早く将軍の座から身を引いたのです。政は引き止めもしませんでした。

ところが、楚に奇襲を受けて李信の軍は大敗、むしろ楚の軍は秦に迫り、逆に危機に陥ってしまいます。急遽、政は隠遁した王翦の邸宅まで赴きます。

「寡人《かじん》、将軍の計《はかりごと》を用ひざりしを以て、李信果して秦の軍を辱《はずかし》めたり」(『史記』白起《はくき》・王翦列伝)

(私が将軍の言葉を用いなかったがために、李信は我が軍を大敗させてしまった)

政は謝罪とともに再び王翦に出馬を打診しました。王翦は60万の兵を与えられて将軍に返り咲きます。政は王翦の出陣にあたって見送りにまで出かけました。

王翦は楚の軍を大いに打ち破ります。ただ、その際、政《せい》に使いを送り楚を平定した後の恩賞や一族の待遇についての確認を何度も行います。その回数があまりにも度が過ぎていたため、部下の一人が、欲が過ぎるのではないかとたしなめました。王翦《おうせん》は次のように答えます。

「然《しか》らず。夫の秦王は粗にして人を信ぜず。今、秦國の甲士を空しうして、専ら我に委《ゆだ》ぬ。我、多く田宅《でんたく》を請うて子孫の業を為し以て自ら堅くせずして、顧って秦王をして坐《ざ》して我を疑はしめんや」(『史記』白起《はくき》・王翦列伝)

(そうではない。秦王は粗暴で人を信じない。今秦国内の兵を空にして私に委ねているのだ。私に野心のないことを示すためには、財を為して子孫に残すために動いているように見せなければ、秦王は私の謀反を疑ってしまうだろう)

こうして、楚は王翦によって滅ぼされます。粛清される名臣が相次ぐなかで、王翦は主君に疑われることもなく天寿を全うすることができました。

最後に残った斉《せい》は戦うことなく降伏、秦王政は動乱の時代に幕を引くことに成功します。39歳の時でした。ここに中国は初めて統一され、現在の中国の中心となる「領域」が確定しました。

第2幕

秦と楚漢戦争——始皇より立つ

中国の始まり

秦王政は中国を初めて統一（前221年）、始皇帝（図11）を名乗ります。秦の支配領域は現在の中国の主要部分にあたり（図12）、始皇帝はそこに一つの政治圏・経済圏・文化圏を創造しました。文字通りに中国の始まりの皇帝となったわけです。

中国と呼ばれる地域には実は地名がありません。「中華人民共和国」の「中華」は「中心」を意味する思想であって地名ではありません。したがって、周辺の国々は王朝の名前を地名として転用することになります。日本は「秦」を基に「支那（蔑称ではない）」と呼び、ヨーロッパは、中国について記した最古の書物（『エリュトゥラー海案内記』）に見られる「チーナ」という言葉を基に、チャイナと呼びます。物事は名前が与えられて初めて実体を持ちます。始皇帝は世界の歴史に「中国」という地域をつくり上げたというわけです。

政治的には、中国全土に法治主義の秩序を行き渡らせ、秩序を維持するための装置、すなわち「権力」を動力とした「王朝」という体制をつくりました。これは20世紀まで引き継がれ、それは現在においても本質としては変わらずに継承されていきます。

経済的には、地方によって多様だった貨幣や、長さ・重さ・体積の単位を統一。鋳造された貨幣(半両銭)は、周辺諸国の貨幣に影響を与え、東アジアの一般的な形となりました。文化的には書体を統一(篆書《てんしょ》)。いわずもがな、漢字は各地に普及、我々も漢字を使用しています。

一方、北方に対しては、遊牧民族の匈奴《きょうど》を討伐して万里の長城を築きました(現存の長城のほとんどは明代に建造されたもの)。これからの中華と北方の関係を予感させる、やはりその始まりの皇帝となったわけです。

ここで、始皇帝が整えた中央集権体制について見ておきましょう。中国の「王朝」は常に「集権」を目指すので、理解しておくことは非常に重要です。

図11:始皇帝

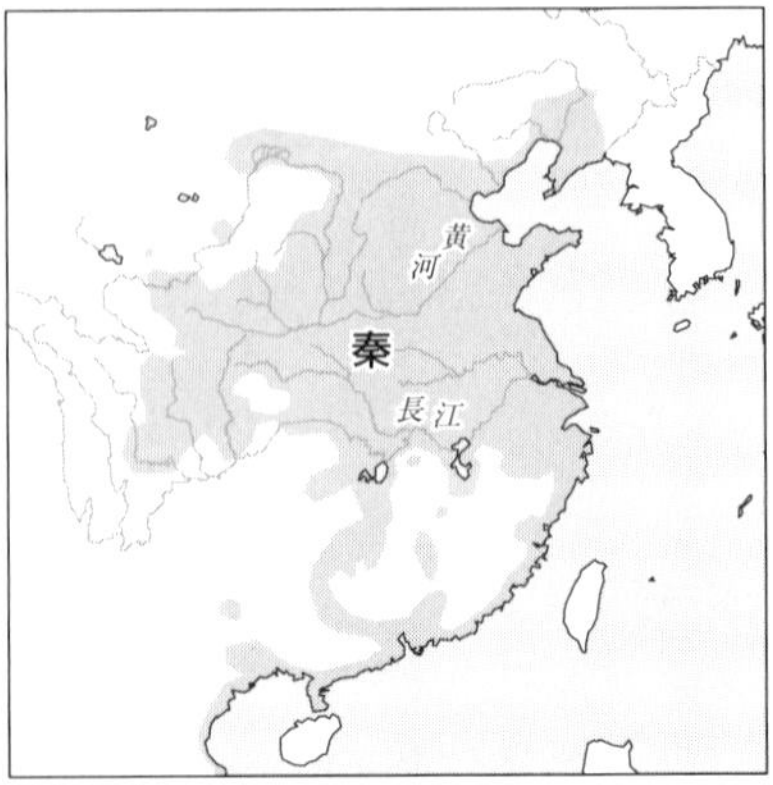

図12:秦

中国の見方6

中国の統治は「集権」で安定する

秦の始皇帝は、中国の秩序を維持するための装置、すなわち「権力」を動力とした「王朝」という体制をつくりだしました。この装置がうまく機能するためには「集権」である必要があります。

「集権」とは、中央の皇帝が権力を一手に掌握、それを全土に行使する、というものです。これは王朝の統治がうまくいっている状態、国家が統一され、まとまっている状態であると考えてください。権力を全土に行使できれば、全土の農民たちから税金と兵士を集められ、財政と軍事が安定します。反乱にも外敵の侵入にも対応することができます。以降、清朝に至るまで、この体制は継承され、修正が加えられて発展していくこととなります。

◉中国の統治は「集権」で安定する

中央の皇帝が権力を一手に掌握、それを全土に行使する体制。

王朝の統治がうまくいっている状態（国家が統一され、まとまっている状態）。

全土の農民たちから税金と兵士を集めることで財政と軍事が安定する。

反乱にも外敵の侵入にも対応できる。

権力を全土に行使するためには、全土をいくつかに分け、中央任命の役人を「権力の手先」として派遣して統治させる必要があります。つまり、官僚制度、そして官僚の登用制度を整備しなければなりません。また、統治というのは言い換えれば農民たちを支配する、農民たちから税金と兵士を集めることです。したがって、政府と農民との間の土地制度、そして税制や兵制も重要になっていきます。

王朝が統治を強固なものにできるかは、こういった制度を整えていけるか、政府（皇帝・官僚）と農民の関係を良好に保てるか、そこにかかっています。秦の始皇帝が、この体制を初めて構築したのです。

建設ラッシュ

始皇帝が建てたものはたくさんあります。万里の長城（図13）の他、阿房宮《あぼうきゅう》や驪山陵《りざんりょう》（いわゆる秦始皇帝陵及び兵馬俑坑《へいばようこう》・図14）を建造、さらには道路網を全土に整備しました。

始皇帝は、咸陽宮《かんようきゅう》は小さすぎるということで、東西が700メートル、南北が120メートルもある阿房宮を新たに造営させました。また、即位と同時に驪山陵を建造させます。これはエジプトのピラミッドにも劣らない規模の陵墓で、地下に墓室をつくらせ、中には宮殿を建てました。墓室の床面には水銀を使った河川、天井には玉や石で星座までつくらせ、要するに生前と同じように生活していけるような死後の環境を準備させたのです。

さらに、自らがつくりあげた中国を視察してまわるため、全国に道路網を張りめぐらせました。幅は約70メートルあり、地上より高く築かれ、7メートルごとに松の並木が植えられていたようです。この道路網は、領土の端々にまで及び、始皇帝は全国をまわるとともに、要所には自らの統一事業を称える石碑を建設しました。現在でも六つの石碑のうち二つが残っています。

こうした道路網は中国に限らず、ほぼ同じ時代に世界各地で建設されています。インド初の統一王朝であるマウリヤ朝のアショーカ王は道路網を整備して詔勅を記した石碑を各地に残しました。ローマがイタリア半島に軍道を建設したことも有名です。一つの世界を築けば、地域をつなげて一体化させていこうとするのは人間の普遍的な欲求なのでしょうか。

図13：万里の長城

図14：兵馬俑坑

崩壊の始まり

始皇帝の統治は厳格な法治主義に基づいていました（中国の見方5）。始皇帝の掲げる法の思想に、儒学の古い徳の思想は合わないため、儒学にまつわる書物は焼き（焚書）、儒者たちは生き埋めにして殺してしまいます（坑儒）。けれども、徳か法かという問題は、先述したようにケースバイケースであり、どちらかに偏ってはならないバランスの問題です。商鞅《しょうおう》の例にあるように、法は行き過ぎると害悪となります。始皇帝のあまりに急激な法治主義に基づく中央集権への移行は、人民の生活を法律でがんじがらめにすることになり、反発を生みました。秦は法への偏りが過ぎていたため、わずか3代15年という短さで滅んでしまいます。

始皇帝は、全国を視察してまわっている最中に馬車の中で死去。その死を確認したのは、悪徳宦官《かんがん》の趙高《ちょうこう》でした。始皇帝は、温厚にして聡明とみなされていた長男が二世皇帝となることを遺言として残していましたが、趙高は賢明な長男が即位すれば自分の身が危ういと考え、愚鈍な次男の胡亥《こがい》が後継となるよう遺言を改ざんして公表します。かくして、二世皇帝胡亥を飾り物として、趙高による権力濫用、大量粛正の恐怖政治が始まり、秦は崩壊への道を転がり落ちていきます。初の農民反乱である陳勝《ちんしょう》・呉広《ごこう》の乱が起こると、これに呼応して各地で反秦の旗が上がり、戦火が広がります。その中には、あの有名な項羽と劉邦がいました。

項羽と劉邦

全国を視察してまわる天子の馬車を、遠くから特別な目で見る二人の男がいました。一人はまだ少年です。叔父の傍で皇帝の権威を目の当たりにした少年は得意げに言います。

「彼《かれ》は取って代わるべきなり」（『史記』項羽本紀《ほんぎ》）

（いつかあれにとってかわってやろう）

叔父はあわてて少年の口をおさえ、大志を抱くのであればそのようなことを軽々しく口走ってはならない、と諭しました。

一方、もう一人は青年。引き連れていた仲間たちとともに呟きます。

「大丈夫《だいじょうふ》当《まさ》に此《か》くの如くなるべきなり」（『史記』高祖本紀）

（男たるもの、あのようにならなければならないな）

そう言って手下とともにその場を立ち去ります。少年の名は項羽（図15）、青年の名は劉邦（図16）。この二人こそ、秦滅亡後の乱れた天下をめぐり約5年間にわたって攻防を繰り広げ、新しい時代に向けて中国の大地を駆け抜けた人物です。

図15：項羽

図16：劉邦

項羽は名門の家に生まれました。身の丈は2メートルを超える大男。武芸に優れており、若くカリスマ性もあったため、旗揚げのときには既に多くの子分たちがいました。一方の劉邦は農民の家に生まれ、下っ端役人としてのらりくらりと暮らしていた人物。挙兵の時点で30歳を超え、酒と女にだらしないことで有名でした。ところが、劉邦は、失敗があれば周囲の者が擁護する、飲み始めれば人が自然と集まる、といった具合に、人々からの人望はあったようです。

反秦の中心となったのは項羽の旗揚げの地となった楚。各地で反乱が相次ぐ中、項羽と劉邦は楚王のもとで出会います。二人は関中攻めを命じられ、先に同地を落としたものを関中の王とするとの約束を得ました。関中攻めというのは、要害である函谷関の中、すなわち、秦の首都咸陽《かんよう》を攻め落とすことを指します。項羽の主力軍は北から、劉邦は別働隊として南から関中を目指します。項羽は主力軍の主導権を握ると、猛将たちとともに秦軍20万の大殺戮を行いながら諸侯を従えていきました。一方の劉邦は名臣たちの言を聞き入れ、無用な戦いを避けながら各地を平定していきます。項羽は武をもって進み、劉邦は智をもって進んだのです。

結局、先に関中入りを果たしたのは劉邦でした。二世皇帝胡亥《こがい》は自害に追い込まれ、悪臣趙高《ちょうこう》が殺害されると、次の君主は降伏、皇帝を名乗らずに諸侯と同列の秦王を名乗りました。こうして秦の支配は終わることになりますが、ここから中国の歴史の向かう道を決定づける項羽と劉邦の戦いが始まります。楚漢戦争です。

鴻門《こうもん》の会——項羽大いに怒る

劉邦は咸陽《かんよう》に入ります。軍師張良《ちょうりょう》の諫《いさ》めによって秦が残した宝物や後宮の女性には一切手をつけず、人民に対しては法を三章だけ（殺人・傷害・窃盗のみを禁じた）とすることを発表、秦の厳しい法にがんじがらめになっていた人民からは喝采を浴びました（「法三章」の由来）。劉邦は部下とともに楚王からの沙汰を待ちます。

一方、先を越されてしまった項羽は大いに怒りました。軍師の范増《はんぞう》は、劉邦に天下取りの野心ありと見て言います。

「急に撃ちて失うこと勿《な》かれ」（『史記』項羽本紀《ほんぎ》）

（すぐさま攻撃して、取り逃がしてはなりませぬ）

項羽は劉邦討伐を決定。この時、劉邦軍は10万、対して項羽軍は40万。とても劉邦に勝ち目はありません。震え上がった劉邦は、軍師張良の進言に従って、項羽に謝罪しにいくことになりました。付き従ったのは百余騎と軍師の張良や参謀の樊噲《はんかい》のみ。

鴻門に到着すると、劉邦謝《しゃ》して曰《いわ》く。

「臣《しん》将軍と力を戮《あ》はせて秦を攻む」（同書）

（私は項羽将軍の家臣として秦を攻めたのです）

劉邦は第一声で自らへりくだり、項羽の家臣であることを強調しました。この言葉が本心かどうかを試すため、項羽は劉邦を宴に誘います。紀元前206年12月、楚の国を同時に出発して1年4ヵ月、ここに有名な鴻門《こうもん》の会が開かれることになります。

　席次は次の通り。招く側の項羽は最も上座にあたる東向きの席に、劉邦は最も下座にあたる北向きの席に座ります。項羽の軍師范増《はんぞう》は南向きに、劉邦の軍師張良《ちょうりょう》は西向きに座りました。これだけでも劇的でしょう。宴においては、項羽を劉邦がおだてあげ、一貫して下手に出ます。野心を暴こうとする項羽、本心を隠そうとする劉邦。項羽は矮小な劉邦の態度を見て次第に殺害の意思を失っていきます。頃合いを見て、范増は手はず通り、殺害の時を告げるため玉玦《ぎょくけつ》を持ち上げます。しかし、項羽は農民上がりの劉邦を侮ります。項王黙然として応ぜず。

　再三の合図に応じないため、業を煮やした范増は、宴の外で、部下に余興として剣舞を舞うよう指示し

図17：鴻門の会

ます。舞う振りをして劉邦を殺そうとしたのです。部下が宴席に現れます。

「軍中以《も》つて楽しみを為す無し、請《こ》ふ剣を以て舞はん」（『史記』項羽本紀《ほんぎ》）

（陣中にはなんの余興もありませんので、剣をもって舞わせていただいてよろしいでしょうか）

この緊張感の溢れるなか、項羽の家臣の中で劉邦に味方する人間がいました。それは項羽の叔父項伯。彼は若い頃に劉邦の軍師張良に助けられたことがあり、ここで劉邦が殺害されれば恩人の張良も殺されると考えました。そこで、范増の部下が剣舞を始めると、自ら剣をとって同様に舞い始めます。殺害せんと舞う者、そうはさせじと舞う者、これが宴席の中で展開されるのです（図17）。

鴻門《こうもん》の会――豎子《じゅし》与《とも》に謀るに足らず

その時、一人の人物が緊張を破ります。劉邦の危機を知った家臣の樊噲《はんかい》が番兵を押しのけて宴席に押し入ってきたのです。樊噲の髪は逆立ち目は怒りに燃えています。

「壮士なり」（同書）

（勇敢な男だ）

そう項羽は言うと、樊噲に一升もの酒と豚の生肉を与えて挑発します。彼は立ったまま酒を一気に飲み干すと、今度は豚肉をがぶりがぶりと食べ尽くしました。項羽は樊噲にまだ飲めるかと問います。

「臣死すら且《か》つ避けず」（『史記』項羽本紀）

（私は死すら避けないでしょう）

続けて樊噲《はんかい》は訴えます。ここで項羽が劉邦を殺せば、秦が数えきれないほど人を殺したことと変わらない、それは項羽大王のためにならない、と。項羽はこれに答えることができませんでした。項羽曰く。

「坐《ざ》せよ」（同書）

（まあ、座りなさい）

この言葉によって宴席からは殺気が消えました。樊噲は、プライドが高く、義を重んじる項羽の性格を考慮して見事に説き伏せたのです。しばらくして、劉邦は立ち上がって厠《かわや》へ向かうと、そのまま張良《ちょうりょう》の進言にしたがって自陣へと逃げ帰ります。しばらくして、張良は主が体調を崩し、失礼があってはならないため自陣へ帰ったことを項羽に伝えます。項羽の軍中にあって劉邦は九死に一生を得ることになりました。形を重んじた項羽と、実を重んじた劉邦の決定的な場面でした。項羽の軍師范増《はんぞう》は嘆きます。

「唉《ああ》、豎子《じゅし》与《とも》に謀《はか》るに足らず」（同書）

（ああ、青二才は天下をともに語るに足らぬ）

垓下《がいか》の戦いの5年前のことでした。

左遷

その後、項羽は関中の咸陽に入ると、咸陽宮《かんようきゅう》と阿房宮《あぼうきゅう》、さらには始皇帝陵の宝物を略奪し、火を放って、秦王一族と家臣をことごとく処刑します。宮殿も陵墓も3ヵ月間燃え続けたといいます。劉邦とは逆のことを行った項羽は、民衆の心を摑むことはできませんでした。

やがて、項羽は楚王を義帝として立てたものの、楚の地に自ら覇王と名乗って君臨、のちに義帝は辺境に追いやったのちに殺害してしまいます。また、功績のあった諸侯たちに領土を与えましたが、論功行賞は項羽との関係で恩賞が決まる不公平なものでした。劉邦は関中の王になるはずでしたが、領土は関中の左に遷され、僻地の蜀《しょく》などを含む漢中と呼ばれる地が与えられました（「左遷」の語源）。これが、劉邦がのちに興す漢朝の由来になります。

こうして、項羽は諸侯の頂点に君臨しましたが、諸侯は不満を爆発させ、反旗をひるがえします。項羽は鎮圧に奔走するものの、鎮圧すれば別な地で反乱が起こる、という具合で泥沼の戦いになっていきます。項羽は各地で殺戮と破壊を繰り返したため、兵も民も頑強に抵抗したのです。この間に、劉邦は項羽と戦う準備を着々と進めていました。そのなかで、国士無双と呼ばれた名将韓信を獲得することになります。

国士無双、韓信

古代中国最強の将軍、それは韓信である、そして劉邦に天下をとらせるために最も戦場で功績をあげた人物、それも韓信（図18）である。これを疑う人はいないでしょう。ところが、その韓信は、もともとは項羽にただの雑兵として仕えていた人物でした。

自分の才能が評価されないため、韓信は項羽の陣営を去り、劉邦のもとに赴きます。けれども、劉邦の陣営でもつまらぬ役職しか与えられませんでした。そうこうしているうちに、韓信は仲間が犯した罪に連座して処刑される身となってしまいます。韓信は処刑の直前に訴えました。

「何為《なんす》れぞ壮士を斬る」（『史記』淮陰侯《わいいんこう》列伝）
（なぜ天下を取ろうとする人物が壮士を処刑するのだ）

彼は自ら自分を推薦したのです。有能な人材は一人でも多く欲しい時代です。劉邦の挙兵の頃からの腹心である夏侯嬰《かこうえい》は処刑を取り止め、同じく側近たる蕭何《しょうか》に推挙されることになりました。

蕭何が韓信と面接したところ、彼は中国の『五大兵法書』の内容を全てスラスラと答え、さらに、古代中国で最大規模ともいえる長平の戦いについても鋭く分析して見せたため、蕭何は

図18：韓信

韓信を高く評価しました。そこで、次は劉邦に直々に推薦されることになりました。

劉邦は韓信の実力に疑いを持ちながらも、項羽の評価について問いました。すると韓信は項羽の恐ろしさについて次のように答えます。項羽が声を荒げれば千人がひれ伏し、その武勇は一人で万人の兵士に匹敵する、しかし、優れた将軍に任せるということができない、と。したがって、

「此《こ》れ特《た》だ匹夫《ひっぷ》の勇のみ」（同書）

（項羽の武勇は匹夫の勇です）

さらに、項羽の優しさについても語ります。病人には涙を流して見舞い、飲食を分け与えるほどの慈愛をもっている、しかし、部下が手柄を立てて、いざ恩賞をというときには渋り続けて与えることができない、と。そして、次のように切って捨てます。

「此れ所謂《いわゆる》婦人の仁也」（同書）

（項羽の慈愛は婦人の仁です）

項羽は武人としては優れていました。これについては、歴史上稀に見る突出した人物だったといって間違いないでしょう。しかしながら、天下を治めるには、天下万民と文武百官の支持、そして個性の強い賢臣たちの支え、こういった人の海に浮かぶ舟のような存在でなければなりません。項羽の進軍は威風堂々としていますが、跡には死体の山が築かれ、人心を掴むことはできません。項羽の命令に対して家臣は従いますが、その目は項羽を見ていません。

「故に曰く其《そ》の強きは弱め易し」（『史記』淮陰侯《わいいんこう》列伝同書）

（したがって、項羽の勢力をくじくのは容易です）

項羽とは逆のことをやればよい、と韓信は進言します。天下の勇者に戦を任せれば勝てぬ戦はなく、手柄に対しては一国一城を惜しまずに与えれば家臣は心服するであろう、と。

この問答の結果、劉邦は韓信の実力を認め、周囲の家臣たちも一目置くようになりました。韓信は大将軍に抜擢され、青雲直上の出世を遂げます。劉邦は韓信を得たことで、天下取りに大きく前進することになります。

韓信の躍進と葛藤

韓信は趙《ちょう》の討伐を命じられます。20万の軍を3万の軍で攻略しなければならない難しい戦でした。ここで韓信は川を背にして陣を築くという常識では考えられない手を用います。兵法において、布陣は山を背にして川を前にするものです。しかし、結果は韓信の圧勝となりました。兵士は逃げ場が用意されていないなかで死力を尽くして戦ったため、勝利を摑むことができたのです（「背水の陣」の由来）。

続く斉《せい》の討伐では、川の上流で砂袋を使って水をせき止め、敵軍が近づくと堰《せき》を切って20万の軍を水攻めにして圧勝します。韓信は、戦においては柔軟に、そして奇抜な発想をもって数々の勝利をおさめていきました。

結果、韓信は斉《せい》（黄河下流域）の王に封じられます。ここは周代には太公望《たいこうぼう》が治めた名門にして要地でした。ここにきて、項羽も劉邦も韓信の実力を恐れ始めます。項羽は韓信の取り込みを画策しますが、かつて冷遇された経験があるため断られてしまいます。ここで、ある説客《ぜいかく》が韓信に有名な進言を行いました。

「主震わしたる者、身危うく、功天下を蓋《おお》う者、賞されず」（同書）
（主君を恐れさせるほどの者は、その身を危うくし、功績があまりに大きいと、それに見合う報賞は与えられないものです）

ゆえに、斉という要地を得たいまこそ独立して天下を三分するべきである、そして、項羽と劉邦が疲弊したところで号令をかければ天下はついてくるだろう、というのです。これには韓信も心が揺れ、深く悩みます。ですが、彼は最後まで「兵の将」であって「将の将」ではありませんでした。劉邦への恩義を選んで進言を退けます。説客は、のちの後難を恐れ、狂人の振りをして韓信のもとを去っていきました。説客の名は蒯通《かいとう》。のち、韓信は、この説客の名を口にしながら死ぬことになります。

広武山《こうぶざん》の大演説

項羽と劉邦の戦いは常に劉邦が敗北、百敗将軍とあだ名されたほどです。しかし、それでも人々の心は劉邦のもとに集っていきました。やがて、最終局面を迎え、両軍は広武山の谷を挟んで対峙することになります。

項羽の軍は疲弊し、補給に苦しんでいたため、劉邦を挑発します。一人、劉邦の軍に向かって叫びました。

「願わくは漢王と挑戦し、雌雄を決せん。徒《いたずら》に天下の民の父子《ふし》を苦しむるを為す毋《な》からん」

(『史記』項羽本紀《ほんぎ》)

(願わくば漢王(劉邦)どのに挑戦して雌雄を決しよう。いたずらに天下の民の父子を苦しめる事をやめようではないか)

劉邦は笑って答えます。

「吾《われ》は寧《むし》ろ智を闘わさん。力を闘わすこと能《あた》ず」(同書)

(私はむしろ智をたたかわせたい。力をたたかわすことは好まぬ)

劉邦は表情を一変させると、兵士たちの前に出て叫びます。

「吾始め羽と倶に命を懐王《かいおう》に受かり、曰く先に關中《かんちゅう》を定むるものこれを王とすと。羽約に負《そむ》き、我を蜀漢に王とするは、罪の一なり」(『漢書』高帝紀)

(項羽よ! おまえは「最初に関中に入った者を王とする」とされていた約定を破り、私を辺境へ追いやった!)

「懐王《かいおう》秦に入るに暴掠する無きを約すも、羽秦の宮室《きゅうしつ》を焼き、始皇帝の冢《つか》を掘り、その財を収《しゅう》私《し》するは、罪の四なり」(同書)

（項羽よ！　おまえは「秦に入ったら民を懐け略奪しないように」とされていた命令に従わず、宮殿を焼き皇帝の塚を暴き、財宝を略奪した！）

延々と演説は続き、天下に対する項羽の罪を10か条挙げて断罪します。

「夫《そ》れ人臣為るにその主を殺し、その已《すで》に降るを殺し、政を為すに平《たい》らかならず、約を主《つかさど》りて信ならず、天下の容《い》れざる所にして、大逆無道なるは、罪の十なり」（同書）

（項羽よ！　おまえは臣下の身で主君を殺し、降伏した者を殺し、そのうえ政治は公平さを欠き、約定を取り仕切りながら信義がない、天下の誰もが受け入れられん！　これが罪の十である！）

怒りに震える項羽に、最後のひと言を浴びせます。

「吾義兵を以て諸侯に従い残賊を誅するに、刑餘《けいよ》罪人をして公《こう》を撃たしむ、何ぞ苦しみて乃ち公と戦いを挑まん」（同書）

（私は義兵を率いて諸侯にとともに悪人を成敗しようとしているのであって、その私が何故わざわざここでおまえの挑戦を受けなければならないのか！　貴様を討つのは刑余の罪人で充分だ！）

項羽は部下たちの前で徹底的にこき下ろされたのです。この演説は波紋を広げます。諸侯たちは、劉邦があそこまで言うのであれば、項羽とは違って天下を任せることができるかもしれない、そう考え、次々に劉邦に味方していきました。そして、遠征を行っていた韓信も、30万の軍勢を率いて劉邦のもとに帰ってきます。ついに劉邦に決戦の準備が整ったのです。項羽、討つべし！

四面楚歌

激戦の末、項羽は山々に囲まれた垓下《がいか》へと追いつめられました。項羽率いる楚の兵は少なく食糧も底を尽き始めます。劉邦率いる漢兵および諸侯の兵はこれを幾重にも包囲していました。その数56万。項羽はかつて3万の兵で50万の軍を撃破しています。項羽は諦めていませんでした。一方の劉邦も、項羽を侮ってはいませんでした。劉邦の陣営では、軍師の張良《ちょうりょう》が秘策を練ります。ここに、空前にして絶後の奇策が講じられることになります。

夜、項羽が陣中にいると、人の声がするのに気がつきました。天幕の外に出てみると、同じように不思議に思った兵士たちが山々を見上げています。方々から聞こえる声は重なり合うようにして歌へと変わっていきました。項羽は立ち尽くします。周囲の山々から垓下に響き渡る旋律は、確かに祖国たる楚の歌でした。懐かしい故郷の歌。

「漢、皆已《すで》に楚を得たるか」（『史記』項羽本紀）

（漢は楚を手中におさめてしまったか）

項羽は呟きます。祖国を同じくする楚の兵士の多くが劉邦に味方してしまったと直感したのです。その夜、兵士たちのほとんどは武器を捨てて脱走してしまいました。翌日、天幕にて項羽は最後の宴を開きます。そこには虞《ぐ》妃や側近たちがいました。虞妃は正室を持たないなかで愛し続けた、ただ一人の女性です。項羽は悲憤をもって歌いました。

力山を抜き、気世を蓋《おお》ふ

（かつて、私の力は山を抜くほどで、その気概は世を覆わんばかりであった）

時利あらず、騅逝《すいゆ》かず

（しかし、時が私に味方しない。愛馬の騅《すい》も前に進もうとしない）

騅の逝《ゆ》かざる奈何《いかん》すべき

（騅が前に進まないのではもうどうすることもできない）

虞《ぐ》や虞《ぐ》や若《なんじ》を奈何《いかん》せん

（愛する虞《ぐ》よ、こんなとき、お前をどうしてやればよいのだろうか）

項王涙数行《すうこう》下る。左右皆泣き、能《よ》く仰ぎ視《み》るもの莫《な》し。司《し》馬遷《ばせん》は史記にそう描きます。力を頼みとした項羽が、知に勝る劉邦に敗れ去った瞬間でした。虞妃は返歌とともに自害。項羽のもとを去れば、劉邦のもとで寵愛を受けられたかもしれませんが、これが「お前をどうしてやればよいのだろうか」といった問いに対する彼女の答えでした（図19）。

図19：虞妃

垓下の戦い

項羽は愛馬の騅に飛び乗ると駆け出します。それに付き従ったのはわずか800余名の騎乗した壮士たち。直ちに囲みを破ってひた走りに走ります。漢軍にはまだ悟られていません。明け方になってようやく劉邦が気づき、5000騎の兵士に追跡を命じます。項羽は追われながら西へ東へと馬を駆けさせ、次々と現れる漢兵を斬って捨てていきます。疾駆する項羽は部下とともにとある丘まで辿り着きました。この時、兵はわずか28騎。項羽は言います。

「此れ天の我を亡《ほろ》ぼすにして、戦ひの罪に非《あら》ざるなり。今日固《もと》より死を決す。願はくは諸君の為に快戦し、必ず三たび之に勝たん。諸君の為に囲みを潰《つい》やし、将を斬り旗を刈り、諸君をして天の我を亡《ほろ》ぼすにして、戦ひの罪に非《あら》ざることを知らしめん」（『史記』項羽本紀）

（これは天が私を滅ぼそうとしているのであって、我々が弱いからではない。私はもう死を覚悟している。これから3隊に分けて三度漢軍に突撃してやろう。囲みを突破し、将を斬り旗をなぎ倒してやろう。三度とも勝利しようではないか。我々が弱くて負けたのではないのだということを天に知らしめてやろう！）

3隊は大声で叱咤しながら丘を馳せ下ります。項羽は鬼神のごとき強さを見せます。漢軍に突っ込むと戟《げき》を旋風の如く振り回し、騎将を一撃で、次々となぎ倒していきます。最後に残った28騎です。強さも気迫も違いました。漢兵は蹴散らされ恐れおののきます。項羽が漢軍の騎将を討ち取ると、別の一将が挑みます。これに対して項羽は目を怒らせて恫喝、人馬もろとも尻込みさせ、さらに囲みに突入、残りの兵士たちもあとに従い、全員で数百の首をあげていきました。３隊が再び集結すると、其の両騎を亡《うしな》いしのみ、26騎が残っていました。項羽は戟を天に突き立て、天よ見たか、我々は弱くて負けたのではない、そう叫びます。司馬遷《しばせん》は、項羽が最後まで力にこだわり、己の非に気づかない様子を眈々と文章にしていきました。

項羽の最期

項羽は烏江《うこう》まで逃げ延びました。ここを渡れば楚の国に帰り再起を図ることができます。しかし、項羽の気は変わっていました。

「我何の面目ありて之に見《まみ》えん」（『史記』項羽本紀）

（どのような顔をして故郷の人々に会えというのか）

かつて共に旗揚げをした８０００人の部下たちはもうほとんど生き残っていません。にもかかわらず、故郷に戻って彼らの両親にどう顔向けせよというのか、項羽はそう言うと、愛馬の騅《すい》を下り、放してやりました。部下たちもそれに従います。そうして、最後は徒歩で漢軍に立ち向かっていきました。項羽だけでも数百の首をあげますが、自身もまた多くの傷を負いました。一人倒れ、また一人倒れする中で、項羽は敵将のなかにかつて自分に仕えていた人物がいることに気がつきます。

「若《なんじ》は吾が故人に非《あら》ずや」（同書）

（おまえは私の知人ではないか）

敵将は顔を背けました。そして、上官に言います。

「此《こ》れ、項王なり」（『史記』項羽本紀）

（これが項羽です）

項王乃ち曰く。

「吾聞く、漢、我が頭《こうべ》を千金・邑万戸《ゆうばんこ》に購《あがな》う、と。吾、若《なんじ》が為に徳せん」（同書）

（私は漢が私の首に千金と一万戸の邑をかけていると聞いている。最後に旧知のおまえに褒美をやろう）

そう言って項羽は自ら首を刎ねました。後世、唐の詩人杜牧《とぼく》は「捲土重来《けんどちょうらい》せば未だ知る可からず（再起を図っていれば捲土重来することができたかもしれない）」と、そう嘆じます。

大風の歌

こうして、長い戦いは劉邦の勝利をもって終わり、新しい時代が始まりました。劉邦は、のちに故郷の沛《はい》県に立ち寄って酒宴を開きました。そこには同地の知人、父老、子弟が呼ばれ、無礼講で飲み、笑い、懐かしい昔話に盛り上がり、立場を越えて楽しい時間を過ごします。また、子供たちも120人集められました。宴もたけなわとなると、劉邦は自ら筑《ちく》を奏で歌います。

大風《たいふう》起こりて雲飛揚《ひよう》す

(激しい風が起こって雲が舞い上がるように私は身を起こして天下を平定した)

威海内《いかいだい》に加わりて故郷に帰《かえ》る

(今やわが威光は天下に知れわたり、こうして故郷に帰ってきたのだ)

安《いずく》にか猛士を得て四方《しほう》を守らしめん

(どうすれば武勇に優れた勇者を集めて、国を守らせることができるだろうか)

劉邦は少年たちに歌わせると、立ち上がって舞い始めます。慷慨《こうがい》が胸に満ち、感傷を禁じえません。劉邦の目には涙が浮かびます。感激の絶頂だったことでしょう。劉邦の人を大切にする姿勢は、のちに劉秀、そして劉備へと受け継がれ、中国の歴史を象徴するものになっていきました。この歌は、今でも沛に伝えられていて子供たちに歌われているようです。

第3幕 漢と三国志の英雄たち——劉氏の器

漢の創始（前漢）——無為にして治まる

劉邦は、楚漢戦争を勝ち抜くと漢朝を創始（前漢）、首都を長安に定め、高祖と名乗りました。この王朝は、実に400年もの間にわたって中国を安定させ、中国史上最も長く存続する王朝となります。漢代には、中国独自の制度や文物が整えられていったこともあって、秦と同様に、漢も、中国を指す地名として転用されることになります。「漢人」や「漢字」などです。

高祖（劉邦）は、秦がわずか3代で滅亡した原因を法治主義に基づく「急激な集権」にあったと考え、「穏健な集権」を目指しました。そこで地方は一族功臣に統治を任せ、中央は皇帝が統治する、という体制をとります。周の分権的な要素と、秦の集権的な要素を融合させた、バランスのよい統治を行ったのです。

また、内外に対して消極策をとり、老荘思想にいわれる「無為にして治まる」姿勢を貫きます。政府は減税と減刑を心がけ、戦乱に疲れた民を休ませました（息民政策）。徳と法、そして道の精神をバランスよく取り入れたわけです（中国の見方5）。

ところで、劉邦らは天下統一のための集団であっても、支配のための集団ではありません。

劉氏一族が支配する集団として安定するには、様々な波乱を乗り越えなければなりませんでした。

兵《つわもの》どもが夢の跡

劉邦は多くの名臣たちを擁して天下を統一しましたが、これからは、支配のための集団へと変化していかなければならず、劉氏一族の脅威となる勢力を排除する必要がありました。劉邦は戦で貢献した功臣らに謀反の罪を着せて粛清を始めます。そのなかには、あの韓信もいました。

韓信は謀反の疑いをかけられて逮捕されます。かつて国士無双といわれた存在も、戦争が終わってしまえば脅威でしかありません。取り押さえられた名将は訴えます。

「果たして人の言《げん》の若《ごと》し。狡兎《こうと》死して良狗《りょうくく》烹《に》られ、高鳥《こうちょう》尽きて良弓蔵《ぞう》され、敵国破れて謀臣亡《ほろ》ぶ」（『史記』淮陰侯《わいいんこう》列伝）

（天下を統一したあとは「蜚鳥《ひちょう》尽きて良弓蔵《ぞう》され、狡兎《こうと》死して走狗《そうく》烹《に》らる」ということなのでしょうか！）

春秋時代の言葉を引用したのです（p38参照）。韓信は、謀反の疑いについては保留されたものの、その地位は兵権を持たない地位に格下げとなってしまいました。以降、韓信の劉邦に対する忠誠は失われ、病と称して鬱々と過ごす日々が続きます。あれだけの功績に対してこの沙汰か、と。やがて、その思いは反逆の心となって芽生え始めます。

ある時、韓信を尊敬する人物の一人が、暗然とする韓信のもとを訪れます。この人物は陳豨《ちんき》といい、要衝の地に赴任することになったため、出立にあたって韓信に挨拶をしに来たのでした。韓信は意を決して彼に計画を持ちかけます。劉邦への忠誠の心はもはやなく、謀反を起こして自らが天下を取る、その協力をしてほしい、と。陳豨はこれに応じます。韓信が陳豨に授けた一計は次の通り。赴任する地で陳豨が反乱を起こす、劉邦は陳豨を信頼しているため、激怒して自ら鎮圧に乗り出すだろう、すると首都の長安は留守になる、しかも、陳豨が反乱を起こす地は要害で簡単に鎮圧できるものではない、その間に韓信が長安を掌握して天下に号令をかければ諸侯は応じるだろう、というものです。陳豨は韓信であればそれができると確信しました。

計画は、陳豨の反乱に対して劉邦が自ら鎮圧に乗り出すところまでは想定した通りに運びました。ところが、韓信に恨みを持つ下僕の密告によって、彼の関わりが露呈してしまいます。劉邦なき長安で計画の取り潰しに貢献したのは蕭何《しょうか》でした。彼は、すぐさま手を打ち、陳豨による反乱が鎮圧されたとの偽の情報を長安に流します。この場合、長安にいる諸侯は祝辞を述べるために参内しなければなりません。韓信もその一人でしたが、韓信は用心深く、病気と称して参内しませんでした。蕭何は参内するよう韓信に打診します。蕭何は韓信を雑兵から将軍に引き立てた人物です（p60参照）。蕭何だけは韓信も信頼していたのでしょう。しかし、参内した場で取り押さえられてしまいます。

「吾、蒯通《かいとう》の計《はかりごと》を用いざりしことを悔ゆ」（『史記』淮陰侯列伝《わいいんこう》）

（蒯通の言葉を用いなかったがために……）

「豈《あ》に天に非《あら》ざらん哉《や》」（同書）

（これが天意なのだろう……！）

そう言って韓信は劉邦の帰還を待たずして斬られます。主震わしたる者、身危うく、功天下を蓋う者、賞されず……。蕭何に始まり蕭何に終わった韓信の生涯です。

漢朝初期の混乱はこうした粛清だけではありません。外戚を中心とした混乱もあり、それは漢朝滅亡の危機を伴うものでした。

人豚《ひとぶた》事件

高祖（劉邦）が崩御すると、正妻であった呂后との間に生まれた太子が恵帝（二代）として即位しましたが、母親として呂后《りょこう》が実権を握り劉氏の支配を脅かし始めます。この呂氏一族による漢朝の混乱を見るには、まず劉邦の女性関係について語らなければなりません。

劉邦はそもそも女癖の悪い気質。農民時代には、兄の家に居候になっていながら兄嫁と通じていたほどの節操のなさです。そんな劉邦も、挙兵する前に、富豪の娘である呂雉《りょち》と結婚、一男一女をもうけます。この女性が劉邦の正妻となる呂后です。他方、劉邦は楚漢戦争の中で見初めた戚姫《せきき》を寵愛します。やがて彼女との間に息子が生まれ、その愛情はそのまま息子にも注がれました。劉邦は彼女を戦場に伴うほど溺愛しますが、その間、呂后《りょこう》は名ばかりの存在で、首都に残された飾り物でしかありませんでした。

漢が建国されたのち、当然の帰結として、高祖（劉邦）の後継問題が持ち上がります。高祖は予《かね》てより太子は呂后の息子と定めていましたが、彼は大人しく、一方で戚姫《せきき》の息子は活発で利口、戚姫の懇願もあったため、高祖の気持ちは変わり始めます。しかし、重臣たちは御家騒動を好まずことごとく反対、忠臣の張良《ちょうりょう》も呂后の息子に味方したため、高祖は太子を廃嫡《はいちゃく》することができませんでした。こうした経緯もあって、呂后は戚姫を強く憎んでいたのです。

高祖が死去すると、予ての通り呂后の息子が恵帝（二代）となり、呂后は母親として実権を握ります。戚姫の息子は地方の王に落ち着き、戚姫は後ろ盾を持たない存在となってしまいました。すると呂后は積年の恨みを爆発させます。

戚姫は捕らえられ、女官が収容される永巷《えいこう》という名の牢獄で終日豆をひき続ける刑罰が課されました。戚姫の息子は毒殺され、戚姫も結局はむごたらしく惨殺されます。『十八史略』には次のような記述があります。

「呂后 趙《ちょう》王如意《じょい》を鴆殺《ちんさつ》し、戚夫人の手足《しゅそく》を断ち、眼《まなこ》を去り、耳を煇《す》べ、瘖薬《いんやく》を飲ましめ、厠中《しっちゅう》に居《お》らしむ。命じて人彘《じんてい》と曰《い》わせ、帝を召して之を観《み》しむ」（『十八史略』）

（呂后は趙王如意《じょい》（戚姫の息子）を毒殺し、戚姫の両手両足を切断、目をくり抜き耳を焼き切り、毒薬を飲ませて声を潰した。そのうえで便所に放り込み、人々に命じて「人豚《ひとぶた》」と呼ばせた。さらに息子の恵帝にその

様子を見せた）

当時、便所に豚を飼い、汚物を食べさせて掃除をさせる習慣がありました。それになぞらえて「人豚」と呼ばせたのです。恵帝はこの事件以来、心が弱り、酒と女に溺れ、まもなく23歳の若さで早世します。

歴史に悪女の名を残した呂后のすさまじい復讐でした。以降、漢朝は劉氏ではなく呂氏の支配となってしまいます。

呂氏討伐

恵帝の死後、幼い皇帝が三代、四代と立てられ、呂后が権力を掌握し続けました。中央の要職には呂氏一族がつけられ、地方を支配していた劉邦の庶子たちは次々と暗殺、後継に呂氏一族を配して、見る間に呂氏の支配は拡大していきます。その間、劉邦に仕えた忠臣の周勃《しゅうぼつ》や陳平《ちんぺい》らは、何もできないままでした。しかし、諦めていたわけではありません。嵐の過ぎ去るのをじっと待ち、来るべき時に備えていたのです。

ある時、呂后は青い犬に咬まれる夢を見ました。気になったため占い師に占わせたところ、結果は「戚姫の息子の祟り」。それから数日すると呂后の体に異変が起こり、青い犬に咬まれた箇所に腫れ物ができ始めます。それは日増しに大きくなり、呂后の容態は急激に悪化していきました。呂后は呂氏一族の側近に国政の実権を託して世を去ります。

時こそ至れりと、劉氏に忠実な家臣たちが動き始めます。呂氏の恐怖政治によって従わされていた諸侯たちも次々に呂氏一門から離反。これらの動きの中心となったのは、劉邦の孫の劉章、そして周勃《しゅうぼつ》と陳平《ちんぺい》らでした。大尉の周勃は兵士たちに激しく訴えます。

「呂氏の為にせんとする者は右袒《うたん》せよ。劉氏の為にせんとする者は左袒《さたん》せよ！」（『十八史略』）

（呂氏に味方するものは右肩を脱ぎ、劉氏に味方するものは左肩を脱げ！）

全ての者が左肩を脱ぎます（「左袒《さたん》する」の由来）。彼らによって呂氏一族は討伐され、劉氏は権力を取り戻すことに成功します。呂后《りょこう》が死んでわずかに2ヵ月、いかにあわただしい動きであったのかが想像できます。

混乱が終息すると、文帝（第五代）から景帝（第六代）にかけて、漢朝はようやく安定期を迎えます。若き武帝（第七代）が登場すると、漢朝は最盛期を迎え、高祖以来の「無為にして治まる」とする消極策を捨て、内外において積極策へと転じていきました。

武帝――徳と法の融合

武帝（図20）の治世は54年もの長さになりますが、これは中国の歴史において、清代の康熙《こうき》帝《てい》（61年）、乾隆帝《けんりゅうてい》（60年）に次いで3番目の長さです。この時代、中国の統治体制はいよいよ完成、徳と法の融合した体制が定着することになります。

武帝は「集権」の体制を完成させます（中国の見方6）。全国を郡に分け、郡をさらに県に分け、各郡には中央任命の官吏を派遣して統治にあたらせました（郡県制）。こうして法治主義に基づく中央集権体制を完成させます。ただ、法にだけ偏れば秦の二の舞となります。

世の中が安定してくると儒学の復権が顕著になってきます（中国の見方5）。武帝は儒学を官学とすることで徳治主義も取り入れ、天下を治める王朝、政治、法律の理念としました。中央には五経博士と呼ばれる学官を設置、国家に必要な人材として養成するとともに、地方からも儒学の素養を持つ者を推薦させて役人とする制度を整えます（郷挙里選《きょうきょりせん》）。

中国は、例えるなら学校のクラスのようなものです。教師が皇帝、ＴＡが官僚たち、学生が農民たちです。教師やＴＡたちが「徳」をもって学生の秩序維持にあたる、つまり人柄と愛情をもって秩序維持にあたる、これが王道であり徳治主義です（中国の見方5）。あるいは、教師やＴＡたちが「法」をもって、つまり厳格な規律と体罰をも辞さない姿勢で学生の秩序維持にあたる、これが覇道であり法治主義です（中国の見方5）。前者が行き過ぎると学生たちに緊張がなくなり弛緩してし

図20：武帝

まいます。後者が行き過ぎると学生たちは規律にがんじがらめになって窮屈さを感じ、体罰に嫌気がさすでしょう。先述したように、両者はバランスの問題です。武帝は徳治主義と法治主義の融合を果たしました。それは理念と王朝、学問と政治、そして道徳と法律の融合を意味します。秦の始皇帝による統一から300年、ついに中国は儒教国家かつ法治国家として安定することになり、以後、儒学の素養を持つ者が政治にあたるという体制は2000余年にわたって存続、始皇帝と武帝は「秦皇漢武」という言葉で並び称されることになります。

さて、「教えは孔子より成り、政《まつりごと》は始皇より立ち、境は武帝より定まる」という言葉もあります。武帝は、中国の領域をさらに拡張して現在の中国の領土に近づけた人物でもあります。

武帝──西域へと広がる視野

武帝は国内を固めたのち、その名に相応しく対外遠征を東西南北に対して展開、最大領域を実現しました（図21）。北方から西方にかけては遊牧民族たる匈奴《きょうど》を討伐、東方は朝鮮半島を、南方は南越（ベトナム）を征伐します。なかでも、当時は未知な領域であった西方への遠征は、中国に新しい風をもたらしました。

中国の西北には遊牧民族の匈奴が勢力を持ち、漢朝は高祖以来一貫して歳賜《さいし》による懐柔を行っていました。金で平和を買っていたのです。しかしながら、武帝は匈奴の捕虜から次のようなことを聞きます。中国の西方には月氏《げっし》という民族がいたが、匈奴はこれを破って王の頭蓋骨を器として酒を飲んでいる、さらに西方に逃れた月氏の人民は恨みを晴らすために漢朝と提携したがっている、と。ただ、月氏に連絡するためには多くの山々と砂漠を越えなければなりませんし、なんといっても匈奴の領土を通らなければなりません。敵中突破という決死の冒険は容易なことではないでしょう。武帝は勇者を募ります。側近の者たちが尻込みするなか、使者として志願したのは、下っぱ役人の張騫《ちょうけん》でした。

張騫は通訳の甘父《かんぽ》と、百余人の従者を引き連れて西方へと向かいました（図22）。けれども、往路で早々に匈奴に捕まり抑留されてしまいます。張騫は匈奴の監視のもと、10年の時を過ごして妻も迎えましたが、それでも監視の目をかいくぐって甘父とともに脱出、西域の様々な国に立ち寄りながらやっとの思いで月氏に辿り着きます。しかしながら、同盟について説いたにもかかわらず、案は受け入れられませんでした。張騫と甘父は復路につきます。ここでまたもや匈奴に捕らえられますが、1年後に脱出、なんとか中国へと帰還しました。張騫と甘父が再び中国の大地を踏んだのは実に13年ぶりでした。

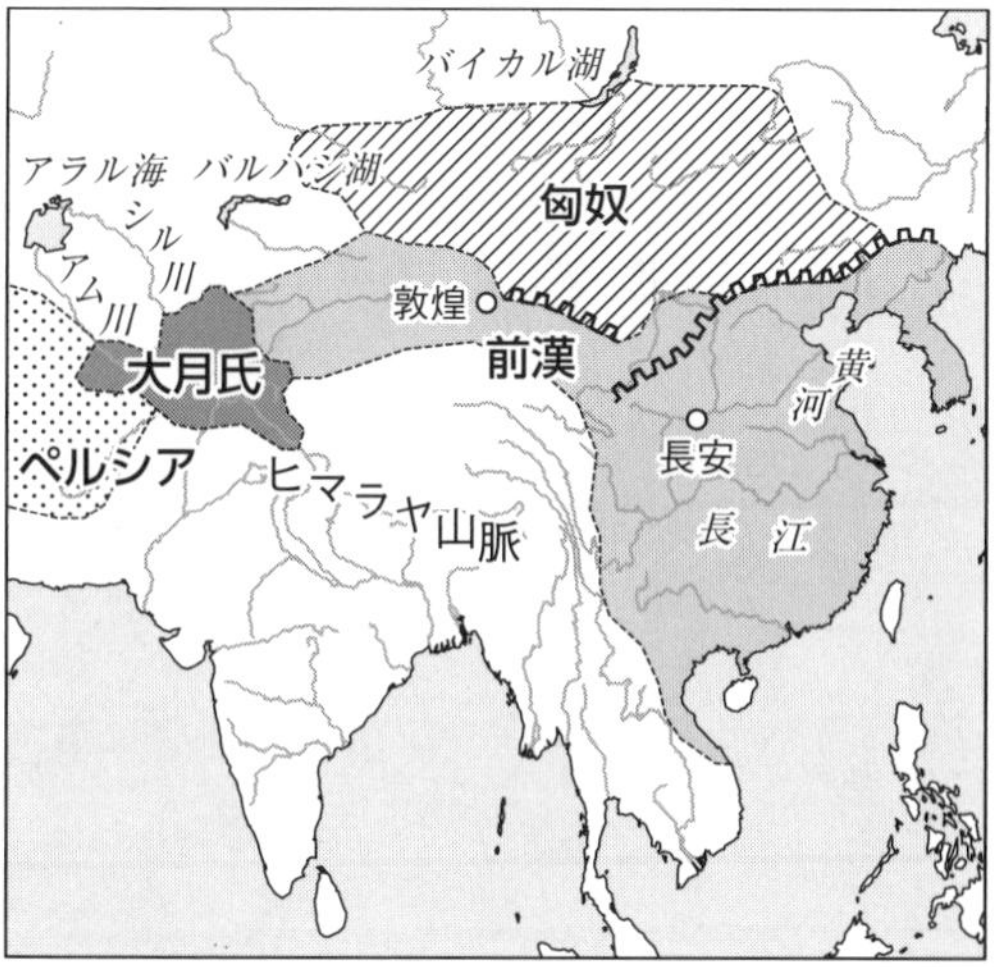

図21：前漢

張騫《ちょうけん》は任務を果たすことができませんでしたが、なによりも武帝の心を動かしたのは張騫が見聞した西域諸国や、伝え聞いた周辺諸国の話でした。当時の中国にとっては砂漠のオアシス都市の様子や、ギリシア文明の影響を受けたペルシアの情報は新鮮で興味深かったことでしょう。その後、武帝は西域への進出を進め、ペルシアの文明ともつながってシルク＝ロードを開通させていきました。

中国は、武帝の時代に西方へと目を見開きます。武帝が眺めた西方の遥か彼方では、ローマが帝国へと変貌しつつありました。

武帝——傾城・傾国

武帝が行った度重なる対外遠征を任されたのは、武帝が愛した女性の親族たちでした。武帝は最初に衛子《えいし》夫《ふ》という女性を寵愛、その弟や甥は北方の匈奴遠征の将軍に抜擢されます。次に寵姫となったのは李夫人。

図22：張騫

彼女は、武帝に仕えていた歌人の李延年《りえんねん》によって紹介された、彼の妹です。李延年は、皇帝の前で次のように詠いました。

北方に佳人あり
（北方に美女がいる）
絶世にして独立す
（絶世の美女でありこの世に一人しかいない存在である）
一顧して人の城を傾け
（この美女に一度見られると、男は自分の城を傾けてしまい）
再顧して人の国を傾く
（二度見られると自分の国を傾けてしまう）
寧《いずく》んぞ知らざらんや　傾城と傾国を
（城を傾け国を傾けることの愚かしさを知らないわけではないが）
佳人は再び得難し
（こんな美女を二度と得ることはできない）

武帝はすぐに彼女を召し、晩年の愛妃として溺愛します。この女性こそが「傾城《けいせい》」「傾国」

の由来となった女性です。李夫人のもう一人の兄（李広利）は西方の大宛《だいえん》遠征を任されました。武帝は女性関係の中から人材を登用して華々しい成功を遂げることになりましたが、その一方で、殷の紂王《ちゅうおう》（p23参照）や周の幽王《ゆうおう》（p26参照）と同様に、女性によって判断を狂わされてしまいます。

武帝――晩年の過ち

全盛は退廃への一歩。どうやら、武帝の輝かしい業績と長い治世は、彼に過剰な自信を与えて傲慢にさせたようです。

李夫人の兄であった李広利は、西方の大宛への遠征ののち、匈奴《きょうど》討伐に加わり善戦していました。しかし、武帝はつまらぬ者の讒言《ざんげん》を真に受けて李広利の妻子を処刑してしまいます。彼は失意ののちに匈奴に投降。李広利を助けるため、新たに李陵《りりょう》が送り込まれますが、矢尽き刀折れ、支援もなかったため、彼も匈奴に降伏しました。武帝が李陵の行為を叱責した際に弁護したのが、あの司馬遷《しばせん》です。武帝の逆鱗に触れて司馬遷は死刑を言い渡されてしまいます。武帝によるあまりに不条理な沙汰でした。死刑を回避するには大金を収めるか、あるいは宮刑（去勢する刑罰）を受けるしかありません。

「假令《たとい》僕の法に伏し誅《ちゅう》を受くるも、九牛の一毛を亡《うし》なふが若《ごと》し、螻蟻《ろうぎ》となんぞ異なる」（『漢書』司馬遷伝）

（もしも私が法に従って罰せられたとしても、多くの牛の中から一本の毛を失ったようなもので、虫けらとなんら変わらない（「九牛一毛」の由来））

屈辱にまみれながらも、司馬遷は宮刑に甘んじ、残された時間を大歴史書『史記』を書き上げることに捧げました。彼が歴史を記しながら「天道是か非か」と嘆くとき、武帝による理不尽な仕打ちを重ね合わせていたことでしょう。

中国の見方7

中国の政府は「権力」に関して巧み1（権力を「歴史」によって説明する）

司馬遷の大著『史記』は中国の「歴史」に多大な影響を与えます。紀伝体《きでんたい》と呼ばれる構成（本編の本紀《ほんぎ》と列伝、付録の表と志から成る）は、中国の史書の一般的記述様式となっていきます。以降、紀伝体で著された中国の歴史書は24に上り「二十四正史」と呼ばれるようになります。

のちの唐の時代に至ると、歴代王朝は皇帝の勅命で前代までの歴史書を編纂させる、という習慣が根付きます。ここに、中国に特有の「歴史」の扱い方が生まれます。

中国では「政治」が最も大切であり、その装置として、「権力」を動力とする「王朝」という体制が樹立されます（中国の見方2）。そういった「王朝」の交替が中国の歴史です。ただし、当然ながら新しい「王朝」には「権力」の正当性が問われます。なぜ王朝の交替が必要だったのか、なぜ権力の委譲が必要だったのか、ということの理由がいるのです。理由とは因果関係であり、それは過去、すなわち歴史に求められます。そこで、歴代王朝は前代までの歴史書を編纂させ、前王朝がいかに悪い王朝であったかを説き、そこから、なぜ新王朝が必要なのか、いかに新王朝が良い王朝であるかを人民に納得させようとします。

◉中国の政府は、権力を「歴史」によって説明する
中国は、多くの場合、前王朝を悪、新王朝を善、として対比させて権力を正当化する。

比較対象を下げることで自分を上げるという手法はあまり褒められたものではありませんが、一般にもよく見られる手法です。例えば、ビジネスにおいても、とある業界で新しく会社を立ち上げる場合、とある部署に新しく部長として赴任する場合、それまでの業界の歴史、部署の歴史を引き合いに出して、なぜ新しい会社が必要なのか、なぜ新しい部長として赴任する必要があるのかを説明するのが、顧客や部下の支持を得るためには重要でしょう。中国は、こういった形で「歴史」を扱う場合が多いのです。

現在の中国、すなわち中国共産党も当然ながら「歴史」によって権力の正当性を説明しています。前時代が悪である「歴史」は、共産党の「権力」の正当性と切っても切り離せない、まさに死活問題なのです。

漢の衰退

男が身を滅ぼす原因、それは女性と金銭に関するトラブル。これは今も昔も変わらないことです。やがて、武帝は自らの奢侈や度重なる対外遠征に伴う戦費によって、財政困難に苦しみ始めます。増税によって乗り切ろうとしますが、民は負担を強いられ国は困窮しました。治安が悪化して各地で反乱が起き始めると、酷吏をもって厳罰主義で対応しました。財政困難には増税、犯罪には厳罰、というのは最も簡単な対応です。

武帝以後、凡庸な皇帝が続くと、漢朝の支配は大きく揺らぎ、「集権」の体制は崩壊へと向かいます。中央では皇帝に代わって宦官や外戚が権力を掌握、地方では豪族が土地を押さえて権力を握り始めました。

ここで、中国の王朝が衰退していく際に共通する流れについて、中国の見方として押さえておきましょう。

中国の見方8 中国の統治は「分権（宦官・外戚・地方勢力）」で動揺する

中国の王朝の盛衰には共通する一定の流れがあります。漢朝は典型的な放物線を描いて成立、盛期を迎え、衰退、滅亡していきます。それをここで整理しておきましょう。王朝が繁栄するための「集権」については既に確認しました（中国の見方6）。では、王朝が衰退する場合、つまり「集権」が崩れた場合、何が起こるかを見てみましょう。

中央集権が崩壊すると、中央の皇帝は権力を掌握できず、しかも全土に行使できなくなります。つまり「分権」の状態になります。中央で皇帝が権力を掌握できないということは、別の勢力が権力を掌握して政治を乱しているということです。多くの場合、それは中央に跋扈《ばっこ》する宦官《かんがん》や外戚です。また、全土に権力を行使できないということは、やはり別の勢力が権力を掌握しているということです。地方勢力、すなわち豪族や貴族です。ちなみに、地方で権力を掌握している、というのは地方で土地を押さえているということを意味します。こうした状態は、王朝の統治がうまくいっていない状態、国家が分裂して、バラバラになっている状態であると考えてください。漢朝の場合、官吏任用制度は、地方で選ばれた優秀な人材を中央に推薦して役人とする制度を採用していたため（郷挙里選《きょうきょりせん》）、地方の豪族の子弟が中央に推薦され、中央の役人も結局は地方の豪族の息のかかった者となってしまいました。

こうなってくると、中央は全土の農民たちから税金と兵士が集められず、財政と軍事は安定を欠き、反乱が起きたり外敵が侵入してきたりしても対応できなくなります。

◉**中国の統治は「分権」で衰退**
中央が権力を掌握できず、しかも全土に行使できていない状態。
中央では宦官や外戚が地方では豪族や貴族が権力を掌握。
王朝の統治がうまくいっていない状態（国家が分裂、バラバラになっている状態）。
全土の農民たちから税金と兵士を集められず、財政と軍事が安定しない。
反乱にも外敵の侵入にも対応できない。

中国の見方９
中国の統治は「農民反乱」で崩壊する

さて、中央と地方の政治腐敗は農民の生活を直撃します。そこで最後は必ず農民たちが反乱を起こします。王朝は「集権」が崩れているため既に鎮圧する能力がありません。反乱が成功すれば、反乱の頭領が次の王朝を立てるでしょう。劉邦の創始した漢朝はそういった例です。反乱が鎮圧されれば、鎮圧した者が次の王朝を立てます。地方勢力なのか、あるいは混乱に乗じて侵入した異民族なのか、いずれかです。後者であれば次は異民族支配の王朝になります（中国の見方３）。

中国の王朝の盛衰に共通する一定の見方は次のようになるでしょう。

◉中国の王朝は、「集権」で安定、「分権」で衰退、「農民反乱」で滅亡
反乱の頭領、もしくは反乱を鎮圧した者（地方勢力か侵入した異民族）が次の王朝を立てる。

これから多くの王朝が生まれては滅びていきます。その流れを追っていく際に、この盛衰の見方は非常に役立つはずです（図23）。無論、漢朝に関しても同様、さらにいえば、現在の中国についても、ある程度は同様に見ることができるでしょう。歴史を見る場合、その先に現在が

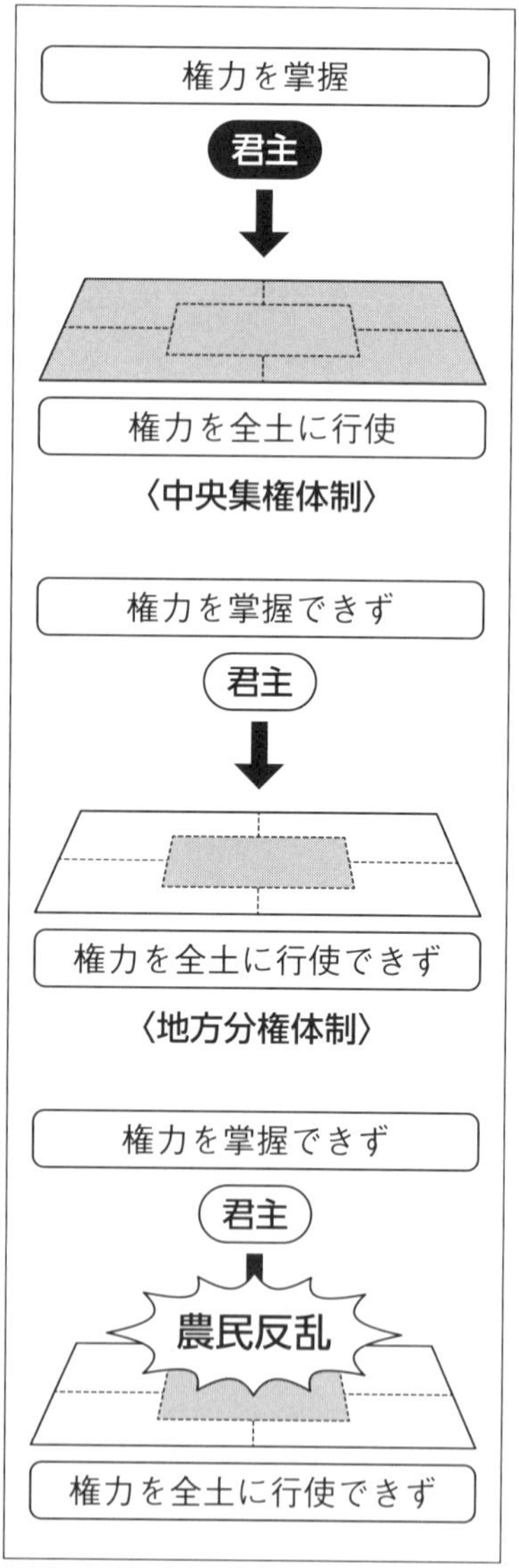

図23：王朝の盛衰の流れ

あることを忘れてはなりません。現在の中国は王朝体制ではありませんが、本質としては変わらない独裁体制です。中央がどうなっているか、地方がどうなっているか、調べてみると、その盛衰の状況が見えるはずです。政府の権力がインターネット上まで及んでいることを踏まえると、「集権」の体制は強固といえるかもしれません。

では、ここで、先ほど触れた王朝の衰退の病魔としての役割を果たす宦官《かんがん》と外戚について詳細に見てみましょう。

宦官

宦官とは後宮に仕える去勢された男子のことをいいます。「後宮三千人」という言葉があるように、後宮には天下から集められた美女が3000人も生活しています。そんなところで男子が働くのであれば去勢が必要というわけです。

古代中国での去勢は、『宦官—側近政治の構造』(三田村泰助)によると次のように行われたようです。まず、被手術者の下腹部と腿の付け根を紐で縛り止血をします。局部は熱い胡椒湯で念入りに消毒を行ったうえで、鎌状に湾曲した小さな刃物で男根を切り落とします。尿道には栓がつめられ、患部は冷水に浸した紙で覆います。手術後は二人の助手に支えられながら2、3時間歩き回り、その後に横になることを許されます。3日間は水を飲むことが禁じられ、寝たまま、痛みと喉の渇きに苦しみながら過ごさなければなりません。3日後、尿道から栓が抜かれ、この時に噴水のように尿が出れば手術は成功とされます。ほとんど失敗はなかったようです。

宦官《かんがん》は性器を切除されているため、髭が生えず、性格や行動も女性に近いものになっていきます。ただ、それでも性欲はどうやらあるようです。フロイトによれば、性欲は全ての根源ですから、その欲望はゆがめられた形で噴出することになります。例えば、権力欲とか名誉欲とか、あるいは人を陥れることに快楽を得るとか、そういう方向に向かうのです。中央での権力闘争に必ずといっていいほど宦官が関わってくるのは、そういったことと無関係ではないのでしょう。

外戚

中央で権力を掌握する勢力として、外戚の存在も無視できません。外戚というのは、皇帝の妻や母の親戚のことをいいます。外戚が歴史に顔を出すときもいつも同じです。皇帝の妻の親戚が出てくる場合は、皇帝が妻を溺愛しているがゆえに外戚を重用してしまうとき（武帝の妻李夫人の場合）です。皇帝の母の親戚が出てくる場合は、先代の皇帝が早くに亡くなり、後継となった皇帝が幼いとき（劉邦の妻であり恵帝の母である呂后《りょこう》の場合）です。幼い子供に影響力を持つのは母でしょう。そこで母親が権力を握り、母親の信頼する自分の親戚、すなわち外戚を重用するようになります。

外戚が勢力を拡大すると政治の場に血縁の対立が持ち込まれ、やはり権力闘争が起こります。これは夫婦の親戚同士の関係を思い浮かべれば、自ずと納得がいくのではないでしょうか。

このように、中国において最も重要な「政治」をコントロールする「権力」が正しく取り扱われなくなると、そのしわ寄せは必ず農民たちに向かい、彼らの怒りが爆発します。

農民反乱

漢朝は、最後は外戚に乗っ取られ、新という王朝に替わられてしまいます。しかし、悪政によって社会は混乱、反乱が相次いでわずか15年で滅んでしまいます。この新を滅亡に追い込んだのが赤眉《せきび》の乱という農民反乱でした。ここでは、王朝にとどめを刺すことになる農民反乱について詳細に見ていきましょう。

中国の農民反乱は多くの場合、「色」が関わり、「宗教結社」によって組織されます。今回は、赤眉の乱、後漢末期には黄巾の乱（太平道《たいへいどう》が組織）、元朝末期にも紅巾の乱（白蓮教《びゃくれんきょう》が組織）、といった具合です。これは、あの春秋戦国時代に登場した諸子百家のうち（p30参照）、陰陽家の打ち出した陰陽五行説が大きく関わっています。

陰陽説というのは、万物を陰と陽の二つの要素でとらえる二元論です。

◉陰……物質的・暗い・冷たい・月・感情的・女性、など

◉陽……非物質的・明るい・温かい・日・論理的・男性、など

五行説というのは木火土金水《もっかどごんすい》の5要素が互いに影響し合い、生滅盛衰を繰り返すことで万物が変化、循環するという考え方です。この「お互いに影響し合う」というところが重要で、影響の仕方には相生説と相克説があります。

◉相生説……AがBを生む

水を吸って木が育ち、木によって火は燃え盛り、灰によって土の養分となり、土の中から金が生み出される。

◉相克説……XがYを消す

水は火を消し、火は金を溶かし、金は木を切り倒し、木は土の養分を吸い、土は水の流れを止める。

この五行（木火土金水）には、それに対応する色があります。木（青）・火（赤）・土（黄）・金（白）・水（黒）です。

日本では、曜日の名称が五行説の木火土金水と陰陽の月と日に由来しています。その他、風水や干支、あるいは鯉のぼりの吹き流しの五色など、日本の風習の中にも陰陽五行説に基づくものは数多くあります。中国では、これらが王朝の徳や反乱で掲げる色に反映されます。

中国の王朝の交替は、それぞれ、五行に基づく循環であるとされました。その王朝に対応する五行の要素があるわけです。赤眉《せきび》の乱の頭領は新に対して漢の復興を目指しました。彼らは漢を火徳の王朝ととらえ、火に対応する色が赤だったため、眉を赤く染めて反乱を起こしたと考えられています。ただし、どの王朝を五行のうちのどの要素とするかは、立場によっても目的によっても変わってきますので、歴史の中でその色が用いられた理由を断定するのは困難でしょう。

ちなみに、現在の中国はどうでしょう。現在では反乱というより暴動という表現になりますが、宗教結社による色を伴った動きはあるのでしょうか。都内にいれば皆さんも見かけることがあるはずです。原発反対のデモに紛れて、共産党政府に弾圧され、国外で活動を余儀なくされている「法輪功」という宗教結社が、中国の共産党独裁（共産主義を表わす色は「赤」）に反対する「黄」色の横断幕を掲げてデモを行っています（図24）。これを踏まえると、「集権」の体制はまだまだ強固ではないのかもしれません。

図24：法輪功によるデモ

この赤眉《せきび》の乱と新朝の滅亡に乗じて兵を挙げたのが劉秀という人物でした。彼は、地方の豪族出身ですが、漢王室の血を引く劉氏の末裔です。彼は混乱を収めて漢朝の復興を実現します。

漢の復興（後漢）——柔よく剛を制す

農民反乱、豪族反乱が相次ぐなかで劉縯《りゅうえん》と劉秀の兄弟が挙兵。ここから激しい主導権争いを勝ち抜いて、最後は劉秀が漢朝の再興に成功（後漢）。光武帝（図25）を名乗りました。

劉秀の武勇は中国史上でも随一の強さを誇り、歴史上最大の戦力差の戦いともいわれる昆陽《こんよう》の戦いでは、百万と称する新の大軍に対して数千の兵力で勝利しています。これが、光り輝く武の皇帝といわれるゆえんです。

一方で、後漢を創始したのちは剣を捨て、領土拡大を望まずに内政の安定を心がけました。光武帝は儒学を奨励します。ここにも、徳か法かという問題がありますが、彼は徳を選んだわけです（中国の見方5）。もし後漢の支配を強固にしたいのであれば、法治主義の立場をとって「集権」の体制を確立すべきでしょう（中国の見方

図25：光武帝

6)。ただ、そのためには地方で土地を押さえ、権力を有している豪族を排除する必要があります。けれども、劉秀は地方から豪族として兵を挙げた人物、自らが豪族出身となればそういうわけにもいきません。そこで、徳治主義の立場をとって儒学を奨励、個人の倫理道徳を強化することで豪族と良好な関係を築き秩序を維持していったのです。

「柔能《よ》く剛に勝ち、弱能《よ》く強に勝つ」(『十八史略』)

(柔らかなものが強いものをくじき、弱い者が、かえって強いものをくじく)

彼は柔をもって天下を治めました。漢朝劉氏とは、いつの間にかその器に名臣たちを招き入れてしまう非常におもしろい血筋です。かつての劉邦も、のちの三国時代に活躍する劉備もかくのごときです。

さて、ただしこれは皇帝と豪族との妥協に他なりません。光武帝のような名君であれば、その関係も維持できたかもしれませんが、光武帝の後に高い徳をもって統治できる皇帝が出てくることはありませんでした。

幼帝と宦官・外戚、負の連鎖

実は、後漢では和帝(第四代)が10歳で即位してから、最後の皇帝である献帝(第十四代)に至るまで、20歳以上の皇帝は即位していません。殤帝《しょうてい》(第五代)は生後百余日で即位、翌年死去、冲帝《ちゅうてい》(第九代)は2歳で即位、といった有様です。幼帝に対して外戚が権力を握ると、自分たちが権力を握り続けるためにも、次から次へ幼少の皇帝が立てられるという悪循環が生まれるからです。こうなると、中央で君主が権力を一手に掌握、全土に行使、といったことなどできるはずもありません。

しかし、即位した時は幼くとも、やがては幼帝も成長して大人になります。そうなれば、皇帝は自分が外戚のあやつり人形であることに不満を持ち始めます。そんな時に皇帝が頼りにするのは、必ずといっていいほど身の周りの世話をする宦官《かんがん》です。こうして、宦官勢力を味方につけた和帝（第四代）は外戚の竇氏《とうし》を、安帝（第六代）も外戚の鄧氏《とうし》を打倒しました。後漢では常に外戚と宦官が争って激しく衝突していきますが（図26）、次第にじりじりと宦官の勢力が外戚たちを圧倒していきます。後漢末期、こうして濁流の勢いが増すと、中国は大きな動乱の時代へと突き進むことになります。

党錮《とうこ》の禁――渦巻く濁流

中央では、宦官と外戚が権力闘争を繰り広げていましたが、地方の豪族がその争いに参加し始めると、混乱はさらに深まっていきます。

漢朝では官吏任用制度として、武帝以来の「郷挙里選《きょうきょりせん》」が採用されていました。これは、有能な人物を地方から中央へ推薦して役人と

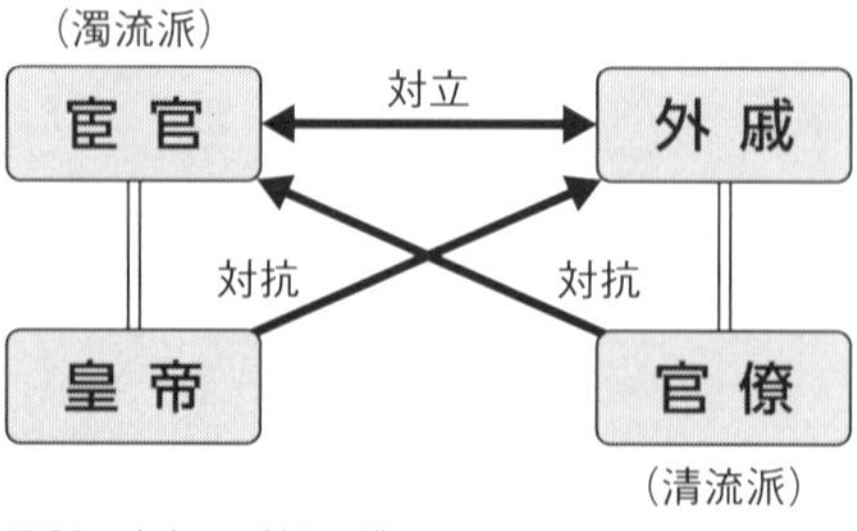

図26：中央での対立の構図

する制度です。当時、地方では豪族が権力を掌握しており、豪族の子弟たちのなかから選ばれた儒学的知識人が中央に次々と送り込まれていました。中央で彼らが出世するためには、宦官か外戚に気に入られる必要があります。血縁の秩序を重視する儒学的知識人にとって、性器を切り落として子孫を残せなくなった宦官たちは軽蔑の対象となったため、しばしば彼らは外戚と結び、自らを清流派、宦官勢力を濁流派と呼んで批判を浴びせました（図26）。

さて、こうした清流派は、宦官たちによって投獄、処刑され、徹底的に弾圧されていきました（党錮の禁）。やがて、暗愚な皇帝の代表である霊帝（第十二代）の時代になると、専横を振るった宦官集団の十常侍《じゅうじょうじ》が登場、いよいよ、漢朝４００年の治世の膿みは誰の目にも明らかとなります。１８４年、農民たちによる黄巾の乱が勃発（中国の見方9）。この争乱の中から、３人の英雄たちの伝説が始まりました。蒼天すでに死す、黄天まさに立つべし！

漢朝をどうするか
「中黄太乙《ちゅうこうたいいつ》！ 中黄太乙《ちゅうこうたいいつ》！」

後漢王朝の混乱が深まるなか、太平道《たいへいどう》という宗教結社を組織した張角が数十万の信者を率いて挙兵。張角は妖しげな呪術を使い、医薬を用いずに農民たちの病気を治したといわれます。農民たちの心を摑むと、10年のうちに信者の数は数十万にものぼりました。信者たちが黄色い頭巾を頭に巻いていたため、この反乱は黄巾の乱と呼ばれました。彼らは自らの信じる「中《ちゅう》黄太乙《こうたいいつ》」という神の名を口に暴れ始めました。

漢朝は滅亡したに等しいものの、完全に命脈が断たれたわけではありません。漢朝をどうするか、否、中国をどうするかという問題について、ここに三人の異なった立場の人物が激突します。

一人は曹操、字《あざな》は孟徳。漢朝の始祖劉邦の側近であった曹参《そうしん》の末裔であり、曹騰《そうとう》という宦官《かんがん》の孫、曹崇《そうすう》という漢朝の重臣の息子として知られていました。その仲間には、同じく劉邦の側近であった夏侯嬰《かこうえい》（p60参照）の末裔である夏侯惇《かこうとん》がいます。曹操は漢朝に仕えた血筋として、この時代に最大の実力をもった人物です。

もう一人は劉備、字は玄徳。漢朝の景帝（第六代）の末裔で劉氏の血筋を引くと称した人物でした。有名な関羽や張飛、そして趙雲などの豪傑を従えます。劉備は漢朝の始祖の血筋として、漢朝の維持、そして再興を目指しました。勢力は最弱であったものの、正統な血筋を掲げて活躍します。

漢朝に対して、重臣の血を引いた曹操、始祖の血を引いた劉備、ここに次の時代を予感させる新興の孫権が加わって攻防を繰り広げる『三国志』の時代が幕を開けます。

董卓《とうたく》の乱

後漢の霊帝（第十二代）が崩御すると、後継をめぐって宦官と外戚が激突、外戚は一転して宦官を絶滅させることに成功します。長らく権力を握りつづけた宦官たちの時代にようやく終止符が打たれました。

この時、混乱に乗じて将軍董卓が軍勢を率いて宮中に乗り込むと、新たに即位した皇帝（第十三代）を廃して献帝（第十四代）を即位させ、朝廷を掌握してしまいます。董卓は皇帝を意のままにして専横を極め、その傍らに項羽にも比肩する武勇とされた呂布《りょふ》を置いて一分の隙もない恐怖政治を展開しました。首都の洛陽では略奪・暴行・強姦などの極悪非道の限りを尽くし、最後には火を放って首都を長安へと遷します。これが漢朝に仕えた血筋を持つ曹操の目を覚まさせます。

曹操は各地の群雄とともに反董卓連合軍に参加、足並みが揃わないなかで孤軍奮闘しますが、散々な敗北を喫してしまいます。一方、その董卓は呂布の手にかかってあっけなく死去。董卓の死後、各地では群雄の独立が相次ぎ、天子は実権を持たない流浪の身となってしまいます。乱世の始まりです。

曹操――乱世の奸雄

曹操（図27）は、割拠する群雄のなかでも知力・体力に加え、持ち前の実行力がありました。若い頃には理想に突っ走るところもありましたが、この頃には、思慮深さを備える「乱世の奸雄」へと成長していました。なお、この時期、劉備は決まった領域をもたぬ群雄の一人であり、孫権も権力を握る存在ではありませんでした。

曹操は漢朝を堕落させ、乱世には何の役にも立たない儒学の礼節を忌み嫌い、法家の立場を好んで、才能のある人間を「唯才是挙（唯《ただ》才のみ是《これ》を挙げよ）」と言って求めました（中国の見方5）。その結果、曹操のもとには多くの人材が集まります。曹操の軍師である荀《じゅん》彧《いく》は、天子たる献帝を自らの根拠地に迎え、奉戴して漢朝再興の礎とするよう提言しました。それは、再興と安定を願う民衆の支持を得られる可能性もありますが、一方で董卓《とうたく》と同じように天子を利用していると見なされ、勢力争いを繰り広げる群雄から反発を受ける危険性もありました。曹操は助言に従います。さらに、流民を集めて土地と農具を与え耕作させることで富国に努め（屯田制）、あるいは、黄巾の残党を巧みに軍隊に編入して強兵に努めました。曹操は国家の根本は豊かな食糧と強い軍隊にあるとして、漢朝の復興に勤しんだのです。

図27：曹操

劉備——三顧の礼

中国には南船北馬という諺《ことわざ》があります。曹操は華北を統一したのち、水軍を強化して船戦に備え、いよいよ南部の征服に乗り出します。そこにはいくつかの勢力が割拠しており、そのなかに、あの劉備と孫権もいました。

長江流域は大きく三つの地域に分けることができます（図28）。上流の益州（四川省）、中流の荊州《けいしゅう》（湖北省・湖南省）、そして下流の揚州《ようしゅう》（安徽《あんき》省・江蘇省）です。益州には劉璋《りゅうしょう》が、荊州には劉表《りゅうひょう》、そしてそこに流浪の劉備が身を寄せ、揚州には孫権がいました。

劉備（図29）は高い志を持ちながら何もできず、髀肉《ひにく》の嘆《たん》をかこっていました。関羽や張飛、趙雲《ちょううん》など、一騎当千の強者を引き連れていたものの、彼らには知謀が欠けていたのです。

ある時、劉備は諸葛亮《しょかつりょう》（孔明）という人物の噂を聞きつけます。千年に一度の天才であり、臥竜《がりょう》の異名を持つ27歳の若者です。関羽と張飛を連れて諸葛亮の家を訪れること三度、ようやく会うことができました（「三顧の礼」の由来）。

諸葛亮は劉備に天下三分の計を説きます。荊州と益州をあわせ持ち、北の曹操、東の孫権と鼎立すべ

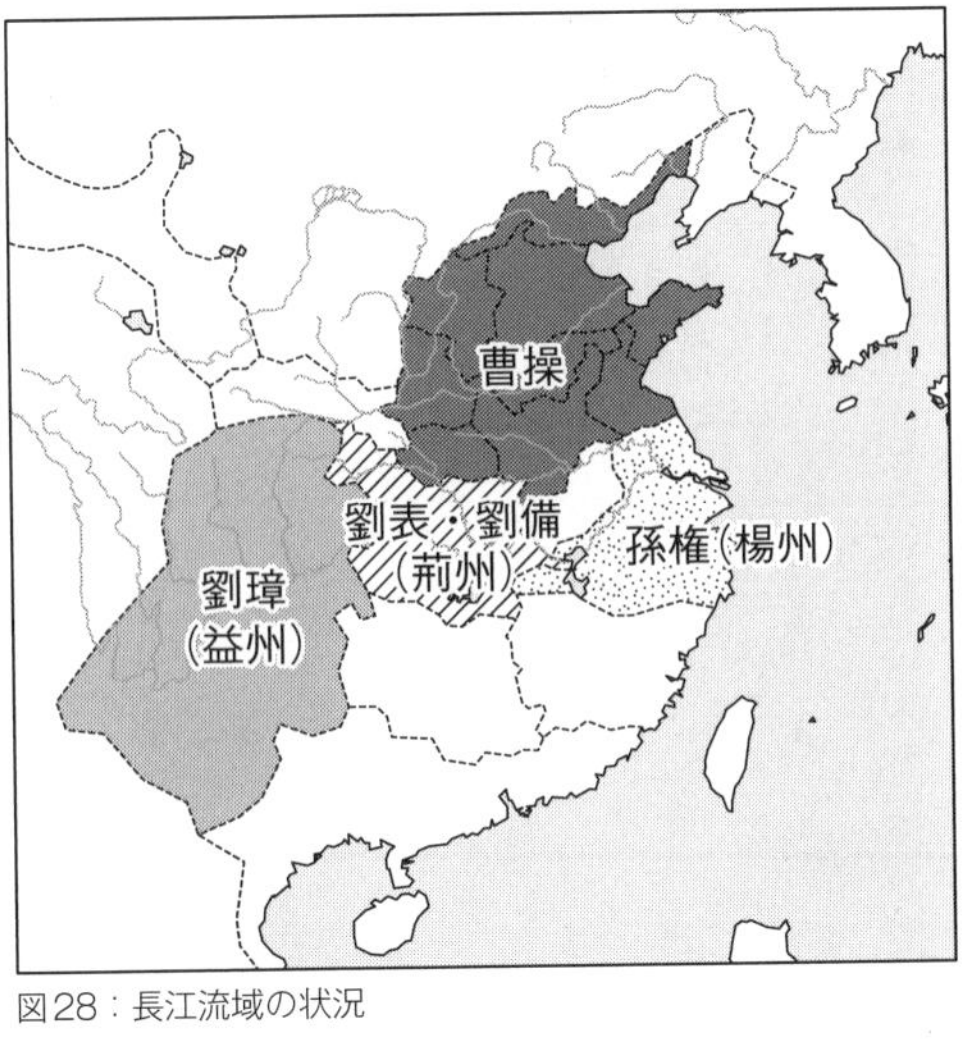

図28：長江流域の状況

し、というのです。劉備は諸葛亮を軍師に迎え、大いに喜びます。関羽と張飛に言いました。

「孤《こ》の孔明有るは、なお魚《うお》の水有るが如きなり」

(『三国志』蜀書)

(私にとって諸葛亮は、言うなればちょうど魚に水があるようなものだ)

こうして劉備にも飛躍の機会が与えられることになります(「水魚の交わり」の由来)。同じ頃、楊州《ようしゅう》を支配していた孫権も活躍の機会を得ていました。

孫権――江南の雄

孫権(図30)は、春秋時代に『孫子の兵法』を著した孫武の血筋を引く者とされています。黄巾の乱の頃は孫権の父(孫堅)が活躍、のち兄(孫策)が引き継いだものの、暗殺され、弟の孫権が登場します。

当時の中国の中心は華北であり、天子とともに曹操が勢力を広げていました。これに対して孫権が支配した長江以南(江南)は未開の土地です。

中国の歴史を土地という観点で眺めてみると、孫権の支配した地域は「新しい土地」である

図29：劉備(右)、関羽(中央)、張飛(左)

ことがわかります。当初、歴史は政治の中心たる華北の黄河流域で展開されました。けれども、三国時代に孫権が呉を江南に建国すると、基礎が築かれ、続く東晋や南朝の時代には開発が進展、江南が経済の中心となっていきます。さらに隋が華北と江南を結ぶ運河を建設すると、中国の南北は一体となり現在へと至ります。そういう長い目で見ると、孫権が拠点を置いた地域は、歴史のなかの「新しい土地」であり、孫権は「新しい時代」の先駆ともいえます。

三人の傑物の衝突をどう見るかは様々ですが、実力でいえば、曹操と孫権の二強に対して最弱の劉備がバランスをとったと見ることもできます。ただし、漢朝という観点でいえば、漢朝の重臣の血筋を持つ曹操と、始祖の血筋を持つ劉備の衝突に対して、新しい土地で新しい時代を予感させる孫権がバランスをとった、と見ることもできるでしょう。いずれにせよ、曹操は孫権か劉備と対立することになります。これから起こる赤壁《せきへき》の戦いは、曹操と孫権（と連合した劉備）の衝突です。それは様々な立場のぶつかり合いであり、引っ張り合い、といえるかもしれません。

曹操は背後にあたる北方の遊牧民族を征服す

図30：孫権　© Dhugal Fletcher

ると、勇敢な騎兵たちを軍中に吸収、いよいよ南部の征伐に乗り出します。

長坂《ちょうはん》の戦い

２０８年７月。曹操は兵を南へと向けました。強力無双の張遼《ちょうりょう》や単身だが気性の激しい楽《がく》進《しん》、あるいは軍法に厳格な于禁《うきん》らを引き連れての遠征です。ここから、歯車は三者の衝突へと回り出します。

荊州《けいしゅう》の劉表《りゅうひょう》はあっさりと降伏、身を寄せていた劉備らはあわてて逃げ出します。曹操は騎兵に命じてこれを追撃。人の好い劉備は自分を慕う荊州の民を引き連れて移動していたため、長坂の地で追いつかれてしまいます。この時、しんがりをつとめたのは張飛でした。ただ一騎のみで長坂橋《ちょうはんきょう》の前で仁王立ち、矛を横たえ、目を怒らせて万雷の如く叫びます。

「我は乃ち燕《えん》人張飛翼徳なり。誰か敢へて我と一死戦を決せん！」（『三国志演義』）

（我こそは燕の人、張飛翼徳なり！　おれと勝負したい奴はいるか！）

皆足を震わせておののきます。曹操は左右の者に「軽々しく戦ってはならぬぞ」と言いましたが、その言葉が言い終わらないうちに、張飛は目をかっと見開いて怒鳴ります。

「戦ふか又戦はざるか。退くか又退かざるか。却是何の故ぞ！」（同書）

（戦うでもなく戦わないでもなく、退却するでもなく退却しないでもないというのは、つまりどういうことだ！）

肝をつぶして落馬した者もいました。曹操は馬を反転させて場を離れ、将軍や兵士たちもそれに付き従いましたが、槍を落とした者、兜を落とした者は数えきれず、人は海の波がわきかえるようであり、馬は山が崩れるかのように互いに踏みつけあう、それほどの大混乱であった、といいます。張飛は曹操の撤退を見届けると、馬を返して川を渡り劉備のあとを追いました。張飛の活躍で劉備らはなんとか難を逃れました。

荊州は曹操の手に落ち、劉備は散々な敗走となりました。一方で、これは江南の孫権にも危険が迫ったことを意味します。孫権の取り巻きは震え上がり、曹操に降伏するよう主君を説得し始めます。その頃、諸葛亮は長江の風とともに船で孫権のもとに向かっていました。

諸葛亮の大論陣

船上、諸葛亮《しょかつりょう》（孔明）は長江を眺めながら考えていました。我が主君は頼るべき存在を失っている、天下三分の計を実現するためには、なんとしても孫権と同盟を結び、曹操を退けなければならぬ……孫権はどう動くであろうか、と。様々な情報を結びつけ、如何に説き伏せるべきか、天才の頭の中では大論陣が緻密に組まれていきました。船が岸に着くと、駅舎へと通され1日をそこで過ごし、諸葛亮は深い眠りにつきました。

諸葛亮は孫権に会う前に、まず文官・武官20人余りが集う場に案内されます。一方の呉でも重臣たちが諸葛亮（孔明）を待ち受け、論破して主君に降伏を納得させようとしていたのです。

彼らは高い冠に幅広の帯、正装を整え、きちんと座についていました。諸葛亮は一人ひとりにゆっくりと挨拶をしてそれぞれの名を尋ね、挨拶が終ると客席につきます。すると、家臣たちは堰《せき》を切ったように次々と議論をふっかけます。『三国志演義』では諸葛亮（図31）の見事な切り返しが実に痛快に描かれています。

「劉豫州《りゅうよしゅう》、中山靖王苗裔《ちゅうざんせいおうびょうえい》と云ふと雖《いえど》も、卻《かえ》って稽考《けいこう》すべきこと無し。眼に見るは只《た》だ是れ蓆《むしろ》を織り屨《くつ》を販る夫《ふ》なるのみ。何ぞ曹操と抗衡《こうこう》するに足らんや？」（『三国志演義』）

（劉備殿は漢王室の末裔と聞くが、調べ確かめる術もなく、わかっているのはムシロを織りワラジを売る庶民だということだけであろう。これでどうして曹操に対抗できるのか？）

「劉豫州は堂堂たる帝冑《ていちゅう》。當今《とうこん》の皇帝譜を按《あん》じて爵を賜わば何ぞ稽考すべき無しと云《い》わんや。且《か》つ高祖は身を亭長《ていちょう》に起こし、而《しか》して終《つ》いに天下を有《たも》てり。蓆を織り屨を販《ひさ》ぐも又た何ぞ辱《じょく》と為すに足らんや。公《こう》の小児《しょうに》の見《けん》、高士《こうし》と共に語るに足らず」（同書）

（今上皇帝（献帝）は系図を調査して帝位を賜ったのです。それをどうして「調べ確かめる術がない」などと言われるのでしょうか。かつ前漢の高祖は下っ端役人から身を起こし、ついに天下を取られました。ムシロを織りワラジを売っていたからといって何も恥ずかしいことはないでしょう。貴公には子供の見識しかなく、とても一流の識者と語り合う資格などありませぬ）

「孔明、操を以て何如《いか》なる人とするや？」（同書）

（それでは、あなたは曹操をどのような人物と見るのか？）

「曹操乃ち漢の賊なり、又何ぞ必ずしも問はん？」（同書）

（曹操は主君の天下を乗っ取ろうとする奸賊です。お尋ねになるまでもないでしょう）

諸葛亮は即座に答えました。劉備らの目には、曹操は漢朝を維持しようとするのではなく、簒奪を狙う逆賊として映っていたのです。家臣たちはたしなめるように言います。

「公《こう》の言差《たが》へり。漢の歴傳《れきつた》へて今に至り、天數將《てんすうまさ》に終らんとす。今、曹公已《すで》に天下の三分の二を有し、人皆心を歸《き》す。劉豫州は天の時を識《し》らず、強《し》ひて之と爭《あらそ》はんと欲するは、正に卵を以《もっ》て石を撃つがごとし。安《いずく》んぞ敗れざるを得んや？」（同書）

（貴公のご意見は間違っています。漢王朝に天の与えたもうた命数は尽きようとしています。今や曹操は天下の3分の2を領有し、人々はみな彼に心を寄せているではないか）

諸葛亮（孔明）は、返す刀で言い放ちます。

「薛敬文《せつけいぶん》、安んぞ此《か》くのごとく父無く君無きの言を出《い》だすを得んや！　夫《そ》れ人天地の間に生まれ、忠孝を以て立身《りっしん》の本《もと》と為す。公《こう》既に漢臣なれば、則ち不臣《ふしん》の人有る

図31：諸葛亮　© wikitaro

を見て、誓ひて當《まさ》に共に之を戮《いく》すべきは臣の道なり。今曹操の祖宗、叨《みだ》りに漢の祿《ろく》を食《は》み、報効《ほうこう》を思はず、反《かえ》って簒逆《さんぎゃく》の心を懐《なつ》くは、天下の共に憤る所なり。公乃ち天數を以て之に歸《き》するは、真に父無く君無きの人なり。與《とも》に語るに足らず。請《こ》ふ、復《ま》た言ふ勿《な》かれ」（『三国志演義』）

（お黙りなさい！　この乱世であっても、人の財物を盗めば、それは罪になることは誰でも知っている道理でございましょう。それが、あろうことか、家臣の身でありながら主君の天下を奪うことを徳が衰えたから仕方がないとは一体どういうことでしょう？　では、あなたは、呉の国の徳が衰えたからといって呉の天下を握ろうとする家臣が現れたら、今、言ったように呉君を見捨て、その者に忠義を尽くすのですか？　さあ、どうです、返答を願いたい！）

場は水を打ったように静まり返りました。こうして、諸葛亮は孫権に会うことを許され、席を立ちます。奥へと案内される諸葛亮に対して、呉の重臣たちはただただうなだれ意気阻喪するのみでした。

大同盟、成る

諸葛亮が正堂に至ると、孫権は段を下りて丁寧に挨拶してもてなし、座席を賜りました。諸葛亮は孫権の顔を窺い見ます。青い眼に紫色の髭、堂々たる風貌。この人物に説得は不可能だ、挑発して自ら決意させるしかない、諸葛亮は腹を決めます。

孫権は曹操の動きに対して如何にすべきかを問いました。諸葛亮曰く。

「願はくは、将軍力《しょうぐん》を量《はか》りて之に處《しょ》せんことを。若《も》し能《よ》く呉越の衆《しゅう》を以《もっ》て中國《ちゅうごく》と抗衡《こうこう》せば、早く之と絶つに如かず。若《も》し其れ能《あた》はざらば、何ぞ衆謀士《ぼうし》の論に従ひ、兵を按《あん》じ甲を束《たば》ね、北面して之に事《つか》へざる」（『三国志演義』）

（曹操の勢力は強大で戦にも長けています。戦うなら早く行動を起こすべきであり、負けを認めるなら早く降伏すべきでございましょう）

孫権は目を細めます。

「誠に君の言の如くんば、劉豫州《りゅうよしゅう》何ぞ操に降らざる」（同書）

（それは異なことをいう。では、なぜ劉備殿は降伏をしないのだ？）

諸葛亮は静かに笑って答えます。

「況んや劉豫州は王室の冑《すえ》なり。英才世を覆ひ、衆士仰ぎ慕ふに事の濟《な》らざるは、此れ乃ち天なり。又、安んぞ能く屈して人の下に處らんや」（同書）

（我が主君は漢室の血を引く者。曹操ごときにどうして降伏する道理がありましょう）

若き孫権、色をなして言います。

「孤全呉の地を以て制を人に受くること能《あた》はず」（同書）

（私も呉の土地をあげて他人の支配を受けるつもりはない！）

諸葛亮（孔明）は涼しい顔で澄ますのみ。孫権は何か策があるのかを問います。諸葛亮は丁寧に答えます。曹操の軍勢は疲労困憊している、そして北部の人々は船戦には不慣れである、さらに曹操に付き従っている人々も本心からではない、と。諸葛亮は決断を促します。

「**成敗の機、今日に在り。惟だ将軍之を裁せよ**」(『三国志演義』)

(成功と失敗の鍵はただいま今日にあります。どうか将軍にはご決断を)

孫権の軍師周瑜《しゅうゆ》もこれに同調したため、孫権は意を決し、腰に帯びていた剣を抜くや、目の前の机の一角を斬り落として言います。

「**諸将吏敢て操を迎へんと言ふ者は、此の案と同じくせん!**」(同書)

(今後また曹操に降伏するなどと言う者がいれば、この机と同じ目にしてやろう!)

こうして孫権・劉備の同盟はまとまり、決戦が決まりました。208年の10月、冬のことです。

赤壁《せきへき》の戦い──天下三分

曹操の軍は80万と号して長江を南下。既に軍中には悪疫流行の兆しあり。一方、孫権・劉備連合軍は下流を出発して上流へと向かいました。両軍が激突したのは湖北省の東北、長江南岸の赤壁です。このあたりは漢水との合流点に近く、小さな湖が散在していたため、海戦に慣れない華北の人間に地の利はありません。曹操の軍は数こそ多いものの、それは勝利への絶対条件ではありません。孫権の軍師周瑜の部下である黄蓋《こうがい》が進言しました。

「**操軍方《まさ》に船艦を連ね、首尾相接す。焼いて走らすべし**」(『十八史略』)

（曹操の軍は船首と船尾を連結しています。火攻めの計にすべきです）

曹操の軍船は互いに固定され、一丸となって攻めて来るため、火攻めにすれば逃げ場はありません。ただし、その時に吹いていたのは北西からの向かい風、火攻めなどにしたら自軍に燃え広がってしまいます。だが。

「時に東南の風急なり」（同書）

ここで、諸葛亮は天に祈ることで東南からの追い風を起こさせたと、伝説では伝えられています。舞台は整いました。二龍争戦《にりょうそうせん》し、雌雄を決す！

黄蓋は曹操の軍に偽って降伏を申し込み、油を注いだ枯れ草を積み込んだ船団数十艘を率いて敵陣に迫ります。曹操の兵士たちは降伏の船に指をさして湧いたのも束の間、目の前で船団は火の海と化したのです。

「火烈《はげ》しく風猛《たけ》く」（同書）

曹操の船団は身動きが取れずにことごとく焼け落ちます。炎は天を焦がすかのように燃え上がり、人も馬も焼け、あるいは溺れ、さらに陸上に延焼したところに、孫権の軍師周瑜と劉備が攻め込んできたため、曹操は北方へと逃げ出します。道はぬかるみ、風は吹き荒れ、疫病も流行、多くの兵士を失って惨憺たる撤退を余儀なくされました。曹操は呟きます。

「子を生まば当《まさ》に孫仲謀《ちゅうぼう》が如くなるべし」（同書）

（子を持つなら孫権のような子であってほしい）

こうして、曹操による天下統一は挫かれ天下は南北に二分されました。曹操は江南という新しい土地を得て新しい時代を切り開くことはできなかったのです。それは孫権にとっては自国の防衛に成功したことを意味しました。のちに孫権は新たに城を築いて建業と名付けて首都とします。これが、次の時代の江南の中心となる建康であり、のちの南京です。一方の劉備にとっては諸葛亮（孔明）のいう天下三分の計に一歩近づいたといえるでしょう。

赤壁《せきへき》の戦いののち、劉備と孫権は荊州《けいしゅう》（図28）をめぐって激しく争います。劉備が荊州の大半を支配していましたが、孫権も一部を支配し、領有を主張します。それでも両者の間で戦端が開かれなかったのは、曹操による南進の危機が去らなかったためでした。荊州の領有の問題はうやむやなまま、やがて人々の注意は益州（図28）へと移っていきました。

鶏肋《けいろく》

益州を支配していたのは劉璋《りゅうしょう》。しかし、その支配が維持できないことは誰の目にも明らかでした。そこで、時機をとらえ、劉備は拠点である荊州に関羽のみを残してここを攻め、奪い取ることに成功します。続いて、劉備は漢中を手にして漢中の王を名乗ります。ここは、かつて劉邦が治め漢朝の基礎とした土地でした（p59参照）。劉備は劉邦にならって、ここから漢朝の復興を成し遂げようとしたのでしょう。曹操は、自分には決してできない劉備の行動に衝撃を受けますが、漢中を「鶏肋（鶏のあばら骨。捨てるには惜しいが食べるほど肉はついていない）」と表現して諦めました。いずれにせよ、ここに天下三分の計が実現することになりました。

一方、荊州に残された関羽は、曹操と孫権の同盟によって挟撃され、最後は孫権の武将陸遜《りくそん》に捕まり斬られます。関羽はその武勇に優れていたことから軍神として祭られ、さらに、忠義に厚かったことから商業の神として崇められるようになります。今でも華僑のいるところには必ず関羽を祀る関帝廟があり、横浜の中華街では関羽の誕生日である旧暦6月24日にはパレードが行われています。

曹操の評価

さて、曹操ほど議論の的になる人物もなかなかいません。彼の志はどこにあったのでしょうか。漢朝の復興にあったのか、簒奪にあったのか、それとも乱世の奸雄として時代を楽しんでいただけなのか。曹操は他の二人とは比べものにならないほどの多くの人材を抱えていました。荀彧《じゅんいく》や郭嘉《かくか》などの軍師、猛将の張遼《ちょうりょう》や楽進《がくしん》など、時代が生み出した様々なタイプの人物を使いこなしていました。曹操が漢朝の再興を志としていたなら、残念ながら彼は自分の才と部下の才を活かしきれなかった人物であるということになります。漢朝の簒奪を志としていたなら、彼は決断力に欠けていた人物といわざるをえません。それでは、乱世の奸雄なのか。そのように思えるところも見られますが、それに収まるには傑物すぎます。いずれにせよ、曹操は地と人を得ても、天意を得ることはなかったのです。古い時代を象徴する劉備の正当性と新しい時代を予感させる孫権の経済力こそが、それを阻んだのです。三国志に勝者はいません。漢が滅び、漢の重みの中で新しい時代を模索する三者の衝突であったと見るべきでしょう。

曹操の憂い

曹操は赤壁《せきへき》の戦いの時点で50歳を超えています。晩年、彼は船上の宴において次のように歌いました。

酒に対して当《まさ》に歌うべし
（酒を飲むときは大いに歌おうじゃないか）
人生幾何《いくばく》ぞ
（人生ははかないもの）
譬《たと》えば朝露の如し
（それは例えるなら朝露のようなものだ）
去る日は苦《はなは》だ多し
（過ぎてしまった日々ははなはだ多く）
慨して当に以て慷《こう》すべし
（悲嘆な思いにかられてしまい）

幽思《ゆうし》忘れ難し
（物思いから離れられない）
何を以てか憂いを解かん
（この憂いを何で解き放とうか）
唯《ただ》杜康《とこう》有るのみ
（ただ酒を飲むばかりだ）

彼の憂いは何だったのでしょう。それは漢の支配を復興できなかったことなのか、あるいは自らの王朝を樹立できなかったことなのか。いずれにせよ、真の英雄になれなかったことに気づいた瞬間でしょう。けれども、だからこそ三国時代は興味深いのです。彼は、最後まで、あまりにも偉大な「乱世の奸雄」でした。

さて、曹操が世を去り、劉備、孫権と、三国時代の第一世代が去ると、中国の歴史はさらなる混迷の時代へと向かいます。北方から激震がもたらされるのです。

第2章❖中華の試練と復活——魏晋南北朝時代・隋と唐

本章の目次

本章では「中華の試練と復活」を主題として見ていきましょう。漢の滅亡によって、中国の歴史は停滞を余儀なくされます。

漢王朝末期から続く分権的傾向に悩むなかで、三国志の英雄が衝突、しかし、新たな時代を切り開くことはできませんでした。政治に対する信頼は失われ、人々は目指すべき方向を見失います。中華は、さらに成長していくための「試練」を迎えます。魏晋南北朝時代です。新しい時代の風は外からもたらされました。中華の混乱に乗じて、北方の遊牧民族が侵入、中華の北部（華北）は遊牧民族に支配され、人々は南部（江南）へ移住を余儀なくされます。中華は北の異民族と南の漢民族に分断されることになってしまいました（左図）。

しかしながら、それを乗り越えて、中華は隋と唐によって統一を成し遂げ、「復活」します。中華の漢民族は異民族の血を取り入れることで新しい中華を誕生させることになるのです。

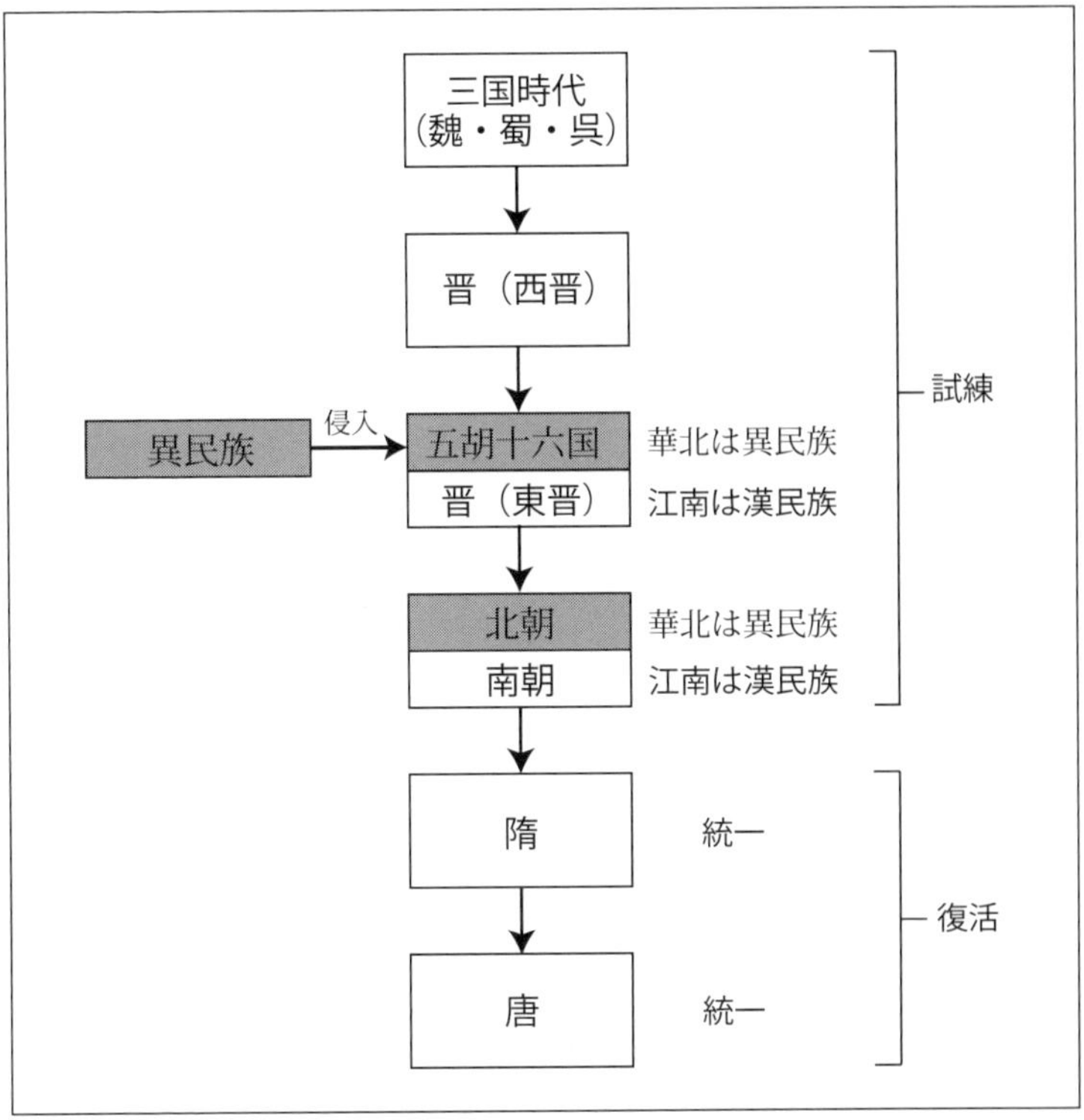
三国時代
(魏・蜀・呉)
晋（西晋）
異民族
侵入
五胡十六国
晋（東晋）
華北は異民族
江南は漢民族
北朝
南朝
華北は異民族
江南は漢民族
隋
統一
唐
統一
試練
復活

第4幕 魏晋南北朝時代——人間らしさの追求

そして誰もいなくなった

三国志の時代は、400年間に及んだ、漢朝をめぐる最後の衝突でした。時代の中心となった曹操は66歳でこの世を去ります。曹操は最後まで帝位に就くことはありませんでしたが、息子の曹丕《そうひ》が後継として立つと、漢朝（後漢）最後の献帝の禅譲を受けてあっさりと帝位に就き、魏を建国するに至ります。ここに長い漢朝の歴史は名実ともに幕を閉じました。この報を受けて劉備も帝位に就き、国号は漢を名乗りますが、歴史においては蜀と呼ばれる王朝を樹立します。さらに孫権も帝位に就き、呉を建てました。この魏の建国から隋の建国によって中国が統一されるまでの試練の時代を魏晋南北朝時代と呼びます。

三国のうち、魏によって蜀が最初に滅ぼされました。しかし、その魏も曹操の見込んだ部下によって乗っ取られ、晋にとって代わられます。この国が残る呉を征服、晋によって中国の統一は果たされました（西晋）。ただし、中国が統一されても、晋朝は相変わらず豪族勢力が強く、強固な中央集権国家とはとてもいえない王朝でした。

やはり、新しい時代に進むには新しい要素が必要なのでしょう。その動きは、中国の内部からではなく、外部の北方からもたらされることになりました。ここで、中国の歴史の担い手たる農耕民族に対して、第二の担い手ともいえる遊牧民族について見てみましょう。

中国の北方

ユーラシア大陸を眺めてみると、各地には農耕民族や遊牧民族・狩猟民族が居住しており、それらはたいていの場合、重なり合っていたり、密接な関係を持っていたりします。中国の人々とて例外ではありません。中国の北方にはゴビと呼ばれる砂漠が広がっており、一望果てしない砂漠と岩山、そこはとうてい人の住める所ではありません。しかし、その周辺には草原があり開墾すれば農業も営めます。ここには、馬や牛や羊の群れを率い、転々と移動しながら家畜を養う遊牧民族たちが住んでいました。中国は、北方の遊牧民族に対して、紀元以前に万里の長城を築くほどですから、やはり農耕民族の住む中華と遊牧民族の住む北方は、特殊な関係にあったといえます（中国の見方３）。

なお、我々日本は、歴史の中でただの一度も牧畜生活を行った経験がありません。世界規模で見れば極めて特殊な事例で、私たちには遊牧民族に対する理解が欠落しているといえます。だからこそ、想像して理解しておくことが重要でしょう。

中国の見方10

中国の歴史は「農耕民族」と「遊牧民族」が担う――遊牧民族の特徴

農耕民族の経済活動は農耕なので、定住が生活の基本となります。そして財産は土地（あるいは土地の生み出す穀物）です。農耕民族にとって国家というものは、土地そのものであり、国境が重要となってきます（領域国家）。政治は土地を押さえること（あるいは土地を耕す農民を支配すること）となり、複雑な政治制度が発達していきます。また、財産たる穀物は保存が可能であるため、経済基盤は強固といえます。経済基盤が強固であるのなら、高度な文化を創造することもできます。こう見ると、農耕民族の世界では政治・経済・文化の全てが発達していくことがわかるでしょう。しかし、遊牧民族は違います。

遊牧民族の経済活動は牧畜なので、移住が生活の基本となります（図32）。財産は家畜（あるいは家畜の生み出すミルクや肉）です。遊牧民族にとって国家というものは土地ではありません。したがって、国境もそれほど重要ではなく、首都という概念もありません。これは世界史の資料集を見てみれば一目瞭然でしょう。中国の国境は詳細に書かれていますが、北方民族の国境は非常に大雑把に示されています。彼らはこのあたりにいました、という程度にしか示せないのです。では、遊牧民族にとっての国家とは何か。それは人間の集団です。一つの部族が集団をなして、しかも移動しながら暮らしているため、その集団自体が国家なのです（遊牧国家・部族国家)。ですから、遊牧民族にとって、政治は人々をまとめることを意味します。これは制度の問題というより、リーダーの人心掌握能力の問題です。当然、複雑な政治制度は発達しません。逆に、チンギス・ハンのようなカリスマ性のあるリーダーが登場すると大きく発展したりするわけです。また、家畜の生み出すミルクや肉は保存が難しいので、遊牧民族の経済基盤は農耕民族と比べれば脆弱といわざるをえません。芸術などの高度な文化を創造するといったことも難しくなります。結局、遊牧民族の世界では政治・経済・文化の全てが発達しにくいことがわかります。

図32:遊牧民族のゲル(パオ)

◉農耕民族の世界では、政治・経済・文化の全てが発達する
◉遊牧民族の世界では、政治・経済・文化の全てが発達しにくい

しかしながら、たった一つだけ、遊牧民族にも強みがあります。政治・経済・文化、全てがそれほど発達していなくても、たった一つの強みだけで世界史に大きな足跡を残すことができる強み、それは軍事力でした。

近代以前において、戦争は戦場で騎兵と歩兵が入り乱れる白兵戦が主流です。農耕民族は農民を兵士とするため、剣を使うにも弓を射るにも馬に乗るにも訓練が必要です。しかも、訓練の時間は生活の一部をあてなければなりません。馬に乗りながら弓を射る（騎射）なんてことは、一部の運動神経の良い優秀な武人にしかできないことでした。馬上で剣や槍を扱うには、片手で馬を御さなければならず、まして弓を射るとなれば、腰だけで体を支え、かつ馬を御さなければなりません。これに対して、遊牧民族は子供の頃から馬上で生活をしているようなもので、普段から弓を射て暮らしているため、いざ戦争となれば全ての男性が強力な騎兵として活躍できるわけです。

◉遊牧民族は、軍事力を強みとする

遊牧民族は経済力がないので、困窮してくると、強みである攻撃力を活かして中国との国境付近の集落を襲撃します。中華の豊かな食糧、あるいは高度な文化を体現した工芸品や調度品を強奪するのです。中国は軍隊を送り込んで撃退を試みますが、彼らは機動力にも優れるため、すぐに北方に逃げてしまいます。追撃したとしても、彼らは移動を生活の中心としているので、広い草原から見つけ出すのは容易ではありません。農耕民族のように首都があればそこを陥落させればそれで勝利ですが、首都もないわけです。中国がいかに北方の遊牧民族に手を焼いたかが想像できます。万里の長城などという日本列島の3倍にもなる長さの城壁を築いたのも、この実害の防ぎ難さを考えるとうなずけるでしょう。

彼らの強みである軍事力が爆発したのが13世紀のモンゴル帝国でした。チンギス・ハンというカリスマ的なリーダーのもとで、その攻撃力と機動力を活かしてユーラシア大陸をわずか1世紀の間に一気に征服してしまいます。我がものにできなかった土地は騎馬戦術を活かすことができない場所のみでした。すなわち、砂漠のあるエジプト以西、インダス川が阻むインド、密林のあるベトナム以南、海を隔てた日本やインドネシアです。その他は殺戮の限りを尽くして支配していきました。このユーラシア大陸のほとんどの国が一度はモンゴル民族に恐怖した経験があるということですから、これは凄まじいことです。

中国の見方11

中国の歴史は「農耕民族」と「遊牧民族」が担う――遊牧民族の末路

しかしながら、遊牧民族も軍事力の一点だけで栄華を維持し続けることはできません。遊牧民族が攻めの姿勢を貫けるのは征服が完了した時点までです。というのは、電光石火の速さで征服してみたものの、彼らは政治が得意ではありません。むしろ、征服された農耕民族のほうが政治は得意であり、かつ文化も優れています。彼らに残された道は、農耕民族の政治制度を取り入れる、文化を学ぶ、つまりは真似をする、ということでした。それは農耕民族に同化することを意味します。遊牧民族の悲しい末路、それは、中国を支配したつもりが、いつのまにか中国に同化し、吸収されてしまう、ということでした。

◉遊牧民族は軍事力を強みとして征服する、しかし、いつのまにか吸収されている

漢朝が滅亡して以降、中国には安定した統一王朝が出現していません。中華は北方の遊牧民族に踏み込まれ、一部を支配されてしまいます。けれども、中華は遊牧民族の血を吸収して「新しい中国」を産み落とし、中国の歴史はさらなる発展を遂げていくことになります。

踏み込まれた中華

晋朝末期（西晋末期）、動乱の隙を突いて、中華の北部（華北）に五胡と呼ばれる五つの遊牧民族（匈奴《きょうど》・鮮卑《せんぴ》・羯《けつ》・氐《てい》・羌《きょう》）が侵入、いくつかの王朝が建てられて戦乱状態に陥ったため（五胡十六国）、中国の人々は中華の南部（江南）に逃れて晋朝を再建しました（東晋）。北は異民族（五胡十六国）、南は漢民族（東晋）という状況です（図33）。なお、五胡の一つである匈奴の別の一派はフン族と呼ばれ（異説あり）、ローマ帝国末期のヨーロッパに侵入しています。これが

ゲルマン民族の背中を押す形になり、いわゆるゲルマン民族大移動を引き起こします。同じ頃、ヨーロッパも中世という混乱の時代に突入したのです。

やがて、華北では北朝と呼ばれる異民族の5王朝（北魏・東魏・西魏・北斉・北周）が成立、江南では東晋にかわって、南朝と呼ばれる漢民族の4王朝（宋・斉・梁・陳）が成立します（図34）。

図33：東晋

図34：南朝

こうして、北の異民族、南の漢民族、という分裂の時代が続きました。なお、この時代、中国の歴史において初めて本格的に外敵の侵入を受け、初めて大規模な民族の移動が起こりました。ここで「移動」という現象に注目してみましょう。

中国の見方12 中国の人々は「移動」が得意

中国の歴史では、今回のように、大掛かりな民族の移動がしばしば起こります。のちの宋代にも、同じような北から南への民族の移動が起こります。あるいは、数々の王朝を追いつめてきた、あるいは滅ぼしてきた農民反乱も、長い距離を移動しながらの転戦です。普段なら土地を離れない農民であるにもかかわらず、彼らは移動をものともしません。また、リーダーの移動も見られます。孔子は祖国の国政改革に挫折してから全国をまわって自説を説いていきました。劉備も転々と流浪した末に蜀を建国、のちの孫文も海外で亡命生活を続けながら革命を展開しました。毛沢東は長征という1万2500キロにも及ぶ移動を経た末に現在の中国を建国するに至ります。こういったことは、日本の歴史においてほとんど見られないことです。

中国人は移動の歴史の積み重ねのなかで、移動しながらの生活のノウハウを蓄積してきました。中国の人々は生もの・生水を口にしません。必ず火を通したものを飲食します。19世紀半ばに殺菌という概念が生まれるずっと前から加熱消毒を実践していたのです。あるいは、漢方医薬や鍼灸などもそうです。そして、なんといっても秘密結社や互助組織などのネットワークづくりの巧みさも、移動の歴史の知恵から生まれたものでしょう。例えば、19世紀、アメリカはフロンティア開拓の時代、世界中から多くの移民がアメリカへと渡りました。そのなかには、鎮圧された太平天国の残党兵（中国人）とともに、敗北した会津藩の敗残兵（日本人）もいました。しかし、中国人が現地にネットワークをつくり、食糧や住居に関する知恵を活かしてうまく生活を築き、定着していったのに対して、日本人の多くは現地で悲惨な最期を遂げていきました。

広い国土をもつ中国人にとって移動は生活習慣の一部なのです。実際、中国語では「泊まる」と「住む」を区別しません。共に「住」といいます。

◉中国の人々は移動が得意。新天地で生活を築いていくための知恵を蓄積させた

現在、世界中に華僑や華人が散らばり、現地には中国人街（チャイナタウン）が形成され、自他ともに認める華人国家たるシンガポールがあるのも、こうした歴史の結果といえます。

さて、では移動の結果、中華の北部（華北）と南部（江南）にはどのような違いが生まれたのでしょうか。

移動の結果

北部（華北）の北朝は、いずれも強大な権力で統治を行い、王朝としてのまとまりはあったといえます。北朝の最初の北魏は、中国の政治制度や文化を取り入れる政策を展開しました（漢化政策）。遊牧民の部族制を解体して中国的な官僚制を導入、遊牧民の言語や衣服を禁止して、中国風のものに改めていきます（中国の見方11）。首都も北方に近い平城から、黄河流域の洛陽へと移しました。

南部（江南）の南朝では、相変わらず貴族たちが堕落しており、政治がまともに機能せず、王朝としてのまとまりはありませんでした。けれども、江南の未開の土地を開発して水田工作を普及させ、経済が発展していきました。経済が成長すれば文化が発展します。江南では、いわゆる六朝《りくちょう》文化と呼ばれた貴族たちによる華やかな文化が生まれました（六朝とは江南に建国された呉・晋・南朝の宋・斉《せい》・梁・陳のこと）。北は政治を強みとし、南は経済と文化を強みとしたのです。ここで、江南の六朝文化に注目してみましょう。

竹林の七賢

漢朝４００年は儒学の時代でした。しかしながら、政治の乱れた時代に儒学の道徳、教養、礼儀は何の役にも立ちません（中国の見方5）。曹操が法家の立場から現実に役立つ才能や実力を徹底して求め、「唯才是挙（唯《ただ》才のみ是を挙げよ）」と布告したのは、その顕著な表れです（p102参照）。しかしながら、その法家の思想も中国の政治を立て直す動力とはなっていません。中国の人々が重視するはずの「政治」に、この時代の人々は価値を見出せなくなっていたのです（中国の見方2）。

ここに、政治に距離をおく「道」の思想が価値を持つ余地が生まれてきます。春秋時代末期の老子や荘子がそうであったように（p33参照）、この時代にも、諦観の境地に立った「無為自然」に傾倒する人々が登場します。「竹林の七賢」（図35）と呼ばれた人々です。彼らは、政治や経済は虚飾として退け、あるがままの、自然のなかで生きる人間としての自由な生活を追求ました（中国の見方5）。彼らが特に好んだのは自然、そして酒と音楽でした。

七賢の一人、阮籍《げんせき》は七人の首領にあたる人物。彼は白

図35：竹林の七賢

い眼と青い眼を使い分けることができたといい、儒学の知識を身につけた礼儀正しい人物には白い眼を向け、酒と琴を持って訪れた人物には青い眼を向けて喜んだと伝えられています（「白眼視」の由来）。この時代の人々は儒教倫理の形式を徹底して軽蔑したのです。

七賢の一人、劉伶《りゅうれい》は大の酒好きで、いつも酒壺を持って鹿車に乗り、自分が死んだら酒壺と一緒にうずめよと従者に言い含めたほどです。酔っ払って家の中で素っ裸でいることもよくあったといいます。ある人物がそれを咎めると、伶曰く。

「我は天地を以て棟宇《とうう》と為し、屋室を褌衣《こんい》と為す。諸君、何為《す》れぞ我が褌中《こんちゅう》に入る」（『世説新語』）

（私は天地を家となし、部屋をふんどしにしている。おまえは文句を言うが、ではおまえはなぜ私のふんどしの中に入ってきたのだ）

まさに天地人！　中国人の縄張り意識は日本人とは異なるのでしょう。それはさておき、彼らの言行には、自由への目覚めを見てとることができます。もちろん、手放しにこの諦観の立場を褒めるわけにはいきません。乱世のなかで音を奏で、酒に想いを乗せても戦はなくならないのです。それでも、地位と権力（政治）、そしてカネ（経済）といった虚飾を嫌い、人為を退け無為に生きる、自然のままの姿に自由を見出して生きようとする心は、まさに人間の解放を求める極めて人間らしいものといえるでしょう。彼らなりの乱世への抵抗だったのです。そして、この自由闊達な精神のもとで、詩人は歌い、書家は記し、南朝の貴族文化が彩られたのです。

自由気ままな芸術家たち

この時代は、政治の世界に傑物は登場しません。否、政治の世界にいた傑物は政治を忌み嫌って隠遁、多くが自由奔放な生き方を選んで芸術の分野で活躍しました。

書家には、「書聖」と呼ばれた王羲之《おうぎし》が登場。彼は地方の長官でしたが、隠遁した芸術家たちと交遊を楽しみ、傑作『蘭亭詩《らんていし》』の序文『蘭亭序《らんていじょ》』を残しました。画家には「画竜点睛」の故事で有名な張僧繇《ちょうそうよう》が活躍、詩人にはかの陶淵明《とうえんめい》が登場しました。彼も、役人を辞めて隠遁生活を送り、酒と共に自由な精神を歌い上げた人物です。帰郷の際に歌った『帰去来辞《ききょらいのじ》』もさることながら、『飲酒二十首　其五』も有名です。彼は心持ちを次のように表現します。

菊を採る東籬《とうり》の下《もと》
（東側の垣根の下で菊の花を採り）
悠然として南山を見る
（悠然として南山を見れば）
山氣《さんき》　日夕《にっせき》に佳《よ》く
（山の気配は朝な夕なに良く）

飛鳥　相與《あいとも》に還《かえ》る
（鳥どもがねぐらへと帰っていく）
此の中《うち》に眞意《しんい》有り
（この中にこそ人間のあるべき真の姿がある）
辨《べん》ぜんと欲して已《すで》に言《げん》を忘る
（それを言葉にしようとしたが、もうそんなことはどうでもよい）

自然のなかで自由に生活する詩人の姿が目に浮かぶようです。政治の振るわない時代にあって、そして儒教が退けられる時代にあって、こうした無為自然の思想は民間信仰と融合、やがて中国三教の一つである道教へと発展しました。

道教の成立

老荘思想に傾倒する人々の姿は「仙人」を思い起こさせます。仙人は山の人、山の頂で何にも患わされずに遠くを見通すことができます。仙人に対置されるのは「俗人」、つまり谷の人です。地位と名誉（政治）、そしてカネ（経済）に惑わされ、本質を見出すことのできない、いわゆる「俗物」のことです。道教は、まさに仙人のようになることを目指した中国の民俗宗教です。

仙人になるためには、「道《タオ》」(真理)を自覚しなければなりません。そのための修行に呪術や占術がありました。呪術は不老不死になるための技術(陰陽五行説をもとに発達)、占術は未来を見通すための技術です。こうした修行をする道教の僧を道士といいます。彼らのなかには、仙人になるための修行を行う者もいれば、祠廟《しびょう》と呼ばれる施設で、呪術や占術を用いて一般民衆の病気の治癒を行ったり、占いなどで人々の生活を支えたりしている者もいます。

魏晋南北朝時代は、儒教が衰退するなか、道教が成立して民俗宗教になるとともに、仏教も外来宗教として普及した時代でした。儒・仏・道は中国三教と呼ばれるようになります。

仏教の魅力、仏教の難点

そもそも、儒教は宗教でありながら、孔子は万物の創造を説明する神話や死後の世界について語りませんでした。「政治」を重視する中国の人々は徹底して現実的で合理的なのです。それに対して、仏教には、輪廻転生、霊魂不滅といった壮大なスケール感をもった哲学がありました。中国の人々には仏教が非常に魅力あるものとして映ります。この時代、西域の僧が仏教を紹介すべく訪中、中国の僧は仏典を求めて訪印、中国の北部では国家の主導で信仰され、平城近郊の雲崗《うんこう》や洛陽近郊の竜門(図36)などに仏教寺院が建設されました。南部でも貴族たちの間で流行します。

しかしながら、仏教には難点もありました。仏寺の建立には莫大な資金が必要となります。

そして、出家すれば納税と兵役の義務が免除されるため若者が次々と出家してしまいました。これでは国政と国防が機能しません。さらに、仏教の信者になるということは出家することを意味します。これは血縁を重視する中国においては最大の不孝です（中国の見方2）。結局、仏教は中国で最も重要な「政治」や「血縁」と共存できなかったのです（中国の見方2）。魏晋南北朝時代の終わり頃には、政府による弾圧や、道教の隆盛もあって仏教は衰退してしまいます。結果、生き残ったのは、座禅を組む禅宗、念仏を唱える浄土宗、といった精神修養に収まる、「政治」を邪魔せず「血縁」を否定しない宗派のみでした。

さて、江南の漢民族は、堕落や諦観のため、歴史を前進させることができませんでした。しかし、天下の分裂も行きつくところまでいくと、再び統一へと向かいます。華北にて、遊牧民族は中国に吸収され、そこから中国には隋と唐という王朝が誕生して「新しい中国」が生まれました。

図36：竜門

第5幕

隋・唐と五代十国——三つの女禍《じょか》

隋

隋は華北の北朝（陳）から禅譲を受けて創始され、文帝（楊堅《ようけん》）が即位します。その頃、江南の南朝は、相変わらず皇帝や貴族たちが歓楽に耽っていました。隋は兵を挙げてこれを征服、ここに200年ぶりに中国の統一が果たされることになります。

北朝では政治への努力がなされ、断続的ではあるものの、数々の制度が整えられていました。隋代には制度が完成、中国全土を「集権」によって統治する準備が整いました（中国の見方6）。

全土は州と県に分けられ、各州は中央によって任命された役人によって統治されました。科挙も隋から始まります。農民には等しく土地が分け与えられ（均田制）、穀物、労役、布を納めさせ（租庸調制）、兵を徴集します（府兵制）。かくして、農民たちは耕し、治め、守り、ついに中国の秩序は安定し始めます。

しかし、この統一と繁栄への流れは一時的に頓挫してしまいます。有名な暴君、煬帝《ようだい》が全てを台無しにしてしまったからです。

下の子は要領が良い

隋の初代、文帝（楊堅《ようけん》）には北方出身の独狐伽羅《どっこから》という皇后がいました。北方の鮮卑《せんぴ》族は一夫一婦制の意識が強く、皇后は文帝との間に誓約を取り交わして側室をもたせないようにしていたほどで、五人の息子はみなこの女性の子でした。

五人の息子のうち、太子は長男の楊勇《ようゆう》。しかし、次の皇帝に即位したのは次男の楊広《ようこう》（のちの煬帝）でした。太子である長男の楊勇は、父が忌み嫌う派手な生活を好み、母の紹介した正妻を疎んじ、愛妾を求めました。一方、次男の楊広は美男で賢く気取り屋であったため、父母から最も可愛がられていました。下の子の方が要領が良く、ご機嫌取りが上手いのは古今東西、同じなのでしょう。楊広は父の前では質素倹約な生活を装い、母の前では女性に対する真摯な態度を演じます。楊広は陰謀によって、楊勇に謀反の罪を着せ、結果、兄は太子を廃嫡《はいちゃく》され、庶民の身分に落とされてしまいます。代わって楊広が太子となりました。

やがて皇后の独狐伽羅が亡くなると、文帝は江南の二美人の一人に数えられた若い宣華《せんか》を寵愛し始めました。しかしながら、文帝は60歳を超えており、やがて病に倒れ危篤に陥ります。宣華夫人と太子楊広は夜通し皇帝の看病をすることになりました。このとき、あろうことか、義理の母でもある彼女に、楊広は関係を迫ります。夫人は拒否して文帝の寝室に逃げ込み、太子の無礼を訴えると、皇帝は激怒、太子を呼び寄せます。楊広は腹心の者とともに病室に入ると、看病している者全てを別室に下がらせます。しばらくして寝室から楊広が出てくると、にわかに文帝の容態が急変、そのまま崩御となりました。その日の夕刻、宣華《せんか》夫人のもとに、夫婦の契を求める贈り物が送られましたが、夫人は拒絶。しかし、その夜、太子と夫人は関係を持ってしまいます。こうして、太子の地位も帝位も夫人も簒奪する陰謀と不義の末に、稀代の暴君である煬帝《ようだい》が誕生します。

煬帝の功罪

煬帝は己の権威を誇示することに精を出し、人民の苦しみを顧みることはありませんでした。国内においては宮殿の造営や運河の開削などの土木工事を展開。実に100万人が投入され、女性も駆り出される始末でした。国外に対しては東西南北の諸国を朝貢させて得意がり、従わない高句麗へは三度にわたる遠征をいたずらに繰り返します。無論、送り込まれる兵士は農民たちです。皇帝に対する不満が渦巻き、一気に隋の栄華は陰りを見せ始めます。

しかしながら、煬帝は後世に残る功績も残しました。煬帝が完成させた運河（図37）は、現在に至るまで中国人民の生活に大きく貢献するとともに、中国の歴史を大分裂の時代から大統一の時代へと転換させ、その後の唐や宋に莫大な富をもたらすことになります。

そもそも、西晋の滅亡以降、南北の分裂が統一へと向かわなかった理由の一つには、淮河《わいが》と長江の間に無数の河川が走っていたため、進軍が困難であったことがありました。曹操が赤壁《せきへき》で敗れた後に再び長江を渡ることがなかったのも、そういった理由もあったのです。これを解決すべく、文帝は淮河《わいが》と長江を結ぶ運河（山陽瀆《さんようとく》）を開削、南朝を滅ぼして中国の統一を実現します。さらに、煬帝《ようだい》は黄河と淮河を結ぶ運河（通済渠《つうさいきょ》）、黄河と天津を結ぶ運河（永《えい》済渠《さいきょ》）、長江と杭州を結ぶ運河（江南河《こうなんが》）を開削して大運河網を完成させました。この運河の効果は計り知れません。

　中国の南北は一体となりました。その恩恵は次の唐朝が受けとることになります。それまでの政治の中心である華北と、経済の中心となった江南が結ばれ、都の長安には充分に食糧が供給されるようになります。続く宋朝でも、都の開封《かいほう》は江南から北上した終点にあたり、商業が大いに繁栄しました。

　隋の文帝・煬帝の二人なくしては大唐王朝３００年の安定はありえず、隋の混乱は唐を生み出すための陣痛のようなものだったのかもしれません。

図37：今も利用される運河

暴君の末路

中国で最も重要な「政治」が乱れ「権力」が不当に濫用されると、例えば、後漢末期の宦官《かんがん》と外戚がそうであったように、天下では同じことが起こります（中国の見方8）。民も兵も官も皇帝を呪い、怨嗟の声をあげ、反乱が各地で勃発。村落、官庁、富豪の邸宅、あらゆる場所が襲撃されて略奪が起こります。農村は役人の搾取と盗賊の略奪によって飢饉に襲われます。食は尽き、人々は樹の皮や葉を食べ、さらには土を煮て食べ、果ては人相食むに至っても、官僚は倉を開いて食糧を供給しようとはしませんでした。人の命は九牛の一毛ほどの重さもなくなってしまいます。

宮殿では酒宴が続き、皇帝は天下から集められた美女を侍らせ、盃を放そうとせず、煬帝のもとには、反乱の拡大、官軍の敗退の連絡が次々と伝えられましたが取り合おうとしません。佞臣《ねいしん》たちの目にすら隋が倒れることは明らかです。皇帝は現実から目を背け続けましたが、その時は確実にやってきました。

６１８年。ついに、臣が背き皇帝に刃を向けます。12歳になる皇帝の息子は、父にまとわりつきながら泣き叫んでいましたが、賊に斬られ、父の衣を血に染めて倒れました。煬帝は毒薬による自死を求めましたが、受け入れられず、身につけていた絹で首をくくられて殺されます。齢50歳。『尚書』には「天の作《な》せる孽《わざわい》は猶《な》ほ違《さ》くべくも、自ら作《な》せる禍は逭《のが》るべからず（天災地変は避けることもできるが、自ら招いた禍はのがれることができない）」とありますが、煬帝ほど甚だしい人物もいなかったでしょう。このとき、既に唐の建国者である李淵《りえん》は長安に入城していました。

唐

治世37年の隋を経て、大唐王朝300年の門は開かれます。7世紀から9世紀にかけて、中国は政治的にも文化的にも大いに繁栄、実に華やかな時代が訪れます。北方民族の侵入で新しい血が取り込まれ、隋の陣痛を経て誕生した、新生中国です。

唐は李淵（高祖）によって建国されますが、挙兵から建国に至るまで、息子の李世民《りせいみん》（のちの太宗）の支えが大きな力となっていました。多くの個性豊かな君主が誕生した中国史のなかでも、唐の太宗（図38）は随一の名君といえる人物です。大唐王朝は彼によって創業され、その栄華は彼によって守成されたといえるでしょう。中国第一の善政とされ、現代に至っても組織のリーダーたちの手本となっている唐代300年のスタートアップ、『貞観政要《じょうがんせいよう》』の時代が始まり

図38：太宗

ます。

創業の幹部たち

名君のもとには必ず才ある人が集まります。太宗の側近には多くの名臣がいました。すなわち房玄齢《ぼうげんれい》、杜如晦《とじょかい》、そして兄建成の家臣であった魏徴《ぎちょう》ら、後世に残るものが確実に創造できると確信できる参謀たちです。魏徴は『述懐』にて次のように詠います。

人生意気に感ず　功名誰が復た論ぜん

（男たるもの、意気に感じて事を成すのだ。功名など問題にならない）

創業の幹部には天下の人材が集結。つくりあげていく時間はきっと身震いするようなものだったに違いありません。太宗はこうした名臣たちを側近に迎えて諫言《かんげん》を行わせ、常に自分を律するようにしたといいます。

太宗の治世は「貞観《じょうがん》の治」と呼ばれ、後世には理想の政治が行われた時代とされています。中国において善政とは君主が贅沢を控え、人民の生活を第一として行う政治に他なりません。ある時、家臣が太宗に「刑罰を重くして盗みがはびこらないように」と進言しました。これに対して太宗曰く。

「当《まさ》に奢《しゃ》を去り費を省き、徭《よう》を軽くし賦《ふ》を薄くし、廉吏《れんり》を選用すべし。民をして衣食余り有らしめば、自ら盗を為さざらん。安《いづく》んぞ法を重くするを用ひんや」（『十八史略』）

（民が盗みをはたらくのは、君主が贅沢を貪り、役人が搾取をするからである。我々が質素倹約につとめ、清廉の役人を登用すればよい。法を厳しくする必要はあるまい）

数年ののち、民の生活は楽になり、道に落ちた物を拾う者もなくなり、盗賊はいなくなったため、商人も安心して野宿するようになりました。

創業と守成

太宗は、現在を生きる組織のリーダーたちにも響く名言を数多く残しています。ある時、太宗は重臣たちを集めて問いました。

「帝王の業、草創と守成と執《と》れが難き」（『貞観政要《じょうがんせいよう》』）

（帝王の事業の中で、創業と守成とどちらが困難であろうか）

太宗は創業も守成も経験しています。二人の部下が回答、まず房玄齢《ぼうげんれい》が対えて曰く。

「草創を難しとなす」（同書）

（創業が困難だと思います）

房玄齢は、創業時は天下が乱れ、敵を倒して勝ち抜いていかなければならないことから、創業こそ困難であるとしました。しかし、魏徴《ぎちょう》は反論します。

「天授け、人与《あた》う。乃《すなわ》ち難《かた》しとなさず」（同書）

（帝王の地位は天が授け万民が与えるものなので、創業は困難とは思えません）

建国は前の王朝が倒れ、天下が乱れている時である、そのため天も民も味方する、ゆえに創業は困難ではない。一方、守成は奢りと戦い、政務は休まることはない、ゆえに守成こそ困難である、と主張しました。太宗は言います。

「今、草創の難きは既已《すで》に往《ゆ》けり。守成の難きは、当《まさ》に公等と与にこれを慎まんことを思うべし」（同書）

（今や創業の困難は過去のものとなった。これからは汝らとともに心して守成の困難を乗り越えていかなければならない）

太宗は両者の言に理解を示して優劣はつけませんでした。創業には創業の、守成には守成の、それぞれ異なった困難さがあります。魏徴の言うように、スタートアップは周囲の興味を引き、期待を抱かせ、スタートアップに限定された支援を得ることが可能です。しかし、常に興味を引き、常に支援を得続けることは難しいことです。一方で、大企業の創業者には、あるいは本書にも登場する数々の建国者たちは、優秀であったということ以上の存在感があるようにも思えます。太宗の言葉は『貞観政要』という書物にまとめられます。組織の上に立つ人には必須の書物でしょう。

ます。

男を動かすのは女

太宗が善政を続けることができた理由の一つに、女性の存在がありました。長孫皇后です。男を動かすのは女。太宗が中国屈指の名君であるならば、彼女は中国屈指の賢妻だったといえます。

皇后は慎み深く、政治について意見を求められても「牝鳥が時をつかさどるは家の禍です」と言って答えることを避けたといいます。また、古の婦人の嘉言善行《かげんぜんこう》を集めて『女則』10巻を編纂、自ら批評もつけて後世に残しました。

けれども、長孫皇后は36歳の若さで病に倒れてしまいます。死に際して太宗に遺言を残しました。忠言に耳を傾け、讒言《ざんげん》を退けるように、また遊猟を少なくすること、葬儀は簡略に、豪華な墳墓をつくることのないように、と。崩御ののち、太宗は宮殿から皇后の陵墓を眺める度に良き妻を偲んで暮らしたようです。この女性の存在なしに太宗の仁政は実現しえなかったといえるでしょう。

しかし、歴史は女性の存在によって混乱に陥ることもあります。長孫皇后崩御の2年後、太宗は14歳の美妃武氏を後宮にいれて寵愛しました。この女性はのちに禍として芽を出します。太宗の晩年に、唐朝を揺るがす女禍《じょか》の種はすでに蒔かれていたのです。

禍の始まり

太宗に次いで第三代皇帝となったのは高宗です。病気がちであった高宗は、政治においてリーダーシップを発揮することはできませんでした。それでも、高宗は、太宗の時代に充実した国力をもって外へと進出、唐朝の最大版図を実現することに成功します。

高宗は朝鮮半島周辺に領土を拡大しました。当時、半島の西側には百済《ひゃくさい》、東側には新羅《しんら》、中国東北地方には高句麗《こうくり》が勢力をもっており、3国が分立していました（図39）。新羅が百済の攻撃を受けると、新羅は唐に救援を要請。高宗は悩みました。新羅を支援する道もあれば、むしろ百済を支援して新羅を滅ぼす道もあります。議論の結果、高宗は新羅を支援することに決めました。唐は新羅とともに百済を挟撃して征服します。すると、今度は中国東北地方の高句麗が唐と新羅に挟まれて孤立、同じように挟撃して討伐することに成功します。高句麗討伐は隋の煬帝も父の太宗も実現できなかったことです。

病気がちの高宗が、二度の挟撃という鮮やかであり輝かしい戦績をあげることができたのはなぜなのでしょうか。男を動かすのは女……この作戦は美妃武氏による立案でした。

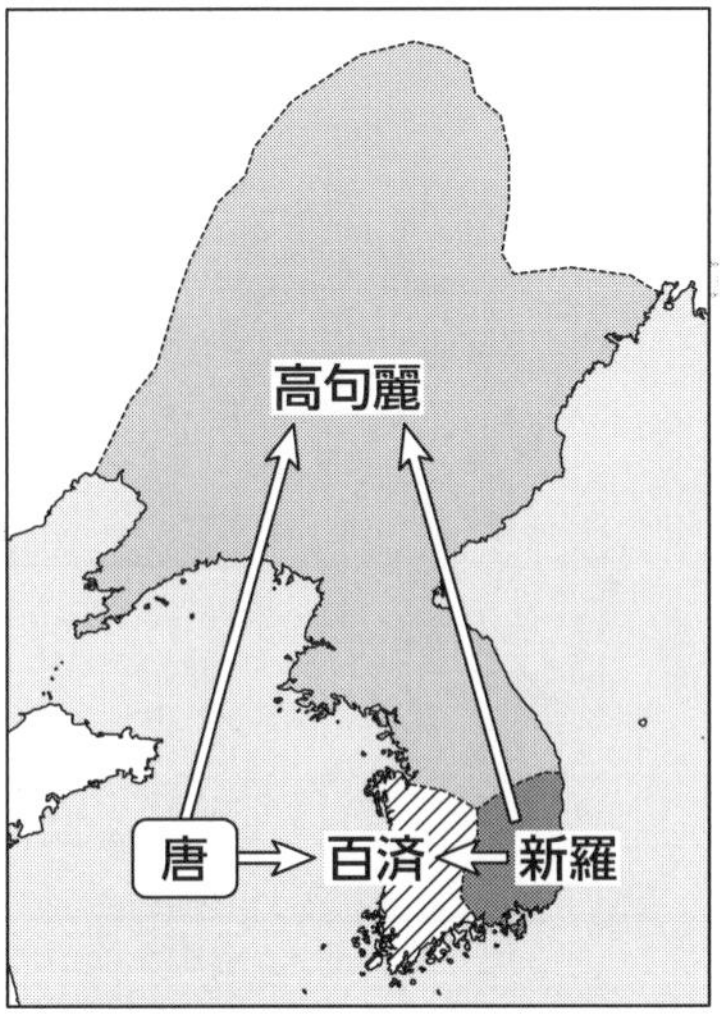

図39：唐代の朝鮮半島

長孫氏から武氏へ

　太宗が崩御したのち、美妃武氏は高宗に見初められます。彼女は美しく、切れ長で大きな目、雪のような肌、桃色の唇、薔薇色の頬、見る者を魅了する媚笑、そして聡明な頭脳を備えていたといわれ、正室と並みいる側室から寵愛を奪い、皇后の地位に上りつめます。時に高宗は28歳、皇后となった武氏、すなわち武后は33歳でした。彼女こそが、中国唯一の女帝となり、唐朝を中断させるほどの禍をもたらす武則天（則天武后）です（図40）。

　彼女は並々ならぬ気性の激しさをもっていました。武后は高宗周辺の女性を次々と粛清していきます。今は亡き長孫皇后の一族は武后に反対したために追放され、前皇后やかつての寵姫は手足を切断された上に酒樽に放り込まれて溺死させられたといいます。武后の行動には漢の高祖（劉邦）の正妻呂后《りょこう》にも負けず劣らずの恐ろしさがありました（p76参照）。

　やがて、武后は高宗が病気がちなのをいいことに政治にも口を出し始めます。あの2回の挟撃は彼女の発案でした。彼女の助言によって唐朝は最大版図を実現したのです。

図40：武則天

武后の禍

高宗が病で亡くなると、武后は自分の息子たちである中宗や睿宗《えいそう》を次々に皇帝に即位させては廃位して、政治の実権を完全に掌握してしまいます。最後には帝位を簒奪して自らが皇帝に即位、王朝の名は周と改め（武周革命）、聖神皇帝と名乗りました。つまり、唐は皇帝の母によって乗っ取られてしまったのです。

帝室に混乱は招いても、彼女の治世は概ね安定しており、中国の王朝を揺るがす大きな農民反乱は一度も起きていません。また、人材の登用に才能を発揮して、政権の基盤を盤石にするとともに、彼女に見出された名臣は、のちの玄宗の時代の善政を支えることになっていきます。それでも、帝位簒奪は、彼女の後世の評価を厳しいものにしてしまいます。

武則天、御年83歳。唐朝、すなわち李氏に忠実な家臣たちは、武后の老いに乗じて動き始めます。彼らは退位させられた中宗を引き連れ、武后に退位と中宗の復位を迫ります。武后老いたり。受け入れるしかありませんでした。翌年、彼女は病で亡くなりました。

図41：無字碑　©猫猫的日记本

「帝号を取り去り則天大聖皇后とすべし」

（私を夫の隣に葬ってください。皇帝としてではなく皇后として）

武則天の陵墓には、自らの功績を称えた石碑があり、何も書かれていないため「無字碑」（図41）といわれています。これはいったい何を意味するのでしょう。中国において、皇帝に女性が即位するというのはこの限りです。

こうして女禍《じょか》は去りました。しかし、舞台は女性を中心になおも回り続けます。

韋后の禍

韋后《いこう》。彼女は中宗の妻であり、中宗が母親の武則天によって廃位されて不遇にあったとき、常に傍らで慰め、励ましていた心優しい女性です（図42）。しかし、女心と秋の空、中宗が復位すると雲行きは怪しくなります。韋后は、第二の武后となることを夢想するようになったのです。

韋后は中宗の復位に活躍した功臣たちを一掃、武后時代の官僚たちを復職させ、中宗に讒言《ざんげん》する者は誅殺していきました。彼女はついに中宗をも毒殺して政権を独占するに至ります。しかし、やはり武則天は稀代の烈女だったのか、韋后は

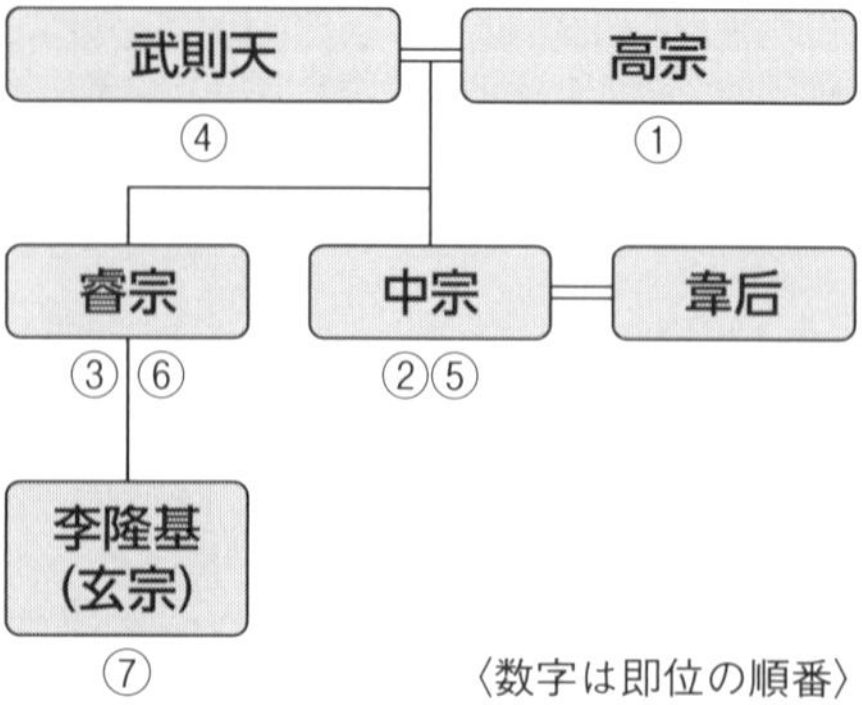

図42：武則天周辺の系図

武后になりきれません。
韋后一派の謀略を食い止めたのは、中宗の甥であった李《り》隆《りゅう》基《き》でした。彼は兵を挙げて宮殿を襲撃、突然のことに逃げ場に窮した韋后は、兵舎に逃げ込んだところで首をはねられます。韋氏一族は宮殿のあらゆるところで斬られ、夜が明ける頃には平定されることになります。李隆基は、父の睿宗《えいそう》を即位させ、のちに自らが即位しました。これが有名な玄宗です（図42）。

我歌えば月徘徊す——李白

玄宗は武后と韋后の禍（武韋の禍《か》）による混乱を収拾して、政治革新の情熱をもって即位、その治世の前半は「開元の治」と呼ばれる善政となりました。一連の改革によって唐は息を吹き返し、再び繁栄を取り戻します。

玄宗の時代は政治の安定とともに文化においても百花繚乱の時代となりました。特に文学の分野では、科挙で詩賦が課されたため漢詩がその中心的地位を占め、律詩や絶句などの韻律が完成して数多くの詩人が活躍します。際立っているのが李白（図43）、杜甫《とほ》、白楽天（白居易）でしょう。特に李白は酒を愛し、酒を主題に変幻自在な表現をもって詠っています。その一つである『月下独酌』を見てみましょう。

花間《かかん》一壺《いっこ》の酒、独り酌《く》んで相《あい》親しむもの無し

（花の咲き乱れる所に酒を持ち出してみたものの、
一緒に飲んでくれる人がいない）

杯《さかずき》を挙げて名月を迎え、影に対して三人と成る

（よし、杯を挙げて名月を酒の相手として招こう、
私の影も加えれば三人になるじゃないか）

月既に飲《いん》を解《かい》せず、影徒《いたづ》らに我が身に随《したが》う

（でも、月は酒を飲めないし影も私に従うだけ
……）

暫く月と影とを伴い、行楽《こうらく》須《すべか》らく春に及ぶべし

（まあいい、しばらくのあいだ月と影と一緒にこの春を楽しもう）

我歌えば月徘徊し、我舞えば影零乱《りょうらん》す

（私が歌えば月は歩きまわり、私が舞えば影はゆらめく）

醒《さ》むる時ともに交歓し、酔うて後は各々分散す

（素面のうちは揃っていても、酔いがまわれば皆やりたい放題だ）

永く無情の遊を結び、相期《あいき》す遥かなる雲漢《うんかん》に

（また一緒に飲もうと約束しよう、落ち合う先は天のかなたさ）

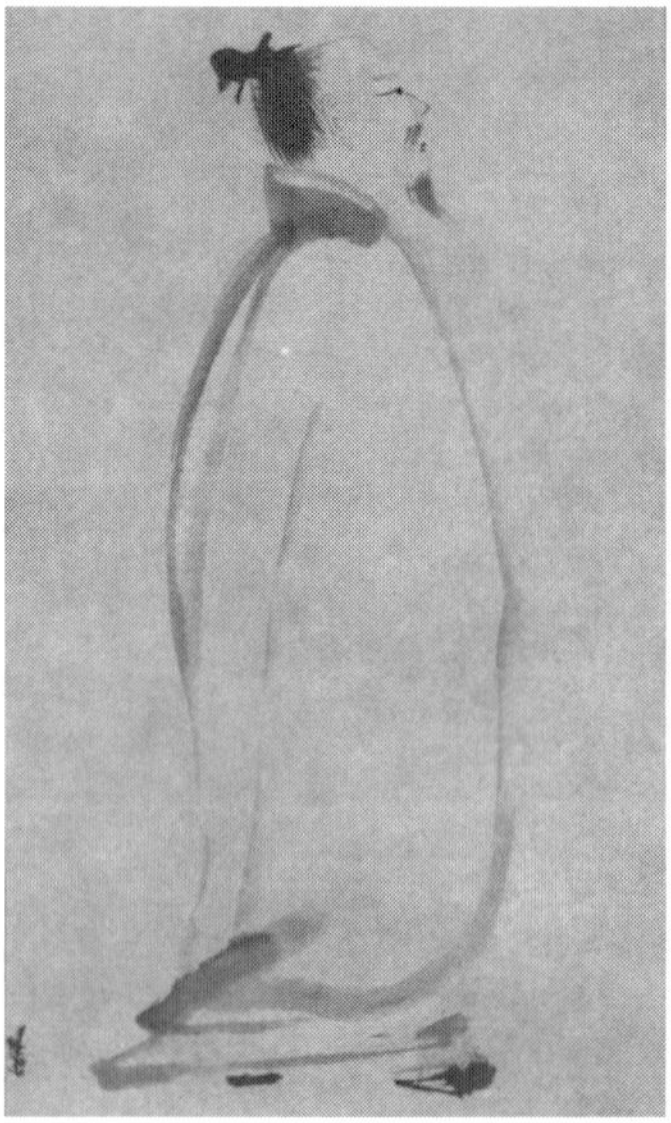

図43：李白

魏晋南北朝時代の詩人たちを思い起こさせる、自由奔放で実にかわいらしい詩です。李白は「詩仙」と称えられました。李白は船の上で宴会中、酔っぱらって長江の水面に映った月を手にとろうとして、そのまま溺れて死んでしまったという伝説まであります。

なお、この李白に見られる自由な空気は、外から多くの文化が入ってきていたことの影響でもありました。

国際色豊かな時代

唐代、東アジアには中華思想に基づく冊封《さくほう》体制という国際秩序が確立しました。中国が中心となって周辺と君臣関係を結び、中国という親分を周辺の子分が取り囲む世界です。二番弟子がベトナム、一番弟子は朝鮮でしょう。周辺諸国とは朝貢形式の交易

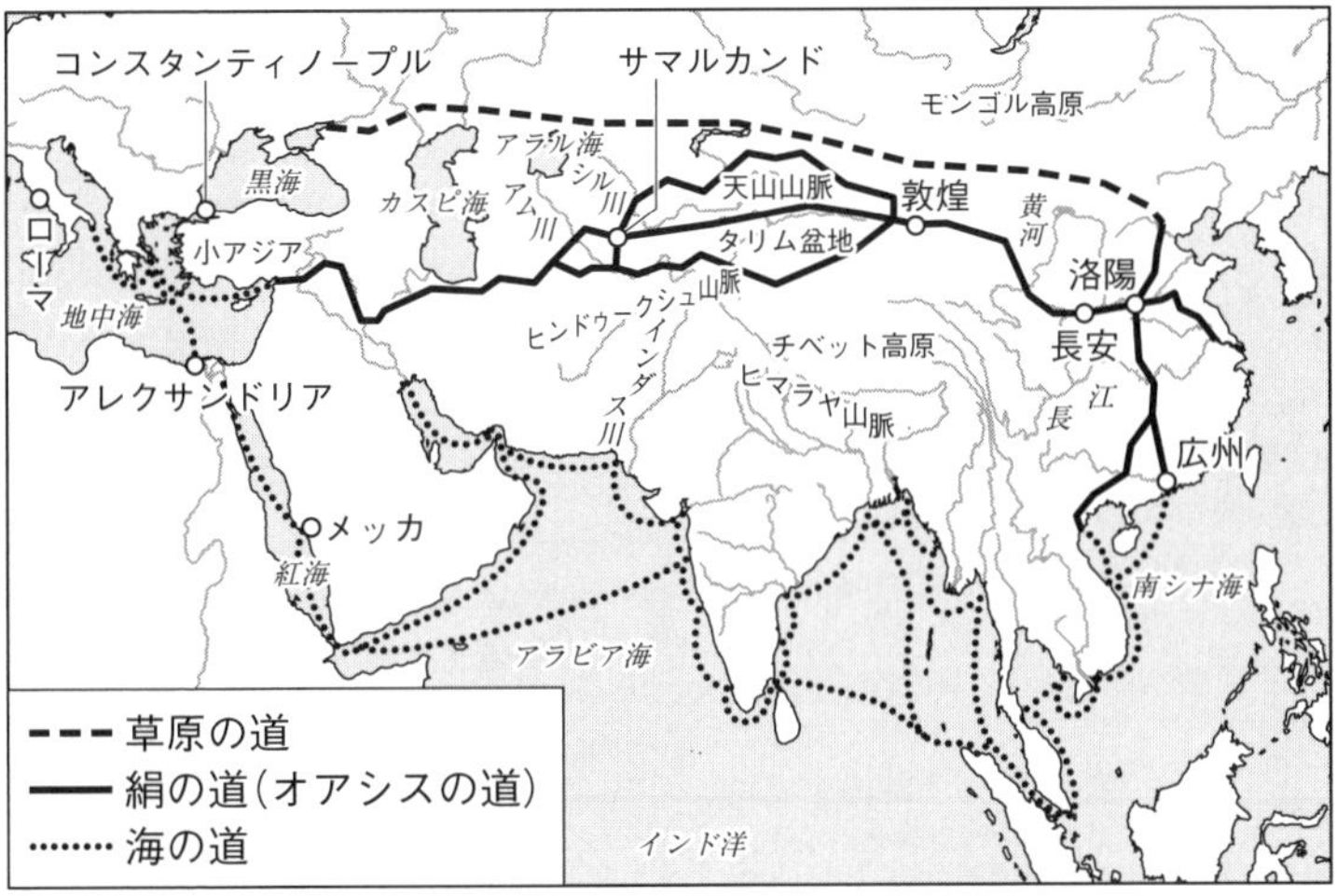

図44：唐代の東西交流

も行われました。結果、中国の政治や文化は、東アジア諸国に大きな影響を与え、一つの文化圏が形成されます。

陸海からは多くのものがもたらされました。8世紀、漢の武帝の時代に整えられ始めた「絹の道」のみならず、イスラーム商人たちが開拓した「海の道」からも人・モノが流入して、唐代は国際色豊かな時代となりました（図44）。

長安は、日本や朝鮮、チベットはもちろんこと、西方からはるばるやってきたソグド人やイラン人などが、商人として、あるいは工芸師や曲芸師として街を賑わせました。また、陸路からはゾロアスター教やマニ教、そしてキリスト教（ネストリウス派）が伝わり、海路からはイスラームが伝播、長安には外来の宗教の寺院が立ち並びました。のちの時代に『西遊記』に描かれる玄奘《げんじょう》（三蔵法師）は陸路でインドに赴き、あるいは義浄《ぎじょう》という僧は海路でインドに赴きました。

玄宗の政治によって唐朝は活気を取り戻しました。しかし、だからこそ、女の禍が忍び寄る隙ができてしまったというものでしょう。

楊貴妃の禍

玄宗は、晩年に楊貴妃を妻に迎えます（図45）。彼女は玄宗の息子の妻でしたが、息子から取り上げ、妃として寵愛しました。無論、親子ほどの年の差があります。

玄宗の寵愛ぶりは舌を巻くばかり。彼女の美貌については数々の逸話が残されています。玄宗は楊貴妃とともに宮中の池に咲く蓮の花を見て「蓮の花の美しさもこの解語の花（言葉を理解する花）にはかなうまい」と称えたといいます。あるいは、楊貴妃が庭を散歩すると花々が恥ずかしがって萎んでしまったとか、夏の日に汗を流すとそれは虹色に輝いたとか、枚挙にいとまがありません。

二人は、最初に出会った華清宮《かせいきゅう》にて、辺りに誰もいない時に愛の秘め言を交わします。

天に在りては願わくば比翼の鳥となり
（私たちが天界に召されたら羽がつながった2匹の鳥になりましょう）
地に在りては願わくば連理の枝と為らんことを
（私たちが地上に戻されたら枝がつながった2本の木になりましょう）

この言葉は『源氏物語』で

図45：楊貴妃

源氏と紫の上の間でも交わされた言葉です。二人の関係は変わらずに続くのでしょうか。否、二人の恋物語は悲しい結末に終わります。楊貴妃は唐の国を傾かせる二人の人物を歴史の舞台に引き寄せてしまいます。

安禄山《あんろくざん》の登場

一人は楊貴妃のまた従兄にあたる楊国忠。彼は、楊一族の中でもならず者でしたが、玄宗の機嫌をとるのがうまく、中央政治の長たる宰相にまで上りつめました。

もう一人は有名な安禄山（図46）です。中央アジアのサマルカンド（現在のウズベキスタン）に生まれたソグド系の血を持つ人間で、外戚ではありませんでしたが、ソグド商人たちの経済力を背景に頭角を現し、地方警備の長（節度使）にまで上りつめました。彼の皮膚は白く、肉体は200キロを超える大男、腹は膝まで垂れ下がり、部下に腰の帯を締めさせるときには部下の頭の上に腹が乗っていたほどです。それほどの巨体でありながら、愛嬌もあり、故郷の踊りを風のように速く舞ったといいます。その

図46：安禄山

強烈な個性は目を引き、楊貴妃に可愛がられて宮中の人気者となりました。玄宗が「その膨らんだ腹には何が入っているのか」と笑いながら言うと、

「ただ赤心《せきしん》有るのみ」（『十八史略』）

（陛下への真心がつまっております）

と答え、口もうまい人間でした。安禄山は楊貴妃の養子となり大変な寵愛を受けます。しかし、楊国忠と安禄山の仲は最悪でした。玄宗や貴妃の機嫌をとることだけで出世した二人ですから、愛情の取り合いが起きたのです。この対立は大唐王朝を一気に弱らせる禍に発展しました。

争いに優勢だったのは楊国忠でした。可愛がられていた安禄山に分があるようにも思えますが、愛情の取り合いにおいては、そして誹謗、中傷、讒言などが行われる場では、距離がものをいいます。楊国忠は中央で玄宗に仕える宰相、いつでも密告ができ弁解もできます。一方、安禄山は地方の軍隊の長官ですから、辺境にいて都の情勢がわからず気が気でありません。距離は猜疑心を生みます。楊国忠によって罪に落とされるのではないか、誅殺されるのではないか、そういった疑念にかられた安禄山は、いずれ殺されるのであれば、ということで謀反を起こします（安史の乱）。

比翼の鳥、連理の枝

禄山遂に反す！　楊国忠は予想していたでしょうが、かの幸せな夫妻は驚いたに違いありません。反乱軍が長安に迫り、風雲急を告げるなか、三人はわずかな兵とともに四川に落ち延びていきました。ここで予期せぬことが起こります。随行した将軍兵卒らが飢え疲れて憤慨、こうなったのは楊一族のせいである、として、楊国忠を斬り殺してしまいます。さらに、玄宗のいる天幕を取り囲むと、貴妃の首を迫りました。

玄宗は愚か、自らのために自らの愛する者を自らの手で殺さなければならない立場におかれたのです。興奮した兵士たちの声が響くなか、側近の者は玄宗に決断を迫ります。楊貴妃は「陛下が助かるのであれば」と、部屋を後にして近くの仏堂へと連れて行かれました。最期の時、彼女は玄宗に伝えてほしい言葉があると言いました。天に在りては願わくば比翼の鳥となり、地に在りては願わくば連理の枝と為らんことを……その言葉を口にして、楊貴妃は首をくくられました。

玄宗は政治への意欲を失って退位、楊貴妃との思い出に浸りながら暮らす毎日を送ります。それを不憫に思った部下の一人は、楊貴妃の亡骸を掘り起こし、その髪と衣服を玄宗に届けました。玄宗の気持ちは如何ばかりであったのでしょうか。

白楽天（白居易）は、二人の恋物語を『長恨歌《ちょうごんか》』に詠い、次のような感慨を添えました。

天は長く地は久しくとも尽きる時有り

（天地は長く存在するとしても、やがては滅び尽きる時がくるだろう）

この恨み綿々として尽きる時無し

（だがこの愛の裏にある別れの恨みが尽きることはないだろう）

安史の乱は異民族の兵を借りてなんとか鎮圧されました。しかし、二人が比翼の鳥になりえたとしても、栄華を誇った大唐王朝も滅び尽きる時を迎えることになります。白楽天は『長恨歌』にて「漢皇色を重んじて傾国を思う」と、漢の武帝に重ねて詠いました（p83参照）。

国破れて山河あり――杜甫《とほ》

唐朝の支配は乱れ、中華が分裂の傾向を見せ始めると、北方からの遊牧民族の侵入が相次ぎます。農民反乱（黄巣の乱）が起こり唐の滅亡もいよいよ決定的となりました（中国の見方9）。

歴史上には多くの国家が繁栄を極め、やがてはその時代も終わっていきます。国も人も同じです。衰退は、繁栄していた頃の情景を思い出すとなんとも切ない気持ちになります。栄枯盛衰、盛者必衰の理といえばその通りですが、振り返れば邯鄲《かんたん》の夢、あんなに素晴らしかったものがなぜ……と儚さを感じざるをえません。

この唐の凋落に対する思いを『春望』という作品に残した人物がいます。李白と並び称される杜甫《とほ》（図47）です。彼は政治や社会の矛盾を積極的に取り入れて「詩聖」と呼ばれました。この『春望』の冒頭部分は非常に有名です。

国破れて山河在り

（栄華を誇った国も反乱によって荒れてしまったが、山や川は変わらずに美しいまま残っている）

城春にして草木深し

（城には春が訪れ、新緑が生い茂っている）

ここには変わってしまうものと変わらないものとの対比が非常に美しく、かつ儚さをもって表現されています。杜甫はかつて人々が賑やかに暮らし、文化が花を咲かせていた時代が変わり果ててしまったことを嘆きます。しかし、ふと気づくのです。それでも山や川の美しさは変わらない、と。人の世も人の心も変化をまぬがれません。それは人間にはつらい現実です。そんな時、変わらずにあってくれるものは救いになります。そしてそれはやはり美しいのです。これを杜甫は「国破山河在」と、たった5文字で表現したのです。

唐朝は滅亡に向かいます。時代は再び分裂の時代へ。中国の歴史は五代十国という軍人の時

図47：杜甫

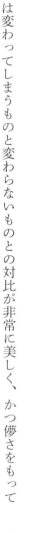

代へと転回していきます。

五代十国——武の時代

唐が滅亡してから宋が建つまでの間、中国はまたしても群雄割拠の分裂時代となってしまいます。混乱の原因は唐末の国防体制にありました。

唐が女禍《じょか》によって混乱に陥ると、周辺民族の侵入が相次ぎます。玄宗はそれまでの兵農一致の兵制（府兵制）を改め、傭兵制（募兵制）を導入しました。辺境には募兵軍団とその指揮官（節度使）を置いて防備を固めます。安禄山《あんろくざん》はそういった軍団をいくつも従えた指揮官だったわけです。節度使たちは、地方の政治・経済を押さえ、軍閥として自立し始めます。300年の栄華を誇った大唐王朝も、こうした軍閥の頭領によってあっけなく滅ぼされてしまいます。以降、軍人による王朝が建てられますが、軍人が政治を行ったために安定せず（武断政治）、数代で滅亡する短命な王朝の興亡が繰り返される混乱の時代となってしまいます。この時代に華北に建国された五つの王朝（五代）と周辺の十を数える国（十国）を合わせて五代十国と呼びます。

五代は後梁、後唐《こうとう》、後晋、後漢《こうかん》、後周と続きますが、中でも後唐の滅亡から後晋の建国にかけて、この先、中華の歴史が北方民族に苦しめられる、そのきっかけを与えてしまいます。

混迷の始まり

五代のうち、後唐の武将であった石敬瑭《せきけいとう》は、節度使として北方の契丹《きったん》族に対する防御にあたっていました。彼は君主に反感を抱いており、謀反を企てます。しかし、彼の軍閥としての勢力は小さく、とうてい君主に刃向かう実力はありませんでした。そこで、石敬瑭は目の前にいる契丹族の力を借りることにします。本来なら敵対している相手と取引をしたのです。筋書きは、契丹族から騎兵を借りて一気に後唐を滅ぼし、石敬瑭が新しい天子となる、その代償として、契丹族には領土と謝礼、さらに毎年貢ぎ物を贈って属国の礼をとる、というものでした。その頃、契丹族は国力をもてあましていたため渡りに舟とばかりに応じてきます。こうして石敬瑭は異民族の兵力を利用して後唐の君主を打倒、新たに国号を晋と改めます。これが後晋です。

さて、代償として割譲した土地は、万里の長城以南の土地、現在の北京や大同を含む「燕雲十六州」と呼ばれた地域でした（図48）。この地は石炭や鉄鋼を産出する要地。それだけではな

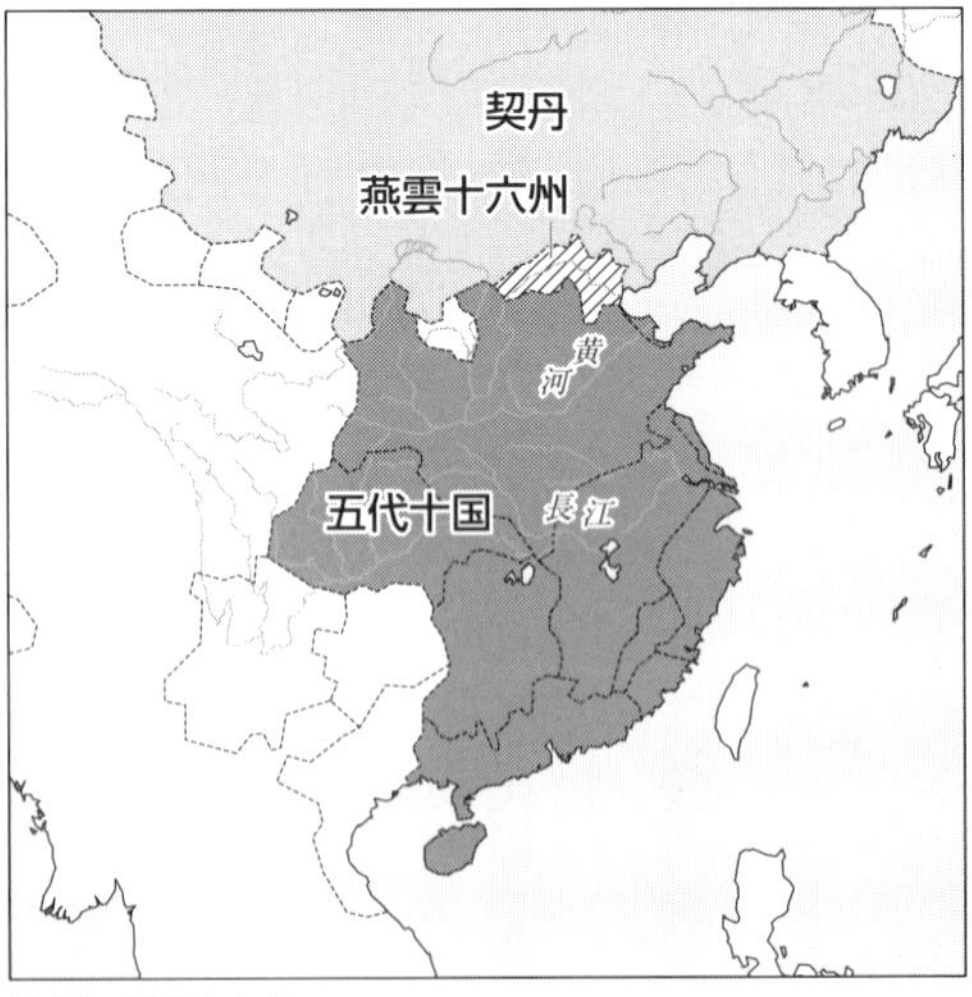

図48：燕雲十六州

く、なんといってもここは万里の長城以南の土地です。万里の長城は北方民族の侵入を防ぐためのものですから、それ以南の土地を割譲してしまっては奪還が非常に困難になります。この決断が、実はこれからの中国が北方民族の侵入に苦しんでいくことになる最大の要因となったのでした。中国人が燕雲十六州を取り戻すのにかかった年月は、実に４００年に及びます。その間、中国は、中華の一部、あるいはその全土を北方民族に支配される混迷の時代となってしまったのです。

第3章❖中華と北方の攻防——宋と元・明と清

本章の目次

第3章では「中華と北方の攻防」を主題として歴史の歩みを見ていきましょう。北方の遊牧民族が侵入を繰り返すことで、中華は混迷の時代に突入します（左図）。

唐末五代の混乱を収拾したのは宋です（北宋）。しかし、北方の遊牧民族の脅威を抑えることができません。結局、華北は異民族（女真族）に奪われ、再び漢民族は江南に移住を余儀なくされます（南宋）。華北のさらに背後では遊牧民族たるモンゴル民族が勢力を拡大、いよいよ中華の全土が征服され、元が建てられます。

元の支配が揺らぐと、モンゴル民族を撃退して漢民族が中華を回復することに成功、明が建てられます。明は300年間の支配を実現しました。しかしながら、明の衰退に乗じて、再び北方の異民族（満州族）が侵入して全土を支配してしまいます。これが最後の中華帝国といえる清です。中国の王朝体制もいよいよ爛熟の時期を迎えます。

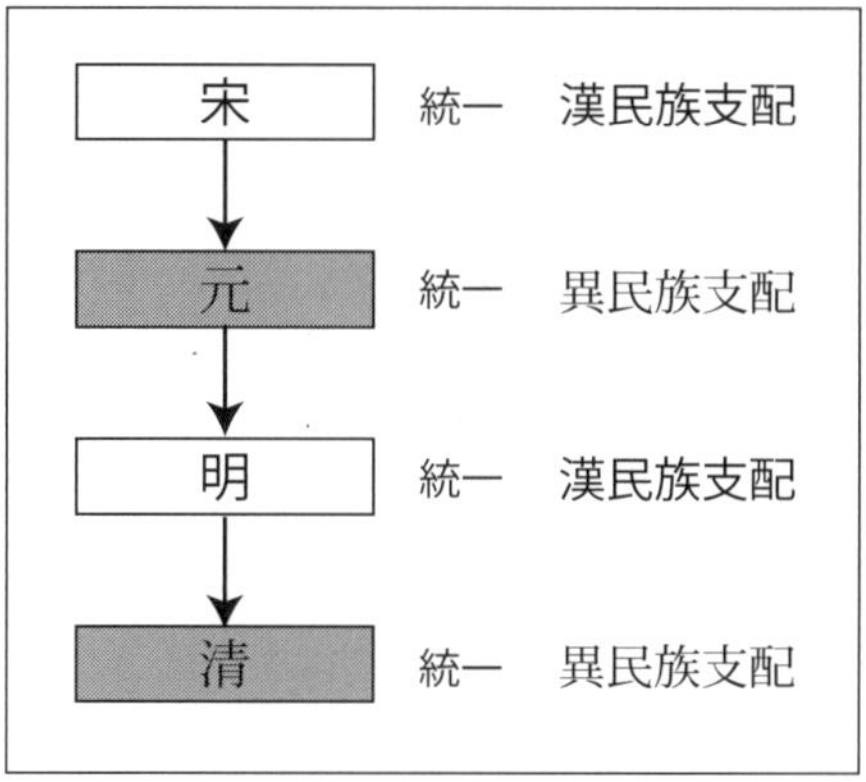
宋
統一　漢民族支配
元
統一　異民族支配
明
統一　漢民族支配
清
統一　異民族支配

第6幕

宋と元——軟弱な中国・残虐なモンゴル

宋の太祖は介冑《かいちゅう》の中より起こる

五代が「分裂の時代」だったのに対して、宋朝は「統一の時代」となります。けれども、宋の太祖は介冑より生まれる、宋祖となる趙匡胤《ちょうきょういん》（図49）も同じように軍人として台頭した人物でした。

五代の頃、中国は北方民族（契丹《きったん》族）に万里の長城の南に位置する燕雲十六州を奪われ、しばしば侵略を受けていました。五代の最後の王朝たる後周が建国されると、五代の中でも第一の名君とされる世宗《せいそう》（第二代）が即位、彼の元で、趙匡胤は才を見出され軍の総司令官に上りつめました。世宗は、燕雲十六州の奪回を目標に掲げ、趙匡胤とともに天下統一へと乗り出します。しかしながら、その矢先に世宗は39歳の若さで病死してしまいます。第三代に即位したのは7歳の幼

図49：趙匡胤

い恭帝。無論、この幼い皇帝が国を率いていくことは困難でしょう。

こうして、家臣たちに不安が漂う中、幼帝は総司令官の趙匡胤に北方民族の討伐続行を命じました。

陳橋《ちんきょう》の変

その日、趙匡胤は、幼い皇帝（恭帝）の命を受け北方民族の討伐のために進軍していました。疾駆する馬上、彼の頭にあったのは北方民族との戦のことではなく今後の天下の行く末。趙匡胤は口を真一文字に結んで考えていました。天下のために、自分はどうすればよいのだろうか……結論の出ないまま、騎馬隊は新帝擁立劇の舞台となる、陳橋へと到着します。

その夜、趙匡胤は深酒をあおりました。決して口には出さなかったものの、彼は決断を迫られていたのです。天命に従うのか否か。幕営にてひとり、趙匡胤は酒とともに眠りについてしまいます。その一方で、重臣たちは、趙匡胤の擁立に向けた計画を水面下で進めていました。

どれくらい時間が経ったのか、趙匡胤がふと目を覚ますと幕の外に人の気配を感じます。起き上がってみると、人影が話し始めました。

「**諸将主《あるじ》無し、願わくは大尉を策して天子と為さん**」（『十八史略』）

（兄上、今日は兄上を天子とならしめるために参りました）

趙匡胤がゆっくりと外に出ると、弟の趙匡義《ちょうきょうぎ》と将校たちが殺気立った表情で立っており、後ろには兵士たちが跪いて控えていました。彼は、かがり火に照らされた人々の顔を見渡します。そして部下たちに覚悟を問いました。すると弟は、もし自分が断れば自刃する覚悟がある、と。趙《ちょう》匡胤《きょういん》はしばらく目を閉じると、天を見上げました。彼は天命を感じていたのです。その空気を充分に吸い込むと、彼は問います。

「我號令《ごうれい》する有り、爾《なんじ》能《よ》く従《したが》ふか」（『宋史』）

（私が命令すれば従うのか？）

将校たちは頷きます。事前に準備されていたのか、皇帝の着る黄袍《こうぼう》（黄色い衣装）が持ってこられ、それを将校の一人が大きく広げて趙匡胤の肩にかけると、兵士たちから万歳の声があがります。どよめきを制したのち、新皇帝は強く言います。

「太后、主上、吾皆北面して之に事ふ。汝輩驚犯することを得ず。大臣皆、我に比肩すれば、侵凌するを得ず。朝廷の府庫、士庶の家、侵掠することを得ず。令を用ゐれば重賞有るも、違ふれば即ち汝を孥戮《どりく》す」（同書）

（ただし、約束してほしい。太后と幼帝、重臣たちを犯してはならない、そして国庫からも庶民からも略奪は

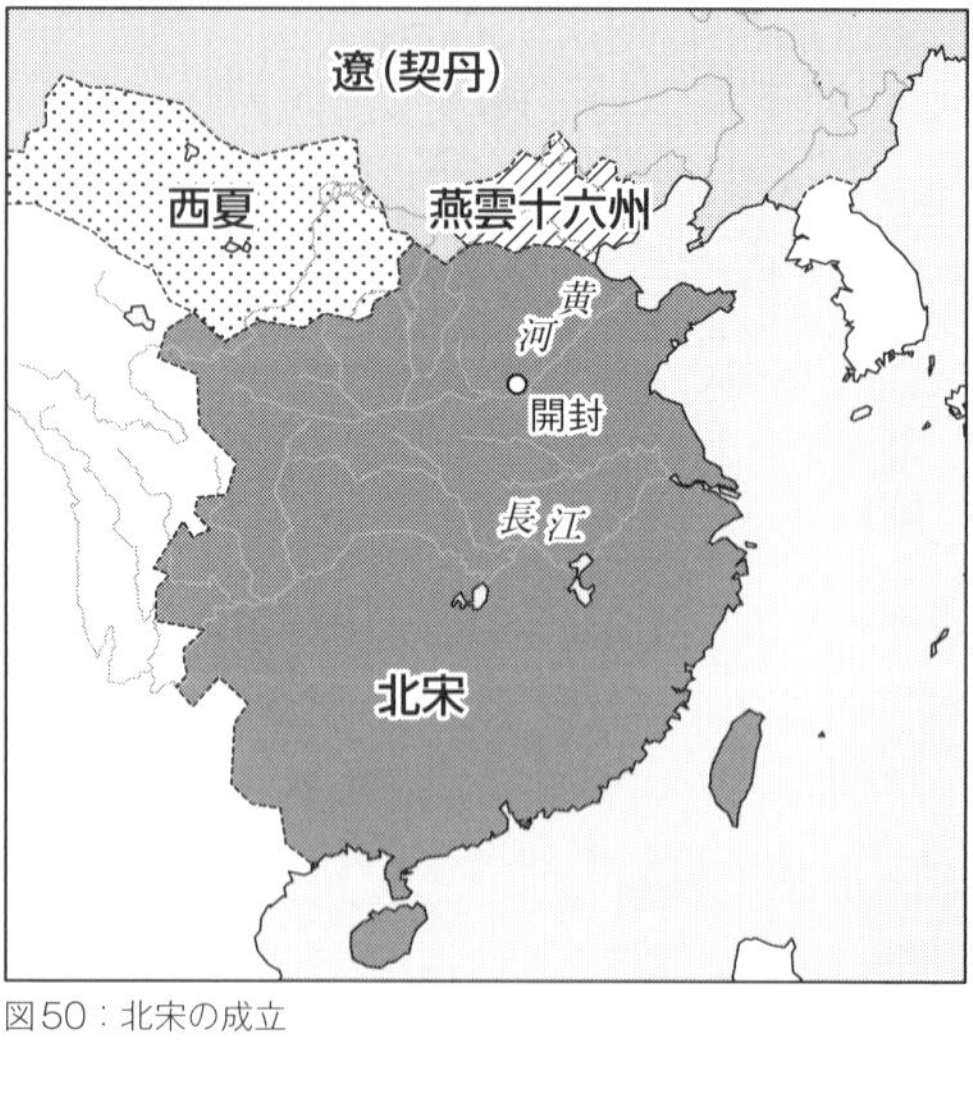

図50：北宋の成立

料金受取人払郵便

牛込局承認

9185

差出有効期間
2021年7月2日
まで

(切手不要)

郵便はがき

1 6 2-8 7 9 0

東京都新宿区
岩戸町12レベッカビル
ベレ出版

読者カード係　行

お名前	年齢

ご住所　〒

電話番号	性別	ご職業

メールアドレス

個人情報は小社の読者サービス向上のために活用させていただきます。

ご購読ありがとうございました。ご意見、ご感想をお聞かせください。

● ご購入された書籍

● ご意見、ご感想

● 図書目録の送付を　□ 希望する　□ 希望しない

ご協力ありがとうございました。
小社の新刊などの情報が届くメールマガジンをご希望される方は、
小社ホームページ（https://www.beret.co.jp/）からご登録くださいませ。

許さぬ！）

かくして新しい時代を担う新帝擁立劇は完結しました。翌朝、趙匡胤を先頭に、軍は都に向けて凱旋。恭帝の禅譲を受けると、趙匡胤は正式に皇帝に即位します。宋の成立です（北宋・図50）。

趙匡胤は軍人であり、その意味では五代という「武の時代」の人間と変わりません。中国を安定に導くには、武から文へと、価値の転換を図らねばなりませんでした。

中国の試験――文の時代

宋の太祖は科挙を完成させます。当初、中国の官吏任用制度は推薦によるものでした（漢の武帝が始めた郷挙里選《きょうきょりせん》など）。隋の文帝が初めて科挙を導入して筆記試験に切り替えましたが、科挙官僚は高級官職に就くことができず、貴族が権力を握っていました。しかし、宋の太祖は科挙を完成させ、全ての官僚を科挙で選出、そして、軍人の力を弱めて文官の力を強める体制を整えていきました。「武の時代」から「文の時代」へ、いわばスポーツの時代から勉学の時代へと転換させたのです。

宋の科挙試験は3科目、すなわち経義・詩賦・策論がありました。経義は儒教の経書の解釈を問うものなので、哲学にあたります。詩賦は古体の韻文で、詩をつくらせるため、文学にあたります。そして、策論は政治の問題について意見を求めるもの、ほとんどの場合は史実に例証を求めて立案するので、史学にあたります。要するに、人文学の枠組みである「哲史文」が全人的な教養として試されたのです。

宋の科挙試験は3段階。まずは地方で行われる州試。不正行為を摘発するために徹底した身体検査が行われます。カンニングの例として、数十万字が書かれた下着が現代まで残されています。検査を通過すると、独房のようなところへ入れられ、3日間にわたって試験が続きます。睡眠も食事も自由にとることができました。州試に合格すると、中央で行われる省試を受験します。この段階で、倍率は100倍を超えたといいます（清代の記録）。

太祖は、これらに加えて、皇帝自らが行う殿試を導入しました（図51）。試験官の買収が発覚したためです。殿試は、就職活動における役員面接のようなもので、皇帝が直々に合格を言い渡すことは官僚たちの忠誠心を上げる絶大な効果を生みま

図51：殿試

した。

ちなみに、3段階の試験で全て首席となった者は三元と呼ばれ、麻雀の役満の大三元《ダイサンゲン》はここに由来しています。また、中国人の四つの喜びは、①恵みの雨、②友人との再会、③新婚初夜、④科挙合格、とされ、同じく麻雀の役満の四喜和《スーシーホー》はここから来ています。

こうして、太祖は、軍人たちではなく文官たちが活躍する時代へと転換させました。同時に皇帝による王朝体制も完成に至ります。さて、ここでもう一度、中国の人々が価値を置く「政治」について見直してみましょう。

中国の見方13

中国の統治は「エリート」が行い、「大衆」が覆す

中国は「広く」、さらには人口の「多い」地域です。これは、先述した、教師が皇帝、TAが官僚、そして生徒が農民というクラスの例でいえば、大教室の大人数クラスといえるでしょう。そんなクラスが学級崩壊を起こせば大変なことになります。寝る者、騒ぐ者、歩き回る者、弱い者いじめをする者などが相次いで、少人数クラスの学級崩壊とは異なり、大変なことになって収拾がつきません。あれだけの人数の秩序を維持するには、どうしても「法（力）」が必

要になり、中国の社会は力を「行使する者」と「行使される者」という、いわば「エリート」と「大衆」に分けられることになります。宋代の中国でいえば、皇帝を頂点に科挙官僚が「エリート」、農民が「大衆」、現在の中国でいえば、共産党総書記を頂点に共産党員が「エリート」、そして人民が「大衆」でしょう。

ただし、ここには、莫大な数の中国人民は「大衆」なので秩序の維持を担えない、という前提があります。中国の統治体制が、自由・平等を前提とする民主主義と相容れないのは、こういった歴史から生まれた前提と、国土の「広さ」と人口の「多さ」という現実の問題がありますす。ただし、これまで見てきたように、そしてこれからも見られるように、中国の行く末を決定するのは常に「農民反乱」（中国の見方9）、すなわち「大衆」です。

◉中国の統治は「エリート」が行い、「大衆」が覆す

さて、宋朝を語るには経済の発展について触れる必要があるでしょう。この時代、中国商人も海の道への参入を果たし、その視野を海の向こうの東南アジアからインドへと広げていくことになりました。

経済の飛躍――金の時代

宋は、隋の煬帝《ようだい》が建設した運河の恩恵を受けて空前の経済発展を実現します。宋代は「文の時代」ですが、「金の時代」でもあったのです。背景には次のような変化がありました。

第一に、統一と平和があります。五代の時代には、江戸時代の諸藩のように、土地に適した産業が奨励されたため、各地に産業が生まれました。ところが、国家が分立していると、商品の流通は阻害されて発展が制限されてしまいます。これを取り除こうとする商人と、天下を統一しようとする君主とは、利害を一致させ、君主は商人を保護、商人は君主に財政援助を行うという形で手を組み、両者の同盟のもとで中国の統一は実現しました。各地の産業は全土に販路を広げ、急速に発展します。利益を増大させるためには、コストを抑えながら生産量を増やし、品質を改良していく必要があります。それは分業を生み、生産品目の分業が地域ごとに行われるようになります。長江下流の平野では米の生産、江南の山地では茶の栽培、陶土や燃料に恵まれた江西の景徳鎮では製陶業が発達しました。

第二に、都市に自由が与えられたことが挙げられます。宋の都、開封《かいほう》はそれまでの都とは大きく異なりました。唐代までは、都市は政府によって管理され（政治都市）、政府が都市を区画整理（坊制）し、さらに営業の時間と場所に制限がかけられていました（市制）。それは、区画された道路とビルが立ち並ぶ東京丸の内のような様相を呈していたことでしょう。しかしながら、宋代になると、諸々の制限は廃止されて都市は自由を手にします（経済都市）。道路の両側には商店や出店が立ち並び、城内全域が市街となって、さながら東京浅草の繁華街のような賑わいを見せ始めました。

第三に外国との貿易の発達があります。陸からはウイグル人の隊商が、海からはイスラーム商人が続々と訪れ、中国の絹織物や陶磁器を求めました。また、唐代は、こうした外国商人を受け入れるだけでしたが、宋代には、中国商人もイスラーム商人の活躍する海の道へと参入して、東シナ海や南シナ海での交易を行うようになります。

なお、こうした経済力や生産力の向上を背景として実用的な文化の発展も見られました。火薬・羅針盤・木版印刷術といういわゆる三大発明が登場。特に木版印刷術は、後漢の時代に既に中国で発明されていた製紙技術と合わさって、書籍の発行を可能にしました。それは、受験参考書を生み出し科挙試験を支えました。

宋の都である開封《かいほう》のにぎわいは『清明上河図《せいめいじょうがず》』に生き生きと描かれています（図52）。ここで、開封の街の様子を見てみましょう。

開封の街を歩く

宋の都、開封。ここは毎朝4時になると、各所の城門、城内の関門がいっせいに開かれ、城の内外から続々と人々が集まってきます。中央には寺があり、毎月5回市が立ちます。広い境内は見渡す限りの人の海、広場にはところ狭しと店舗が建ち並び、敷物、籠、桶などの日用品から弓や剣などの武器まで手に入らないものはありません。宋代に初めて商品として登場した書籍や玩好《がんこう》、図画、筆墨なども並べられています。あるいは犬猫や珍獣、あらゆる種類の愛玩動物も売りに出されます。街中では、地方から職を求めて上京した者や無職の若者、10日に1回休みをもらえる官僚や軍人の姿も見られます。こうした暇を持て余す人々には娯楽が提供されました。瓦市《がし》と呼ばれる歓楽街では講談や手品、曲芸、影絵などが催されて観客を喜ばせます。

夜になると、居酒屋では日頃の憂さ晴らしをする飲兵衛たちが集い、飲めや歌えやの宴会です。敷居をまたいで中に入ると、呼ばなくても婦人が酒を注ぎ、あるいは男がやってきて用はないかと訪ねてきます。また大道芸人が歌を歌い出すとチップを払うまで歌い続けます。ここではあらゆる娯楽を金で買うことができました。

宋朝は、商業活動から得られる税金と、塩や酒の専売によって莫大な利益を得ることができました。こうした金で買えないものはない時代にあって、宋朝は平和をも金で買うことになります。

図52：清明上河図

平和をも金で買う

宋朝には大きな弱点がありました。「武の時代」から「文の時代」、そして「金の時代」へと転換したことで、泰平の世となり豊かになったものの、軍事力が弱体化してしまいます。そこを衝いて北方の遊牧民族が侵入してくると、宋朝は金で平和を買うしかありません。言ってしまえば、宋朝は中国の歴史のうえで最も情けない時代となってしまったのです。

最初に北方の遼（契丹《きったん》族）（図53）が攻め込んできます。五代の時代に万里の長城以南の燕雲十六州を獲得した勢力です。三代目の真宗は遼と和約を結び（澶淵《せんえん》の盟）、遼に対して毎年蚕を20万匹、銀10万両を支払うことになりました。それでも、宋の国力からすればそれも大した額ではなく、以降両国は平和を維持して中国の経済は大いに繁栄を続けました。次に西北の西夏（図53）が侵入してくると、四代目の仁宗はやはり和議を結び（慶暦の和約）、毎年蚕を13万匹、銀5万

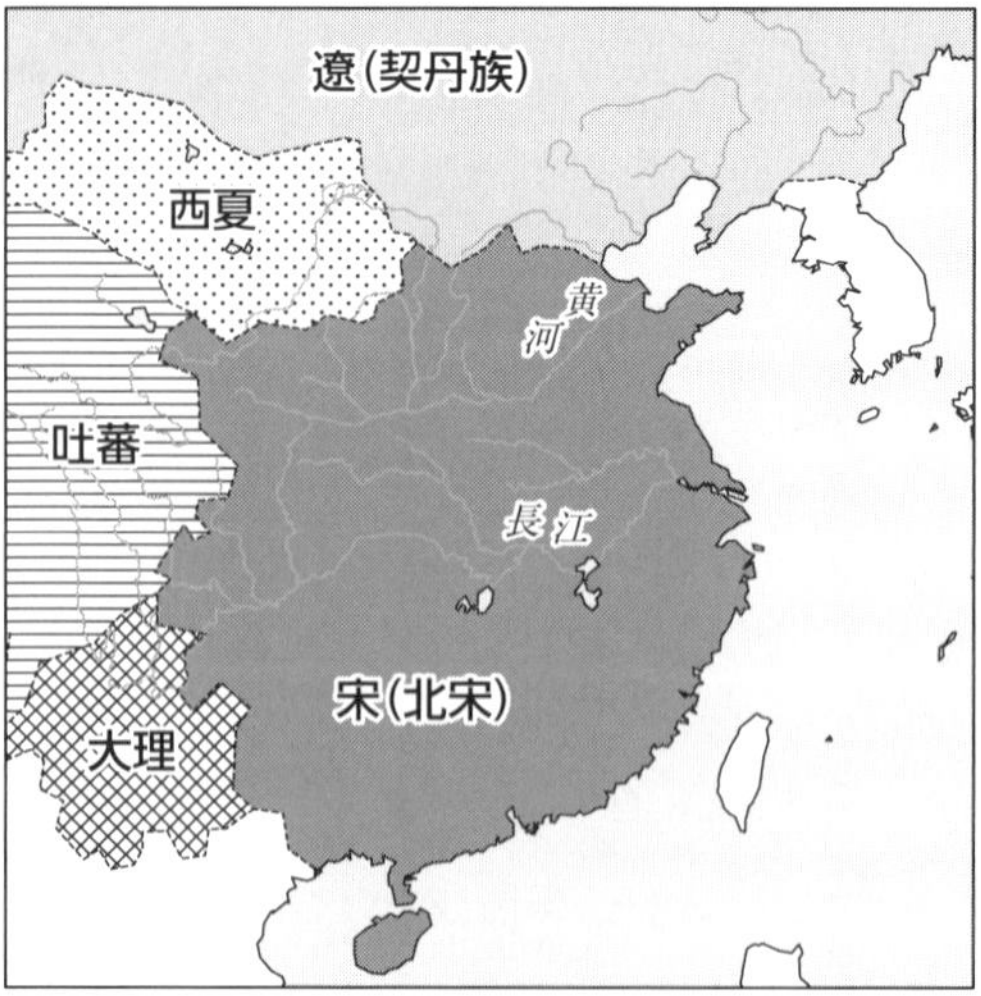

図53：北宋と周辺諸国

両、茶2万斤を支払うことで妥協しました。

これら二つの和議によって周辺との安全保障が確立、国境の治安は安定して国内の政治も充実するようになります。しかしながら、平和のためにかける歳賜費《さいし》も馬鹿にはなりません。平和が実現したといっても国境に配置する警備兵を減らすことはできず、軍事費も相変わらずかさみます。さらに、増大した官僚に対する俸給が、中央集権体制に対する人件費として大きくのしかかってきます。一方で、経済が繁栄すれば貧富の格差が拡大することは必然、政治とカネの問題も表出して、社会の矛盾も明らかになり始めました。

「金の時代」を誇っていた中国も金をめぐって大きく揺らぐことになったのです。20歳で即位した若き天子、六代目の神宗《しんそう》は大改革に乗り出します。命を受けたのは王安石《おうあんせき》でした。

斬り込む王安石

中国に限らず、財政困難への対処は、国の人材の優劣を浮き彫りにさせます。無能な君主、参謀たちでは、重税という最も単純な方法しか打ち出せませんが、優秀な君主、参謀がいれば、収支のバランスを整えるため、必ず統治機構や社会の矛盾に対して改革を行うものです。宋朝が財政再建改革に乗り出したということは、この国にもまだ人材が残っているということでしょう。

改革の先頭に立ったのは王安石(図54)。父は地方官僚でしたが、彼の家は家族が多く、決して豊かとはいえませんでした。王安石《おうあんせき》は22歳で科挙に合格すると、家族を養うために官僚として活躍します。折しも、社会矛盾が顕著になってきた時、王安石は「万言書」という上奏文を提出して改革を訴えました。彼は文筆家としても名を残すほどの人物です。この上奏文は千古の名文として知られ、そこにはこう記されています。

「天下の力に因りて、以て天下の財を生じ、天下の財を収めて、以て天下の費に供せん」（『宋史』）

（天下の力を合わせて天下の財を生み、天下の財を取って天下の費用に用いるのです）

彼は後に神宗《しんそう》の信任を得て、新法と呼ばれる改革を断行します。では、宋朝が抱えていた問題は次の通りでした。

図54：王安石

題を整理しましょう。まず、財政困難の原因は次の通りでした。

- ◉**歳賜《さいし》費　安全保障のための費用**
- ◉**軍事費　安全保障のための費用**
- ◉**人件費　中央集権体制を支えるための官僚に対する俸給**

そして、こうした問題を生み出すそもそもの原因は、次のようになります。

◉「文の時代」により軍事力が弱体化

◉「文の時代」により官僚層が肥大化

さらに、経済発展による新たな社会問題もありました。

◉大地主・大商人による、中小の農民・商人の搾取

そのうえ、この大地主・大商人の多くが科挙官僚であり、さらに彼らは多くの特権を認められていました。したがって、いずれにせよ、この改革は既得権益を持つ科挙官僚らに斬り込んでいかなければなりません。王安石は越えてはならない一線を越えての改革を断行する必要があったのです。

立ちはだかる司馬光《しばこう》

王安石の改革の前には司馬光（図55）が立ちはだかりました。彼は、三国志の時代に諸葛亮とわたりあった司馬懿《しばい》の弟の末裔です。家柄は良く、代々科挙官僚を輩出している名門の家系、

幼少の頃より神童として知られていた人物です。7歳にして難解な歴史書である『春秋左氏伝《さしでん》』を理解し、家の者に講義をしていたといいます。そして、自身も歴史家となって『資治通鑑《しじつがん》』を残しました。司馬遷《しばせん》の『史記』と司馬光《しばこう》の『資治通鑑』は、中国の二大史書といえます。

　司馬光は大商人・大地主の意見を代弁して強硬に反対します。これに対して王安石《おうあんせき》は譲歩したにもかかわらず、司馬光は真っ向から反対を続けます。王安石の改革（新法）を支持する者たちは新法党《しんぽうとう》、それに抵抗する司馬光を中心とする者たちは旧法党《きゅうほうとう》と呼ばれ、激しく激突しました。結局、大旱魃が起こったとき、「これは新法に対する天の怒りである」との訴えを受け、神宗《しんそう》も声を無視できなくなり、王安石は左遷されてしまいます。のちに復職しますが、息子の死もあり、王安石はついに力つきて自ら辞職を余儀なくされました。

　1085年、神宗が死去、翌年には王安石もこの世を去ります。新たに哲宗（第七代）が即位すると、宰相には司馬光が抜擢されますが、その司馬光も半年で亡くなります。結局、新法をめぐって二人の逸材が衝突したものの、結果を残せないまま、共に歴史から、宋朝から、姿

図55：司馬光

を消してしまいました。残ったのは烏合の衆。新法党と旧法党が勢力争いを繰り広げ、宋朝は国力を落としていきました。こうなってくると、あとは暗君と佞臣《ねいしん》の登場を待つだけでしょう。

風流天子、徽宗《きそう》

哲宗はもともと病弱であったため、在位15年、わずかに15歳で亡くなると、弟が即位します。風流天子と呼ばれた八代目の徽宗です。書家として名高く、画家としての才も突出しており、美しく独特な書体を創出するとともに、花鳥を巧みに描いた『桃鳩図《とうきゅうず》』という傑作を残しています。彼は古今の名人書画を集めて芸術を奨励、中国美術史上の黄金期を現出しました（宣和時代）。徽宗は君主という立場でなければ、その名を貶めることなく歴史に記録されていたかもしれません。しかし、彼は天子という立場に溺れ、天下万民を犠牲にして自らの風流な生活を求めました。

ある時、徽宗は庶民の楽しみを味わいたいと言い出し、天子の服を脱いで庶民に変装、二人の大臣を連れて花街に繰り出します。無論、天子にとっては全てが物珍しく、たちまち心を奪われてしまいました。ふと目に留まったひときわ立派な邸宅を訪れてみると、絶世の美女に出会います。何者かと大臣に聞いても誰も知らず、向かいの飲み屋で問うと、それは有名な芸者で、李師々《りしし》という名だということがわかりました。座敷に上がった天子は、李師々に自分が天子であることを打ち明けると、彼女は肝をつぶして徽宗を狂人と思い込み通報してしまいます。

たちまち、200名の警察官が邸宅を取り囲む事態に発展。二人の大臣は警察官を叱りつけ場をおさめると、ようやく酒宴が始まり、そのまま徽宗《きそう》は李師々《りしし》と一夜を共に過ごしました。徽宗にとってはめくるめく楽しい夜だったはずです。けれども朝になると文武百官の挨拶を受けなければなりません。天子は後ろ髪を引かれつつ宮廷へと帰っていきました。

実は、李師々には警察官である情夫がいました。けれども相手が皇帝ではどうにもなりません。それでも情夫がこっそりと出した手紙が天子の手に渡ってしまい、死刑になりかけますが、諫言《かんげん》によってなんとか命を助けられることになりました。その後、李師々は皇后に準ずる明妃《めいひ》という地位にまで上りつめます。

徽宗が自らの無軌道ぶりに気づいて彼女を手放したのは、宋が滅亡する直前のことでした。この天子と一警察官が情婦を取り合うというエピソードは、フィクションを交えた講談の一部ですが、それでも首都開封《かいほう》の空気と徽宗の放蕩ぶりをよく表わしたものといえるでしょう。

その頃、北方では宋朝を脅かす新たな動きが生じていました。それは、北方民族による中国全土の支配という悪夢につながる激動です。けれども、それを読み取ることは徽宗には到底できるはずもありませんでした。

宋の背信と金《きん》の侵入

北方では、宋と同様に遼も国力を落としていました。これに乗じて、遼に服属していた女真族が反乱を起こして金を建国、急速に力をつけ始めていました。徽宗らはこの動きに注目します。金と連合すれば、五代以来、北方に奪われたままとなっている燕雲十六州を遼から奪い返せると考えたのです。中国に古くからある「夷をもって夷を制する」策です。宋は金との間に盟約を結び（海上の盟）、遼を挟撃して分割、宋が燕雲十六州を取得することが取り決められます（図56）。

しかし、いざ開戦となると、宋の弱体化した軍事力では思うように遼を攻略できず手こずります。結局、金の兵力をもって遼は滅ぼされ、燕雲十六州の一部が宋に引き渡されることになりました。あまりに情けない結果となったわけですが、金を北方の蛮族と見なしていた中華の誇りの高さはいっぱしのもので、この結果に対して宋は金に充分な謝礼を支払いませんでした。しかも、遼の残存勢力と

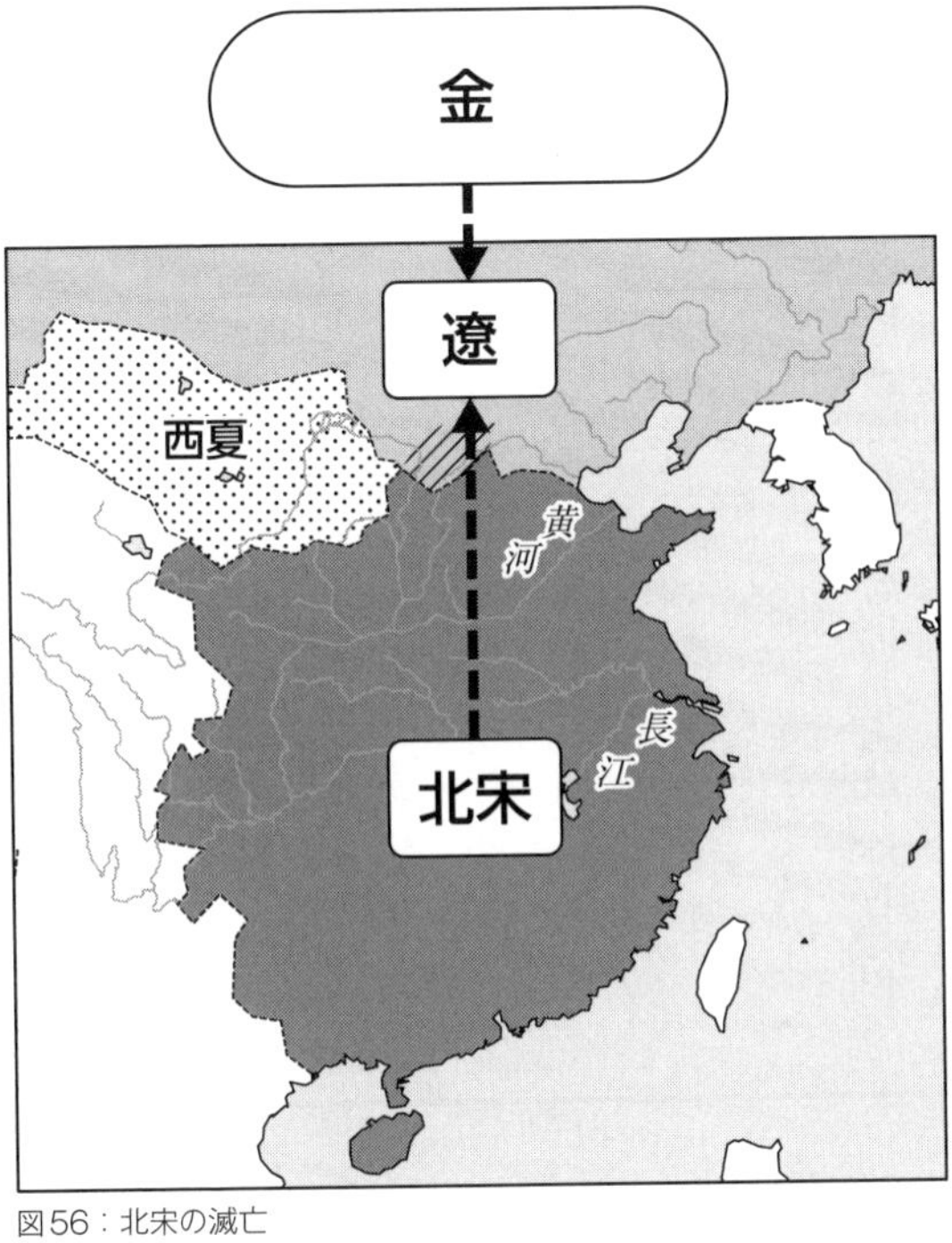

図56：北宋の滅亡

結んで金を牽制するなど、礼を尽くした金に対して背信行為を繰り返していきます。これに怒った金は宋を徹底的に叩くことを決断します。

金軍は大挙して二方面から侵入してきます。その日暮らしの贅沢を楽しんでいた徽宗《きそう》は、金軍南下の報せにあわてふためき、帝位を息子の欽宗《きんそう》に譲って逃げ出す準備を始めました。九代目として即位した欽宗は26歳。難局に対処する術など持ち合わせていません。国内では主戦派と講和派が意見を戦わせて大混乱。収拾がつかないまま、宋は和睦を結びつつ攻撃を仕掛けるというどちらともつかない態度に終始します。怒った金は開封を攻め立て、徽宗と欽宗のみならず、后妃や皇族、官僚たち数千人を北方に連れ去り、同時に宮中に眠らせていた財宝、徽宗が長年をかけて集めた書画作品などを根こそぎ持ち去っていきました。１１２６年の11月のことです。

華北はまだ寒い日が続いていました。二人の皇帝は牛に引かれた車に乗せられ、住みなれた都を後に、北方の満州の奥地へ運ばれていきました。贅沢の限りを尽くした二人に課された自活の虜囚生活。南の方を眺めては故郷を懐かしんだはずです。彼らはこの地で生涯を閉じることになりました。これが宋朝を北宋と南宋に分かつ事件、靖康《せいこう》の変です。この変の際、都にいなかった欽宗の弟は南部に逃れ、江南にて宋朝の再興を図っていました。

中国の見方14

中国の政府は「権力」に関して巧み2（「権力」を「対立」によって掌握）

中国の伝統として「夷を以て夷を制する」という、主に外交で展開される政策があります。金を利用して遼を倒す、つまり敵を使って敵を退ける、というもので、『孫氏の兵法』でもいわれている「戦わずして勝つ」というものでもあります。

二つの勢力を対立させる、すると攻撃の矛先が自分からそれるため、安全を確保できるとともに、二つの勢力を疲弊させ、相対的に立場を高めることができます。「対立」から「権力」を握る、ことができるのです。これを応用すれば、ローマ帝国や大英帝国の行った「分割統治」にもなります。

◉中国の政府は「権力」を「対立」によって掌握する

例えば、ビジネスの場で考えてみましょう。自分は商品開発プロジェクトのリーダーです。しかしながらチームの雰囲気は悪くアイデアも出てきません。やがて不満の矛先がリーダーに向き始めます。そこで、チームのメンバーを二つに分けて競争（対立）させるのです。不満の矛先（攻撃の矛先）は自分からそれ、相対的に自分の立場は高まります。あるいは、あまり気持ちのいい例ではありませんが、浮気が発覚した際に恋人に浮気相手を攻撃させて抑える、などは巷でもよく見られることでしょう。

現在、中国がアメリカやロシアに対して展開している外交政策にもそういった伝統の戦略を見てとることができるはずです。

宋の再興――憂国の士、岳飛

欽宗《きんそう》の弟は江南に逃れ、高宗を名乗って宋を再興、宋朝の命脈は途絶えてはいませんでした（南宋・図57）。しかし、宋の一族が南部で自立したと聞いた金《きん》は追撃します。高宗は各地を点々と逃れ、命からがら杭州の臨安《りんあん》に落ち着き、正式に首都と定めました。

宋は中国の歴史でも最弱の軍隊、弱腰の外交、およそ中華の思想からはほど遠い性格を持っていましたが、ここにきて中華の歴史に相応しい人物が登

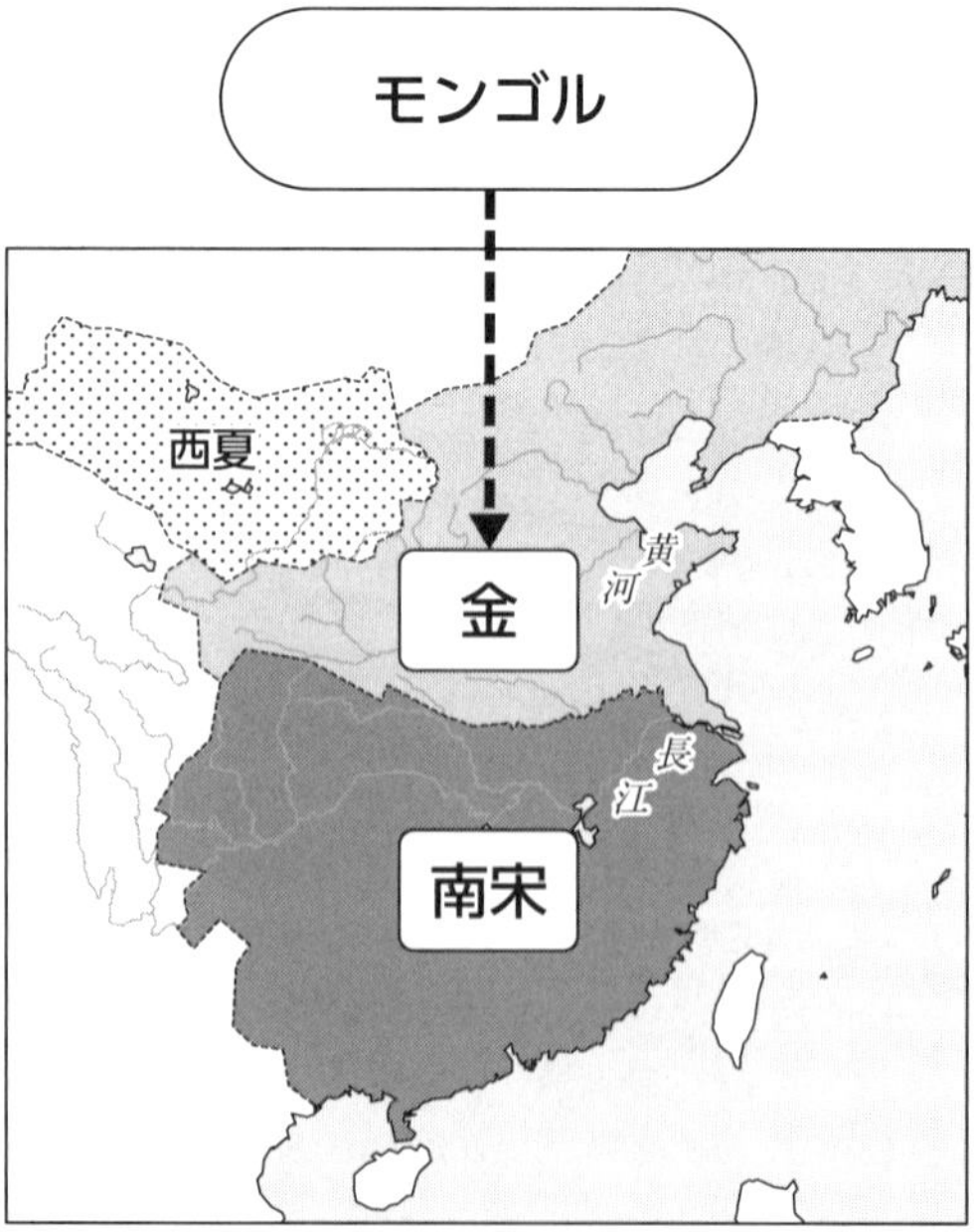

図57：南宋の成立

場します。岳飛です。彼は、現在の中国でも多くの尊敬を集める人物です。

岳飛は農民の家に生まれ、誕生の時に一羽の白鳥が飛び去ったことから名に「飛」の字が与えられました。幼くして父を亡くしたため、母の手によって育てられます。『春秋左氏伝《さしでん》』などの歴史書、『孫子』『呉子』といった兵法書を読み、あらゆる武芸を身につけて、左右いずれでも弓が引ける文武両道の若者として育っていきます。背中には、亡くなった父の訓戒「尽忠報国（忠義を尽くして国に報いる）」という4文字の刺青が彫られていました。

21歳の頃、岳飛は開封《かいほう》を防衛する将軍のもとで頭角を現します。大挙した金軍によって宋軍は敗走に敗走を重ねるなか、岳飛の率いる私兵集団が獅子奮迅の活躍をします。岳飛は文官によって押さえつけられてきた弱体な宋軍ではなく、同郷の私兵たちを集めて戦い、6戦して6勝、いままで蛮族に負けっぱなしだったはずが、突如として中国が金軍をねじ伏せ出します。岳飛は強さだけでなく優しさも備えた人物でした。民衆の労苦をよくわかっていたため、兵士たちに一切の略奪行為を禁じます。散々に打ちのめされ虐げられた中国の人々の目にはまさに救国の士と映ったことでしょう。かつて、どうしたら天下が泰平に治まるかと尋ねられた時、彼は次のように答えます。

「文臣銭を愛せず、武将死を惜しまざれば、天下泰平たらん」（『宋史』）

（文官が金を求めず、軍人が死を恐れなければ、天下は泰平となりましょう）

人々の喝采とともに、岳飛は金軍を追いつめ、開封の奪還も可能かと思われました。岳飛はこのまま時代の精神を覆す人物、すなわち新しい時代を築く英雄となるのか、それとも時代に屈服させられ、時代の狭間で散っていく憂国の士となるのか。残念ながら彼の運命は後者になります。

千古の冤罪

「直ちに黄竜府に抵り諸君とともに痛飲せんのみ！」（『宋史』）
（直ちに金の本拠地を落として酒を飲もうではないか！）

岳飛は河南の地を奪還すべく金軍の主力を粉砕、意気は大いに高まっていました。しかし、ここにきて南宋の首都臨安《りんあん》にいる高宗から召還命令が届きます。聞けば、共に奮戦していた将軍はことごとく本国へ呼び戻され、軍隊を解散させられて隠遁生活を強いられているといいます。水面下では秦檜《しんかい》を中心とする官僚たちによって和平交渉が行われていました。政府からすれば、岳飛の進める金軍討伐は危険な動向であり、また軍閥と化した岳飛の勢力は危険な存在だったのです。またも文官による弱腰！　岳飛は憤り、頑として命令には従いませんでしたが、高宗から1日12回も召還命令が届いたため、無念の慟哭の末に都に戻ることになりました。

都に帰還するやいなや、秦檜は岳飛に謀反の罪を着せて、養子であった息子の岳雲とともに投獄。二人は壮絶な拷問を受けた末に虚偽の自白を強要されてしまいます。筆を持たされた岳飛は次のように記します。

「天日昭昭」（同書）
（天は全てを知っている）

獄中にてすがるものは天だけだったということです。岳飛は息子とともに首をくくられて刑死。まだ39歳です。岳飛とともに戦った将軍の一人は、秦檜につめ寄り、本当に謀反の証拠があったのかと問いただします。

「須《すべか》らく有るべき莫《な》し」（同書）
（必ずしもあったわけではない）

そう秦檜は答えました。これが、「莫《ばく》須《す》有《ゆう》、千古の冤罪」と言われる悲劇です。その後、秦檜を中心に金との間に和平が結ばれ、宋は金に対して臣下の礼をとり、歳貢《さいこう》として銀・絹を送ること、淮河《わいが》を国境とすること、など、屈辱的な内容を受け入れました（紹興の和約）。

後世、岳飛は関羽に並ぶ武勇に優れた人物として敬愛され、関羽の関帝廟と同じように、現在の杭州に岳王廟（図58）が建てられました。そこには、後ろ手を

図58：岳王廟

縛られ、うなだれ、跪く秦檜と妻である王氏の像もあります。訪れた人々は「天道是か非か」という言葉とともに憤るに違いありません。

中国の見方15

中国の人々は「現実」を重視

秦檜夫妻の像のそばには「唾を吐きかけるな」という看板があります。それでも、大人は唾を吐きかけ、無邪気な子供たちは秦檜に対して写真のように振る舞います（図59）。中国人は秦檜夫妻を今も許していないのです。

ここには、中国と日本の間の死に対するとらえ方の違いがあります。日本は死を特別なものととらえる傾向があります。死人に鞭打つようなことは言ってはいけないとか、故人を「仏様」と呼んだりとか、死を神聖なものと思いたがります。しかしながら、中国は死を特別なものとは考えず、生理現象の一つとしてしかとらえません。眠ったり、食べたり、排泄したりすることと変わらないのです。無論、死んだからとい

図59：岳王廟にある秦檜夫妻の像

って罪は消えません。日中の間にある靖国神社参拝の問題の根底にはこういった認識の相違もあるかもしれません。

日本は情緒的ですが、中国は現実的で具体的、日本のように精神性を重視しません。両者のそうした違いは、日本が「和魂洋才」といったのに対して、のちに登場するように、中国が「中体西用」といったところにもよく表われます。中国のそのような特徴は、以前に触れたように、儒教が死後の世界について語らないというところにも通じるでしょう（p137参照）。

◉中国の人々は「現実」を重視する
中国は精神性を重視せず現実的で具体的。例えば、死は生理現象の一つとしてとらえる。

秦檜の整えた和睦によって、華北の金《きん》と江南の宋はしばらく平和を享受して安定します。しかし、中国の北方、金の背後では、モンゴルの勢力が力を蓄え、中国への侵略の機会を窺っていました。次なる危機は既に迫っていたのです。モンゴル民族は、金の背後から金も宋も飲み込んで中国を制圧します。中国は歴史のなかで一度もなかった、遊牧民族による中国全土の支配を許し、歴史はさらなる混迷へと向かいます。モンゴル民族の支配のもとで、中華はユーラシア大陸の「一部」になっていってしまうのです。

中国に目を向けるモンゴル

華北の金、江南の宋（南宋）との間で、秦檜《しんかい》を中心に和議がまとめられたのは1142年のことです。100年が経ち、南宋は臨安《りんあん》を首都として平和と発展を維持していました。北方は蛮族の手に落ちたとはいえ、物資の豊かな南方にいて生活に困ることはなく、100年このかた首都に戦火が及んだこともありません。華夷の区別が強調され、蛮族は蛮族、我々は我々と割り切り、もしもこのまま平和が続くなら望むところ、人々はそう考えていました。しかし、内に閉じこもっていては外の世界は窺い知れません。ユーラシア大陸では馬の蹄の音とともに、激しい殺戮が行われていたのです。そして、そのモンゴル民族の蹄の音は着実に中国へと迫ってきました。

チンギス＝ハンの死後、偉大な父の遺志を次いで、第二代オゴタイ＝ハンが即位、彼は中国の華北へと侵入すると、1233年に首都を陥落させて金を滅ぼします（図57）。この時、モンゴル民族はいったん中国の外へと引き上げました。南宋との間に、華北の領土を侵さないとの約束をしての撤退です。しかし、ここにきて再び宋の違約ぐせが出ます。華北奪還の好機と見なした南宋は、開封《かいほう》や洛陽を攻め落としてしまいます。これに激怒したモ

図60：フビライ＝ハン

ンゴル軍は再度中国への攻撃を進めますが、帝位継承をめぐる内紛や、西アジアに広がるイスラーム世界への遠征もあったため、思うように中国を攻めることができません。それでも、中国西部のチベットや西南の雲南地方はモンゴル軍の手に落ち、じりじりとつめ寄られます。そして、第五代フビライ＝ハン（図60）が権力を掌握すると、モンゴル軍の総力をあげての攻撃が始まり、ついに南宋の首都臨安の前に世界最強を誇ったモンゴル民族の大軍が現れました。

南宋の滅亡――崖山《がいざん》の戦い

時に、南宋では幼い小帝が即位したばかり。実権を握る宰相は専横を極めた佞臣《ねいしん》。多くの将軍や兵士が降伏してモンゴル軍に取り込まれ、政府の要人たちも一人逃げ二人逃げして、方針を立てる人材も責任を取ろうとする人材もいなくなります。今となっては為す術などないことは誰の目にも明らかでした。城を枕に討ち死にを訴える勢力もなくはなかったものの、弱った軍隊ではまともな戦は期待できず、敗れた兵が略奪に走り、そこにモンゴル軍が攻めて来るとなれば国土の荒廃は避けられません。こうして幼い天子と取り巻きは降伏を決意。宋朝は建国から317年、南へ移ってから150年にして滅びました。

中華の理念は完全に滅び去ってしまったのか、否、逆説的ですが、弱体な南宋の最期には光る忠臣が多くいました。主戦論を唱えていた官僚の陸秀夫《りくしゅうふ》と軍人の張世傑《ちょうせいけつ》、そして宰相の文《ぶん》天祥《てんしょう》らは、和平派から分離して、単独で抵抗を続けました。陸秀夫と張世傑は、天子の兄を新しい皇帝として戴き、艦隊を率いて海上に逃れると、宋朝は火徳によって天下をとったとされていたので景炎と年号を決定。中華の炎はまだ消えてはいない！

モンゴル軍の追討を受けて、陸秀夫《りくしゅうふ》と張世傑《ちょうせいけつ》は点々と南へ逃れます。福州から泉州へと落ちのび、裏切りにもあいながら、ついには広州の沖にある崖山《がいざん》という島に辿り着きます。ここが宋朝にとっての壇ノ浦というわけです。遺臣たちはここに要塞と宮殿を構築、1000隻の艦隊を海上に並べ、徹底抗戦の構えを見せました。追手の大将たる張弘範《ちょうこうはん》は張世傑の親戚。幾度となく降伏を勧告しますが、宋軍これに頑として応じず。緊張が続く中、宰相の陸秀夫は未来の名君を育てるべく、従容《しょうよう》として幼帝に『大学』の講義を行っていたといいます。しかし、長い消耗戦に疲弊した宋軍は敗走を始め、絶望した幹部たちは次々に自決、砲撃の音が鳴り響く中、陸秀夫も幼帝を抱いて入水しました。崖山から脱して、張世傑はなおも海上で抵抗を続けますが、暴風雨にあって船と運命を共にしました。これをもって、宋朝は完全に滅亡したのでした。

南宋の滅亡——歴史の光

その頃、宰相の文天祥《ぶんてんしょう》（図61）も、捕らえられて北京の獄中にいました。彼はモンゴル軍が首都臨安に迫り、政府が狼狽する中で宰相に抜擢された人物です。文天祥は和平交渉の際にモンゴル軍に捕らえられていましたが、軍中より脱出して各地で義勇兵を率いて転戦、しかしながら、力つきて再度捕縛されていたのです。彼は、科挙の殿試に第1位の成績で官僚となり、数々の名誉と優遇を与えられた若く才のある忠実な家臣でした。まさに宋代の官僚養成システムの最高傑作ともいえる人物です。モンゴル軍は、崖山の宋軍を降伏させるため、降伏勧告の文書を書くよう求めますが、彼は次の『零丁洋《れいていよう》を過ぐ』という詩をもって拒否します。

人生　古《いにしえ》自り　誰《たれ》か死無からん　丹心《たんしん》を留取《りゅうしゅ》して　汗青《かんせい》を照らさん

（人生は昔から死なない者はないのであって、どうせ死ぬならばまごころを留めて歴史の上を照らしたいものである）

フビライは彼の才を惜しみ、モンゴル民族に協力するよう勧誘を続けますが、文天祥は拒み、一貫して死を求めます。朝廷でも、隠遁させて釈放させてはどうかという意見も出たほどでしたが、再帰を図られても困ります。フビライは泣いて馬謖《ばしょく》を斬ることを決断。文天祥は有名な

図61：文天祥

『正気《せいき》の歌』を残しました。そこでは、正気が存在する限り正義は不滅であるとして、正気に満ちた偉人の功績を列挙、そしてこう締めくくります。

哲人の日已《すで》に遠のけど　典型は夙昔《しゅくせき》に在り

(哲人がいた頃は既に遠い昔だが、人間の模範は昔にある)

風檐《ふうえん》に書を展《ひら》きて讀《よ》めば　古《いにしえ》の道は顔色を照らす

(風が吹く軒で(哲人たちの)書物を広げて読めば、古の道(哲人たちの正気が表現された様)が私の顔を照らしてくれる)

ここには、まさに「中国の歴史」があります。文天祥《ぶんてんしょう》も一つの正気となって歴史の上を照らしているのではないでしょうか。文天祥、南の方角を拝して刑死。47歳。

この詩は日本にも伝えられ、幕末志士たちに愛誦され、藤田東湖や吉田松陰は自作の『正気の歌』を残しました。

パクス・モンゴリカ

13世紀、モンゴル帝国はユーラシア大陸全土に広がり、中国は帝国の一部となりました(図62)。この広大なユーラシア大陸の統一と平和をパクス・モンゴリカといいます。この時代、ヨーロッパとアジアは一体となり、東西交流が活発に行われました。

モンゴル帝国は、陸における交通の編み目を整備して国際貿易を発展させます。これに、モンゴル帝国に編入されなかったユーラシア大陸沿岸地域、言い換えれば、イスラーム商人が活躍した海の道も、そっくりそのまま組み込まれていきました。世界で初めてグローバルに人と物の移動や情報の交換などが行われる世界が生まれたのです。

東西交流によって特に大きな活力を得たのはヨーロッパでした。12世紀、イスラーム世界との十字軍による衝突や、イスラーム商人との貿易によって、知識、情報、技術など、多くの刺激を受けると、14世紀にはパクス・モンゴリカによって東方の情報が流入、ヨーロッパは暗黒の中世を克服するルネサンス（「復活」の意味）を迎えます。キリスト教にとらわれずに、あるがままの人間を芸術に表現、世界を理性によって理解し始め科学を発達

図62：モンゴル帝国

させます。中国起源の三大発明が伝えられると、ヨーロッパ人の手で技術として実用化されていきます。あるいは、マルコ＝ポーロの『世界の記述』がもたらした東洋の様子は、東方への憧れを掻き立て、ヨーロッパ人の目を東方へと向けさせ、15世紀には大航海時代が幕を開けます。ポルトガルは東廻りで、スペインは西廻りで、競うようにインドを目指しました。結果、16世紀にはポルトガルがアジア各地に植民地を築き、スペインは新大陸の文明を征服、広い意味での「帝国」主義の時代へと突入します。こうして、中国の歴史は、ヨーロッパを中心とした歴史へと少しずつ引き寄せられていくのです。

13世紀のモンゴル帝国を中心としたグローバリズム（パクス・モンゴリカ）は、19世紀の大英帝国によるグローバリズム（パクス・ブリタニカ）へと向かっていきます。実は「帝国」の本質には、グローバリズムと共通するものがあるのです。モンゴル帝国はグローバリズムへの道を開いた最初の帝国といえるでしょう。

さて、スケールの大きな話になってしまいましたが、では、モンゴル民族は如何にして中国を統治したのでしょうか。

中国の見方16

中国の歴史は「農耕民族」と「遊牧民族」が担う――遊牧民族の成長

中国全土がモンゴルの手に落ちた時、既に巨大なモンゴル帝国は分裂していました。中国のフビライ＝ハンの勢力は元と呼ばれ、内陸アジアにはオゴタイ＝ハン国、中央アジアにはチャガタイ＝ハン国、南ロシアにはキプチャク＝ハン国、そして西アジアにはイル＝ハン国が分立、モンゴル帝国はそれらの緩やかな連合体となりました（図62）。

遊牧民族には悲しい「末路」があります（中国の見方11）。遊牧民族は軍事力を強みとして各地を征服するけれども、政治は得意ではありません。文化も高度なものは生み出せません。そこで、相手の政治制度や文化を取り入れざるをえなくなります。しかし、それは相手に同化してしまうことを意味しています。征服はしたけれども、結局は吸収されてしまう、という末路です。しかしながら、この頃の遊牧民族はより賢くなり、相手に吸収されない体制を構築し始めます。自らの立場を保持したまま中国を統治しようというのです。こうした王朝を征服王朝と呼び、元や後の清がその代表です。

◉遊牧民族の成長

遊牧民族は征服ができる。そしていつの間にか吸収されている。これを回避するため、農耕民族と遊牧民族を統治し分ける傾向が生まれる。

元は、一般に、モンゴル人を頂点とする民族による序列をつくって政治を行ったとされています。最も冷遇されたのは中国人たちでした。科挙は廃止、漢字ではなくモンゴル文字を採用、儒教よりもチベット仏教を重視しました。とはいえ、モンゴル人は最初のグローバル世界を築いた民族です。最近の研究では、中国人に対する差別はそれほど強くはなく、能力があれば中国人でも採用されていた事実が挙げられています。ただし、中国人の文化を受け入れなかったことは間違いありません。要するに、モンゴル人の地位を確保するためにも、自分たちに有利に働かないもの、理解できないものは退け、有利に働くものを受け入れた、結果として、儒学という学問とそれを支える文字、そしてそれを評価の基準とする科挙、によって権力を得ていた科挙官僚たちにとっては暗黒の時代となったということでしょう。

けれども、モンゴル民族はやはり政治や経済・文化に長けていたとはいえず、中国の伝統が歴史の知恵によって成り立っていることも知らなかったといわざるをえません。仏教は金のかかる宗教である、などということは、既に魏晋南北朝時代に明らかであるにもかかわらず（p137参照）、元朝はチベット仏教を保護して仏教寺院を建立し、王朝の財政を窮乏させました。政府はそれを受けて紙幣を大量に発行、インフレを引き起こし、経済を混乱させ、民衆の生活を困窮させます。こうした失態に、「中国人の中国」を取り戻す隙間が生じてきます。結局、紅巾の乱と呼ばれる農民反乱が起こり、朱元璋《しゅげんしょう》率いる軍に北京を奪還され、元は北方へと追いやられてしまいます。

モンゴル人が築き上げた大帝国も、東アジアの中国では明が自立、中央アジアのイスラーム世界ではティムール朝が自立、南ロシアではモスクワ大公国が自立、ユーラシア大陸には次々と現地民族による支配が回復し、世界の歴史は新しい時代へと向かうことになりました。

第7幕

明と清——最後の中華帝国

極貧で醜男

明が建てられると、モンゴル人（元）は北方に退けられ、ようやく「中国人の中国」が取り戻されます。建国者は、中国人の間でも第一の人気を誇る朱元璋《しゅげんしょう》です。彼は貧農の家の子として生まれた成り上がり者の皇帝でした。

元末、農民たちは日照りによる凶作、飢饉、さらにはイナゴの害など、相次ぐ天災に苦しみます。にもかかわらず、天子は天下の惨状を顧みようとはせず、歓楽にふけり、政治は乱れるばかり。朱元璋が17歳の時、食べるものもなく両親や兄弟はとうとう飢え死にしてしまいました。彼は寺の托鉢《たくはつ》僧となってかろうじて生き延びます。かの劉邦もここまでの極貧ではありません。流浪の民となって数年、各地では農民たちが怒りを爆発させて暴れ始めると、進退極まった朱元璋は、齢24歳にして、旗揚げして間もない紅巾の乱に参加することを決めました。

朱元璋はすこぶる醜悪な顔だったと伝えられています（図63）。反乱軍に参加しようとしたところ、風貌から間者と間違われて捕らえられ、処刑を言い渡されてしまったほどです。けれども処刑されるすんでのところで、たまたま通りかかった反乱軍の大将に、これまた奇異な容貌ゆえに興味をもたれ、処刑の中止が決定されます。気に入られた朱元璋は足軽頭に任じられ、さらには大将の娘と結婚させせられるまでに信頼を得ていきました。

朱元璋は、引き立ててくれた大将が死ぬと、勢力の3分の1を継承、そしてライバルの二人が戦死したことからその勢力をも吸収して一大勢力となります。敵対勢力を討伐すると、いよいよ中国南部を手中におさめ、南京を首都として明を建国、太祖（洪武帝）を名乗ります。1368年のことでした。

朱元璋はすぐさま北部に残るモンゴル人（元）の討伐を開始、破竹の勢いで首都の大都（現在の北京）に迫ります。あわてた元朝最後の皇帝（順宗）は副都に逃れ、洪武帝は大都に無血入城。さらに息つく間もなく副都を陥れ、元朝の数十万人にものぼるモンゴル人たちは、数十年ぶりに故郷の地に逃げ帰り、長城を越え、砂漠を越え、北へ、あるいは東へ西へと去っていきました。北方に逃れて以降、彼らはタタール（北元）と呼ばれることになります。

さて、一見すると、極貧から身を起こすほどの気概と、己の欠点をも武器にしてのし上がった強い人間に

図63：朱元璋

思えますが、彼にとって経歴と容姿はコンプレックスでした。そして、それは彼の政治にも反映されることになります。

独裁強化と大量粛清

朱元璋《しゅげんしょう》（洪武帝）は中国の奪還を成し遂げると、国内の統治体制を整え、独裁体制を強化しました。宋朝に続き、明朝でも皇帝による独裁体制が強化されたのです。洪武帝は、ナンバー2の機関（中書省）と役職（宰相制）を廃止、皇帝の直属として行政・軍事・監察の三権を分立させて一手に掌握、独裁体制を築きあげました。そして、晩年には謀反の疑いのある家臣を大量粛清（胡藍《こらん》の獄）、一方的な嫌疑で十数万の人々を処刑したといいます。

成り上がりの天下人は、かつて劉邦がそうであったように、晩年は猜疑心に悩まされます（p73参照）。洪武帝も同様に、権力を一手に握っておくために独裁体制を構築するとともに、大量粛清に走りました。猜疑心の源は何なのでしょう。

コンプレックス

なぜ、成り上がり者は猜疑心に悩まされるのでしょうか。次のような状況を想像してください。例えば、あなたが会社において高い地位にいたとしましょう。けれども、叩き上げの成り上がり者であり、その経歴にコンプレックスを感じていたとします。しかも、エリートコースを辿ってきた部下たちに囲まれていたとしましょう。すると、どうでしょうか。どんなに慕われていたとしても、心の底では「私と君たちは違うから」とならないでしょうか。そして、その気持ちのまま、部下の次のような会話を聞いてしまったらどうでしょうか。

「そうは言っても○○さんは学歴がないからね」

こうなると、「やっぱりそうか」となり、そして「別の部下もそう思ってるんじゃないか」、さらには「もう誰も信じられない」、となるのではないでしょうか。

猜疑心の源は劣等感、いわゆるコンプレックスにあります。朱元璋は、特に経歴と容姿に強いコンプレックスをもっていたようで、托鉢《たくはつ》僧であったことから「僧」「禿」「光」の三つを使用禁止の文字に定め、禁を破れば処刑したといいます。あるいは、醜悪な容姿を隠すために己をよく見せた肖像画を描かせたりもしています。

人間にとって、コンプレックスは非常に解決の難しい問題です。これは理想と現実の間にある葛藤であり、自尊心の強い人が感じがちです。なおここでいう「現実」というのは、相対的なものではなく、絶対的なもので、例えば、美人な女優ほど、容姿にコンプレックスをもっていたりするもので、取り巻く環境から作り出された本人の自己認識です。そして、コンプレックスが強い人は一般に攻撃的になるものです。周囲に対しては現実を指摘されないように防衛に走り、指摘されれば烈火の如く怒り、一方で理想とする人に対しては卑屈になって自虐に走ります。

こういったことが、朱元璋《しゅげんしょう》の権力への執着や粛清などと無関係ではないはずです。ただ、この気の小ささは朱氏の血筋も関係あるのかもしれません。なぜなら、こういった性格は三代目の永楽帝にも見られるからです。

帝位の簒奪

朱元璋（洪武帝）は中央集権を推進しましたが、一族だけは信用したのでしょう、地方については一族に統治を任せ、皇帝権力は及んでいませんでした。ただ、わずか16歳で即位した第二代の建文帝は、中央集権を強化すべく、一族の領地没収を強行していきました（中国の見方6）。当然の流れとして一族から反発が起こり、叔父の朱棣《しゅてい》が反乱を起こします。

朱棣は、北方に逃れたモンゴル人（北元）に対して北部を拠点に防衛にあたっていましたが、首都南京のある南部へと次々に兵を進めます。

「君側《くんそく》の奸《かん》を除き、帝室の難を靖《やす》んず」

（陛下を取り巻く奸臣《かんしん》を排除して、陛下をお救いしよう）

これが朱棣の大義名分でした。建文帝の愚策は陛下の本心からくるものではない、陛下を取り巻く奸臣がそそのかしているのだ、これは帝室の危機であり、陛下を救わなければならない、というのです。皇帝を悪とすることは忠に欠けます、そこで、皇帝ではなく周囲の家臣が悪であるとしたのです。これにちなんで、この謀反は靖難《せいなん》の変と呼ばれます。しかし、結果は大義名分からほど遠いものになりました。

洪武帝の粛清により政府側に優秀な将軍は残っておらず、建文帝は反乱軍を食い止めることができません。都城陥るや宮中より火起こる、帝終わるところを知らず。建文帝は首都の南京にある宮殿に火を放ち、皇后らは城と運命を共にしますが、天子はそのまま行方知れずになってしまいます。こうして朱棣は翌年に帝位を簒奪する形で即位しました。これが三代目の永楽帝です（図64）。

その後、建文帝に仕えていた主だった重臣は次々に処刑されます。とある重臣の一人は、才を買われて許され、永楽帝は登用を試みますが、頑として聞き入れません。

「燕賊位を簒えり」（『明史』）

（逆賊が帝位を簒奪したのだ）

重臣はこう記して永楽帝を罵倒したため、磔刑に処し、その妻も惨死させたうえ遺体は犬に食わせます。さらに連座で十族を処刑、もしくは流刑としました。掲げられた標語とは異なり、帝室は実に悲惨な最期を遂げ、明朝の歴史からは抹殺されていきました。この

図64：永楽帝

帝位簒奪という大それた行為は、永楽帝の後半生に重くのしかかることになります。

後ろめたさとともに

永楽帝の時代に明朝は最盛期を迎えます。ただ、皇帝の座を手に入れても彼の心は深く沈み込んでいました。宮廷の官僚たち、首都である南京の民衆たち、全ての人間が天子に白い眼を向け、行方知れずとなった建文帝に同情が集まっていました。特に、庶民の間では悲劇の皇帝に関する噂がまことしやかに語られます。建文帝は、実は混乱の中で僧侶に扮して脱出し、東南アジアに潜伏している、と。

洪武帝と同様に永楽帝は孤独に耐えることができません。宮廷においては、靖難《せいなん》の変で功績のあった宦官《かんがん》を重用（中国の見方8）、信頼できる者たちのみを集めて側近政治を行います。南京からも逃げ出し、首都を自らの拠点であった北部の北京に移します。なお、この時に北京に建造されたのが紫禁城《しきんじょう》（現在の故宮《こきゅう》博物院・図65）です。その南門が天安門にあたります。

国内の批判をいなす方法、それは古今東西変わらず国外と戦争をすることです。永楽帝は北方へは5回にわたるモンゴル遠征、南方へは7回にわたる南海諸国遠征を行います。モンゴル遠征については、自ら兵を率いて砂漠を越えての大規模な遠征でした。北方を攻略した皇帝のうち、砂漠を越えたのは明の永楽帝と清の康熙帝《こうきてい》だけです。南方へは、イスラーム教徒で宦官《かんがん》の鄭和《ていわ》を送り込み、東南アジア諸国に朝貢を促していきました。鄭和らの一隊は、さらにインド洋へ向かい、アラビア半島のメッカ、果てはアフリカ東岸にまで到達しました（図66）。

なお、この遠征は、東南アジアに建文帝が潜伏している、との噂を踏まえてのものだったともいわれています。鄭和は、こうした永楽帝の不安を鑑みて、東アジアでは珍しい麒《き》麟《りん》を持ち帰って皇

図65：故宮博物院

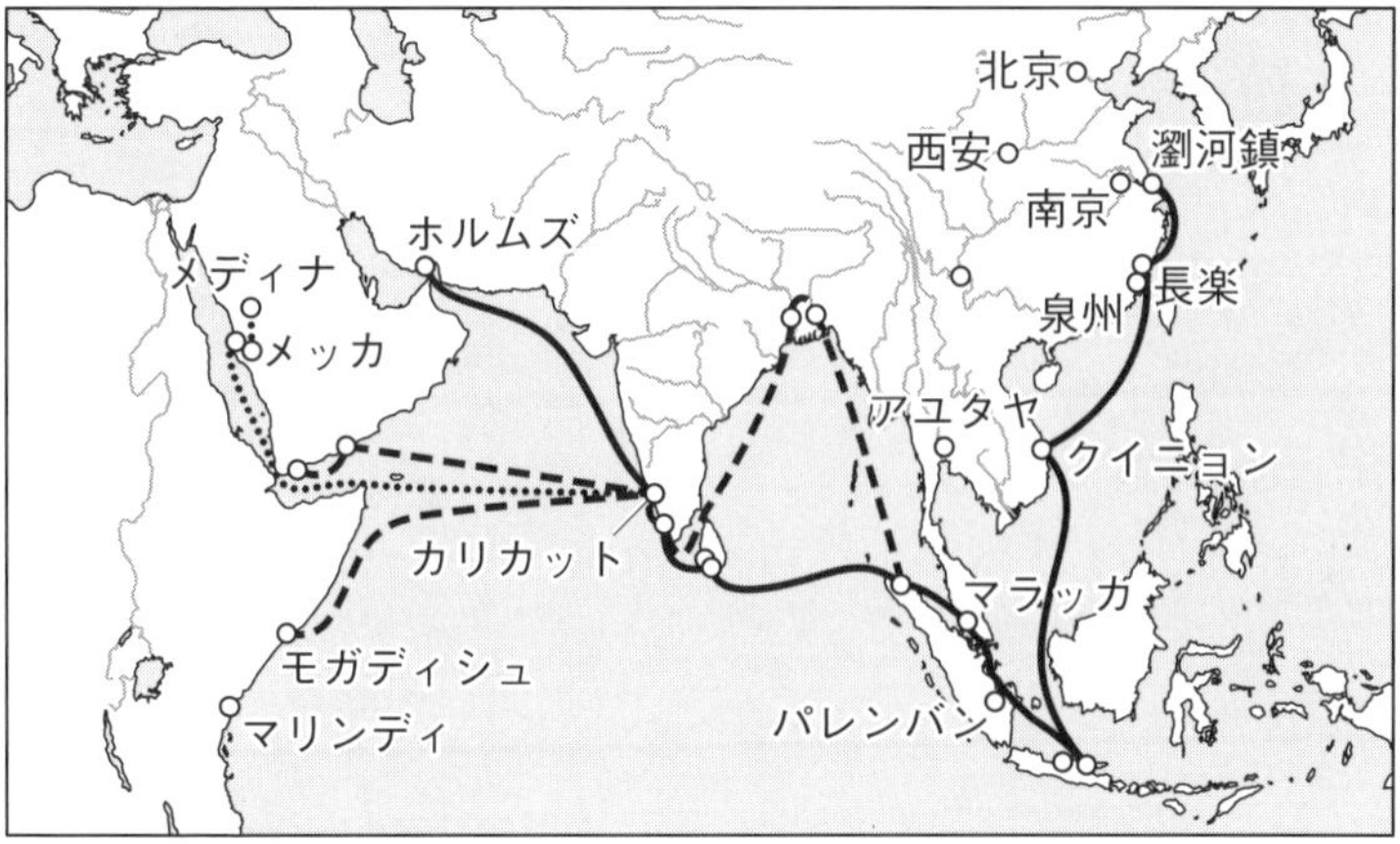

図66：鄭和の航海

帝に献上したようです。中国では珍獣は名君の治世に出現すると信じられていたためです。気の弱い永楽帝は大変喜びました。

以降、明は280年にわたって存続します。二十四正史の一つである『明史』にも「明の権威は遠い国々にまで及び、四方から入貢したもの30余国を数えた。その領域広大なことは漢や唐にも勝り、その成功は赫赫《かくかく》として輝く」と評されており、彼の非行も充分償いうる治世であったといえるでしょう。ただし、国内における宦官《かんがん》の重用や（中国の見方8）、国外に対する度重なる遠征は、結局のところ、明朝が滅ぶ原因となってしまいます。

首都となった北京

ところで、周知のように現在の中国の首都は北京です。中国の歴史において、首都を北京に選んだ最初の統一王朝は元でした。統一王朝の首都を振り返ってみましょう。

- ◉秦…西安付近（咸陽《かんよう》）
- ◉前漢…西安付近（長安）
- ◉後漢…洛陽
- ◉西晋…洛陽
- ◉隋…西安付近（大興城）

◉唐…西安付近（長安）
◉北宋…開封《かいほう》
◉元…北京（大都）
◉明…初期は南京、のちに北京
◉清…北京
◉中華民国…初期は南京、のちに北京
◉中華人民共和国…北京

西安、洛陽、開封は黄河流域に位置しており、中国の中央部にあります。それに対して、北京は中国の北東にあります。にもかかわらず、元代以降、一部の時期を除いて、北京は中国の首都として800年間余り繁栄を続けました。なぜなのでしょうか。

まず、北京に首都を置いた王朝のうち、明を除く元・清は、共に北方民族による王朝です。彼らの本拠地は蒙古（モンゴル）、ないし満州、といずれも万里の長城以北の北アジア。中国に君臨し続けるためには、本拠地たる満蒙を強く握っておかなければなりません。北アジアと中国の双方を押さえていくために北京は格好の位置にあったのです。異民族支配の王朝が北京を首都とした歴史的意義は、まさにこの点にあります。

では、漢民族の王朝たる明はどうでしょうか。首都を南京から北京へ移す原因ともなった靖《せい》難《なん》の変を振り返ってみましょう。かの事件は、北京を拠点とする永楽帝が、南京を拠点とする建文帝を打倒した、という謀反だったわけですが、ここには、退けたモンゴルに対して防備にあたる北部軍人たちが、南部の文官たちを組み伏せた、という構図がありました。永楽帝が北京に遷都した背景には、北方の防備を考えて政治と武力の重心を北京に置く意味もあったのです。なお、のちの中華民国については日本との関係を、中華人民共和国についてはソ連と台湾との関係を考えれば明らかでしょう。こう考えると、永楽帝の遷都は非常に重要な決断であったことがわかります。

経済や文化を重視するなら、首都は国土の中央にあったほうがよいかもしれません。しかし、それは国防を重視するなら不利に働きます。なぜなら、国土の中央という便利な場所は、侵入してくる外敵にとっても便利だからです。

中国への侵入を陸や海から試みる場合、いくつかルートがあります。西方から侵入することは現実的ではありません。シルクロードの砂漠地帯を越えての遠征は補給路の確保が難しいからです。西南方面からの侵入はヒマラヤ山脈があるために不可能です。南方からの侵入も密林や湖沼が天然の障害となります。東方の海からの侵入は簡単ではあるものの、やはり補給路の確保が難しいため、海岸を荒らすことはできても領土を奪うのは困難です。要するに、地政学的には、政治と軍事の観点から北方の北京は中国のアキレス腱となるのです。それは盧溝橋《ろこうきょう》事件で北京を押さえた日本が一気に主要都市を制圧していったことからもわかるでしょう。

さて、永楽帝の治世が終わると、南北への遠征は中止され、むしろ明朝は南北に対して劣勢に立たされるようになります。北虜南倭《ほくりょなんわ》と呼ばれた北と南からの外患です。

北虜南倭と財政困難・宦官の台頭

16世紀になると、かつて中国を元として支配したモンゴル系のタタールが台頭、首都の北京が包囲される事件が起こります。一方、南部では、中国人海賊の倭冦が沿岸部を脅かすようになりました。国防に対する軍事費は明朝の財政を圧迫し始めます。

ちなみに、明代に始まった倭冦の対策として、中国は民間の海上貿易や漁業活動を制限する政策（海禁）をとりました。この政策は清代にかけて続きます。しかしながら、商人は自由を求めるもの。一部の人々は海禁を犯して海外へと移住していきました。いわゆる華僑の歴史はここから始まります。

さて、第十四代の万暦帝《ばんれきてい》は、この財政困難に対して、張居正《ちょうきょせい》を登用して改革にあたりました。けれども、不幸なことに有能な張居正は早くに亡くなってしまいます。それは、明朝の命運が尽きた瞬間でもありました。万暦帝は、永楽帝の時代より勢力を増す宦官たちを抑えることができず、政治は乱れに乱れ、飢饉や旱魃も起こるようになります（中国の見方8）。例によってとどめは農民反乱です（中国の見方9）。李自成《りじせい》を指導者とする反乱が起こると、明朝は終焉を迎えます。

その頃、万里の長城の向こう側では、北方民族が中国の混乱を見て侵入の機会を窺っていました。

山海関での葛藤

明朝の運命もこれまでかと思われていた1644年、将軍の呉三桂《ごさんけい》は、難攻不落といわれていた万里の長城の東の起点、交通と防衛の要である山海関《さんかいかん》にて、難しい選択を迫られていました。

明朝は李自成《りじせい》の乱の鎮圧に悩まされる一方、北方では、清朝を名乗る女真族（満州人）が中国の混乱を受けて本土侵入の機会を窺っていました。女真族は、かつて金《きん》を建国して華北を支配していた民族です（p187参照）。明朝は侵入を食い止めるべく、呉三桂を山海関に送り込みました。しかし、その明朝も、李自成によって北京を落とされ滅亡、呉三桂は帰る国を失ってしまいます（図67）。自国を滅ぼした逆賊に降伏して眼前の夷狄《いてき》と戦うのか、夷狄に投降して自国を滅ぼした背後の逆賊を討つのか、はたまたその両者

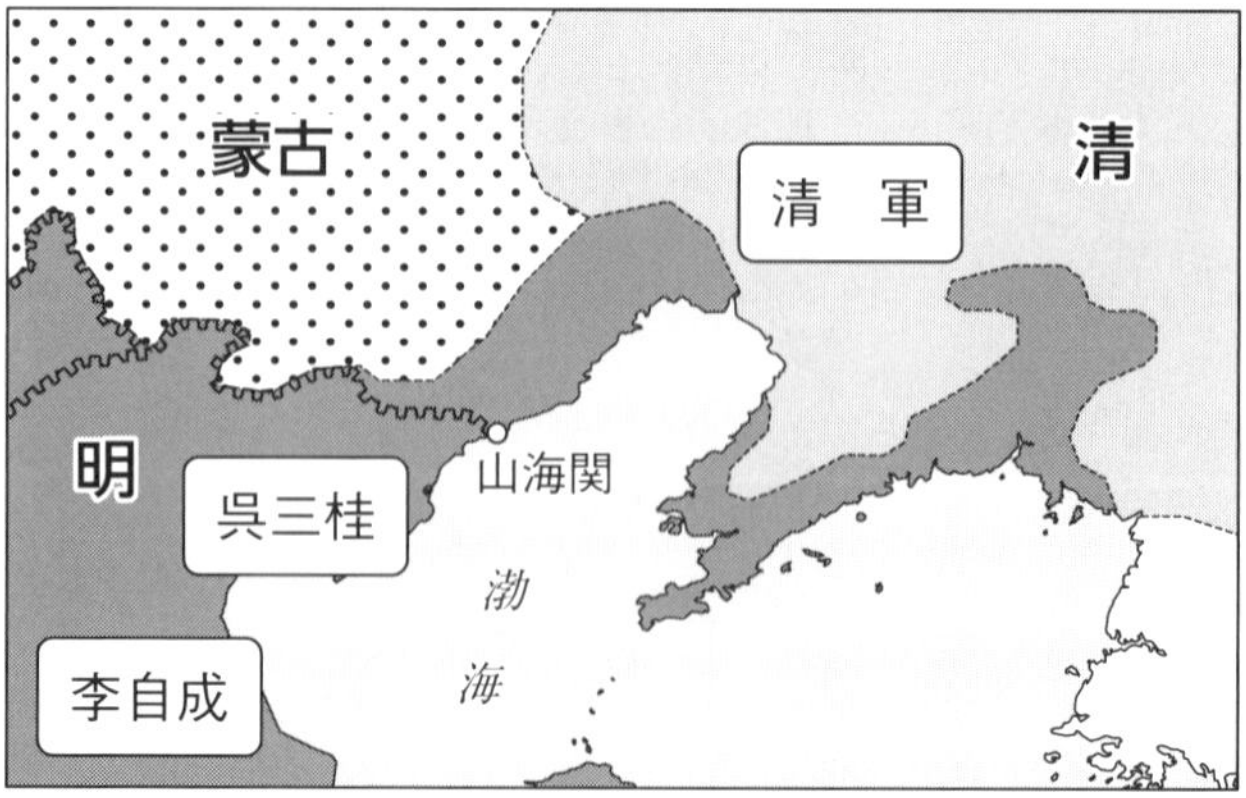

図67：山海関

ともに打倒するという第三の道を模索するのか。呉三桂の実父を中心とした一族は、既に北京の李自成に降伏しており、その一方で、継母の兄らは長城の向こうの清軍に降伏していました。呉三桂は、双方からの投降勧告を前に窮地に立たされていたのです。苦渋の末に決断した道は夷狄に投降する道でした。呉三桂は清軍に一通の書面をしたためます。「我が皇帝は流族李自成のために死し、今より、吾は主君の仇を報ずべく、急ぎ北京におもむくが、ついては貴軍の兵を借りたい」と。

清朝による制圧

後世の伝えるところによると、決め手となったのは女性だったとされています。呉三桂には妻がいました。南部の歌姫にして絶世の美女と称せられた陳円円《ちんえんえん》です。呉三桂が北京を留守にして出征したのち、李自成は北京を落とし、彼の部下が彼女を妻としてしまいます。呉三桂は激怒して、李自成を倒して妻を奪還することを第一とした、というのです。

呉三桂は山海関を清軍に明け渡し、李自成を討伐するために援助を申し入れます。呉三桂の手引きを受けた清軍との激戦の末に北京は陥落、李自成の天下は40日に終わり、各地を転々と逃亡する中で農民らに殺されました。呉三桂の家族たちは北京で処刑されてしまいましたが、陳円円を奪還することには成功。その後も、呉三桂は清軍による中国制圧に協力、各地で反発を受けながらも残党勢力を潰していきます。当時の詩人は次のように詠いました。

「冠を衝いて一怒せるは紅顔の為なり」
（呉三桂の怒りは女が理由であった）

呉三桂《ごさんけい》によって、清軍は易々と万里の長城を越え、中国には明に代わって清が立ち、中国最後の王朝として君臨することになりました。ただし、中国全土の統一にはまだ問題が残っています。呉三桂ら、清軍の中国平定に協力した三人の将軍は、功績を買われて南方の統治を任されます。三藩《さんぱん》と呼ばれた勢力です。一方で、同じく明朝の遺臣である鄭成功《ていせいこう》は台湾に逃れて鄭《てい》氏台湾《したいわん》を建国、対清反抗の拠点としていました。清朝に協力した勢力、反抗する勢力、いずれにせよ明朝の遺臣たる彼らには警戒が必要でしょう。

康熙帝《こうきてい》登場

中国の全域がほぼ清朝の統治下におかれることになると、中国第一の名君とされる康熙帝（図68）が登場します。

明末の思想家たる黄宗羲《こうそうぎ》は、名君について「名君とは自己犠牲以外のなにものでもなく、したがって、これほど割の悪い職はない。古代の理想国家の時代でも、賢人たちは王になることを嫌がって逃げまわったものだ」と喝破しています。これに見合う振る舞いを貫徹できた名君は、唐の太宗（p144参照）と、この清の康熙帝だけではないでしょうか。二人は共に創業と守成の困難を乗り切って名君と称えられた人物です。ただ、太宗が治世23年だったのに対して、康熙帝は中国の皇帝の中でも最も長い治世61年に及びます。如何に傑出した君主であったかがわかります。

康熙帝の政務に対する精励ぶりは舌を巻くばかりです。一般に、リーダーたる者は大きなことを扱い、小さなことに親しむべきではない、と考えがちですが、彼は小さなことも怠りません。

「一事を謹《つつし》まずんば四海の憂いを貽《のこ》し、一時を謹《つつし》まずんば千百世の患《わざわ》いを貽す」（『清史』）

（一事を疎かにすれば、全土に不安を生み、一時を疎かにすれば1100余年の禍を生む）

康熙帝は諸葛亮の言葉「鞠躬尽瘁《きっきゅうじんすい》」（心身を労して国事に尽くす）という言葉を好んだといいます。ある時、臣下の者が「これは臣たる者が使う言葉で、君たる者には相応しい言葉ではありません」と諫めますが、康熙帝は返す刀で、「自分は天の僕であるからいっこうにかまわぬ」と答えたといいます。

康熙帝の知略と体力、そして決断力は、中国という大きな舞台で鮮やかに展開され、清朝300年の世の基礎が固められることになります。

図68：康熙帝

中国の統一

康熙帝《こうきてい》に課されていた最初の仕事は中国の統一、すなわち呉三桂《ごさんけい》を中心とする三藩《さんぱん》と、鄭氏《ていし》台湾《たいわん》という二つの危険な勢力を抑えることでした。三藩の動きによっては、各地で降伏した漢民族勢力もどうなるかわかったものではなく、下手をすれば支配が覆される可能性があり、清朝にとっては頭の痛い勢力でした。康熙帝は、じっと取り潰しの時期を窺っていましたが、その機会は向こうからやってきました。

あるとき、三藩の一人が、老齢のため、引退して地位を息子に譲りたいと願い出てきました。康熙帝はすぐさま「隠居は許す、しかし譲位は許さぬ」として領地を召し上げてしまいます。あわてたのは呉三桂。政府に探りを入れようと、彼は三藩のもう一人とともに引退を申し出ます。康熙帝は「同じことだ。引退は許す、しかし譲位は許さぬ」として、見事に決断を下しました。出方に窮した呉三桂はついに挙兵（三藩の乱）。各地の漢民族たちによる不満分子も三藩側につき、ここに中国を真っ二つにする一戦が起こることになります。

戦いは決して楽なものではなく、一時は完全に劣勢に立たされ、鎮圧には8年の歳月が費やされました。それでも勝利を勝ち得たのは、まずもって康熙帝の断乎たる決意でした。チベットのダライ＝ラマが調停を申し出た際も、頭からはねのけます。この戦争が本当の意味での中国支配の戦いであることを熟知していたのです。

康熙帝は、中国の全域に通信網をつくりあげ、北京から迅速な指示を飛ばし続けます。戦況報告は一日に数百通に及びましたが、その全ての細事に至るまで目を通し的確に対処していきました。戦闘については、漢民族の部隊を最前線に立たせ、「夷をもって夷を制する」形で撃破していきます（歴史の見方14）。補給については、戦争が長引けば戦費の調達に焦り、君主は増税に走るものですが、康熙帝はそうした動きはとらず、むしろ減税をもって人心掌握に努めました。これが、20代の若い青年天子がとった対応でした。

呉三桂は「満州人を追い出して漢民族の天下を取り戻そう」とのスローガンを掲げますが、そもそも異民族を引き入れたのは彼自身であったため、民衆の支持を得ることはできません。次第に劣勢に追い込まれ、挙兵から5年後に病で死去します。抵抗を続けた勢力も3年後には滅亡。さらに2年後には鄭《てい》氏《し》台湾《たいわん》も征服して、康熙帝は中国の統一を完成させます。こうして難局を乗り切った清朝は威信を確立、中国にしっかりと根を下ろすことになりました。

忍び寄るヨーロッパ

17世紀は明末清初。その頃、ユーラシア大陸の反対側のヨーロッパでは、中世を脱却せんと諸々の変革がさらに進んでいました。その一つに宗教改革があります。

カトリックの頂点に立つローマ教会は、宗教改革というプロテスタントの攻勢に対してイエズス会を中心に巻き返しを図り、海外伝導を推進、東アジアに宣教師を送り込みます。

イエズス会宣教師は、中国に布教にやってきますが、中国の君主からすると、そして現実的で具体的な思考を好む中国人からすると（歴史の見方15）、キリスト教などというものは理解しがたいものです。宣教師たちはなんとか興味をもってもらうため、あの手この手で皇帝に取り入り、涙ぐましい努力を行いました。折しも、ルネサンスによって科学や芸術の発展が再び始動した後です。天文学に基づいた暦法や幾何学の原理、大砲鋳造などの軍事技術、あるいは、進んだ絵画や建築の技術を披露してみせます。宣教師の一人であるカスティリオーネがバロック式の円明園を造営して世界最高の美しさと称えられたことは有名です。さらに、中国の皇帝といえども知らないであろう世界地図を広げて見せたり（坤輿《こんよ》万国全図・図69）、わざわざ測量まで行って中国の実測地図を作成して見せたりします。西欧が勝ち取ってきた知見をふんだんに紹介してキリスト教布教につなげようとしたわけです。

けれどもキリスト教に対する康熙帝《こうきてい》の反応は実につれないものでした。

「御身らは、まだ天国にいるわけではないのに、いつも天国のことを心配している。そして現世のことには、ほとんど信頼を置か

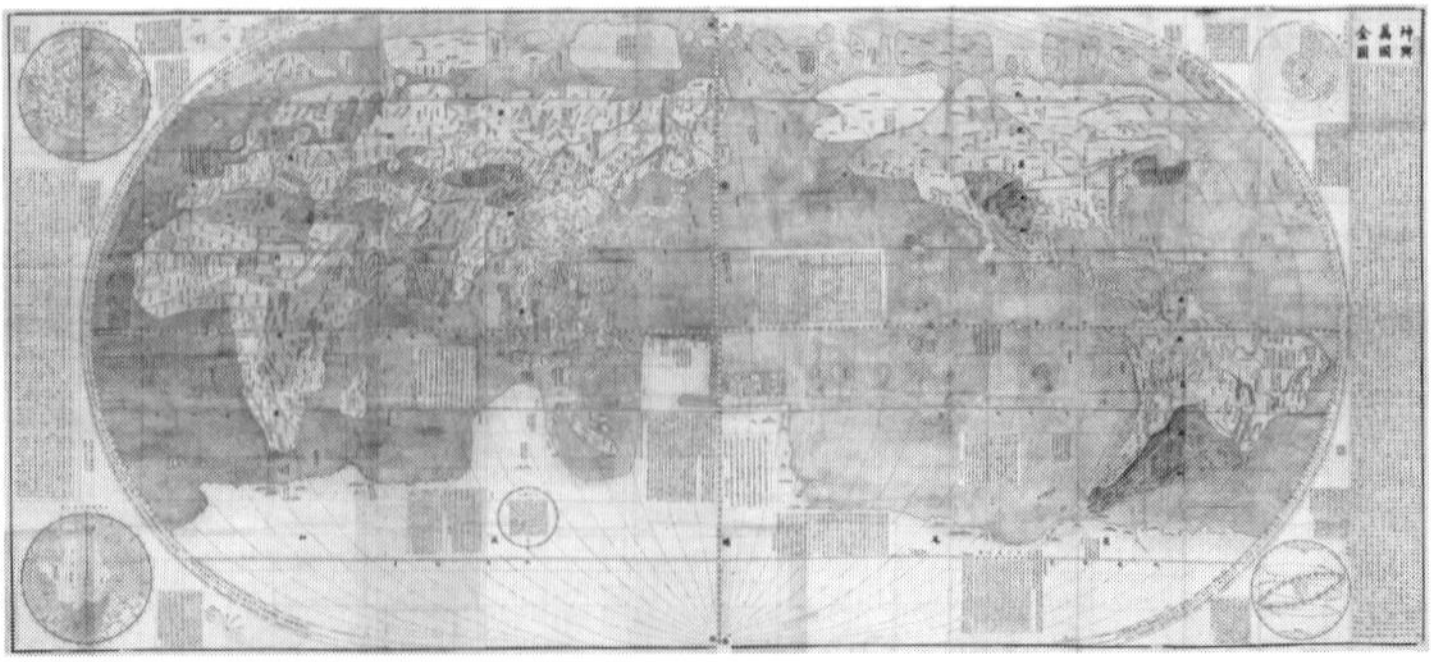

図69：坤輿万国全図

ない。（中略）御身らの心づかいは、ただ死者に対してのみありがたいのであるから、その心配は死んだあとにのばすがよい。朕はあの世のことには、ほとんど興味がない」（『康熙帝伝』）

結局、中国でのキリスト教の布教は、儒教と相容れなかったため、全面禁止されることになります。中国には、西欧のように世界へ進出しようという原動力は生まれませんでした。中華思想を考えれば当然のことでしょう。中国はあくまで世界の中心で、周辺は劣った世界であり、進出して征服する利益がそもそもないのです（中国の見方1）。一方、西欧の世界進出への波は確実に中国に忍び寄っていたということです。

名君の慟哭

康熙帝の在位60年に家臣が祝典を催すように進言した際、帝は次のように言って断りました。

「人心風俗いまだ尽《ことごと》く醇《じゅん》ならず、官箴政事《かんしんせいじ》いまだ尽《ことごと》く理《おさ》まらず。これまさに君臣孜孜《しし》として治を求むるの時なり。慶賀の事は著《つ》きて停止せよ」（『清史』）

（人心風俗は未だに充実していないし、政治も未だに充分とはいえない。これは君臣ともに熱心に努め励むときである。慶賀の祝典は中止せよ）

この言葉からも、晩年に至るまで気を引き締めて政治に取り組んでいたことがわかります。しかし、名君も晩年は後継者問題に苦しむことになりました。

康熙帝は14歳で早くも子をもうけ、合計35人の皇子に恵まれます。中でも皇后の息子は胤《いん》礽《じょう》だけでした。皇后は、第一子が夭逝《ようせい》してしまい、第二子として胤礽を生みますが、その際に皇后は亡くなってしまいました。そういうこともあって、康熙帝《こうきてい》は忘れ形見の胤礽を溺愛します。2歳にして早くも皇太子に立て、名だたる一流の学者や武人を教育係にあてて最高の教育を施しました。できるだけ息子との時間を持とうと、頻繁に一緒に狩りに出かけ、遠征の最中にも自筆の手紙を送って気にかけました。父としては万全を期したつもりだったのでしょう。けれども教育とは難しいもの、表面は文武両道の青年に育っていきますが、内面は傲慢に、だらしなくなっていきました。

皇太子は次の皇帝ですから、多くの人間が先物買いで寄りついてきます。早くに皇太子となってしまったことが失敗だったのでしょう。やがて皇太子の良からぬ噂が立ち、皇太子を守り続けてきた後見人が謀反の疑いで失脚すると、いよいよ皇太子は不利な立場に追いつめられます。父は、ついに子の断罪に踏み切る決意を固めます。1708年、文武百官の見守る中で、皇太子に対して廃嫡《はいちゃく》を言い渡しました。この時康熙帝は55歳、皇太子は35歳でした。皇帝は、伝え終わるやどっと泣き崩れたといいます。息子に期待を裏切られた父親としての悲しみと、天下を治める皇帝として家を斉《ととの》えられなかった自分への不甲斐なさだったのでしょう。

その後、後継者問題は荒れに荒れ、天子は一気に老け込みました。1722年、康熙帝が69歳で崩御すると、2年後、胤礽《いんじょう》は幽閉されていた宮殿で寂しく世を去ることになります。それでも、清朝は、康熙帝が築いた基盤をもとに、雍正帝《ようせい》・乾隆帝《けんりゅう》による「三世の春」と呼ばれる最盛期を迎えることになります。

清朝の中国統治——威圧策と懐柔策

清朝の支配に注目してみましょう。康熙帝は三藩《さんぱん》の勢力を解体して鄭氏台湾《ていしたいわん》を征服、中国の統一を完成させました。康熙帝から次の雍正帝にかけて、北方のロシアとの国境を確定させ、さらに外モンゴル・青海・チベットと、領土を拡大していきました。続く乾隆帝は現在の新《しん》疆《きょう》を征服して清朝の最大版図を実現します。この結果、満州人・漢民族・モンゴル人・ウイグル人・チベット人という、現在の中国の「五族協和」という体制ができあがりました。この清朝の時代の領土が、現在の中国人たちの縄張り意識になります（図70）。

図70：清

清朝は、300年間にわたって中国を統治、威圧策と懐柔策を併用して実に巧みに中国を統治しました。清朝に反抗するような思想は徹底して弾圧（禁書・文字の獄）、服従の証として満州人特有の辮《べん》髪《ぱつ》という髪型を強制します（図71）。「頭をとどめんとすれば髪をとどめず、髪をとどめんとすれば頭をとどめず」としたほどの徹底ぶりです。アニメやマンガなどで中国人が登場すると、辮髪でもって描かれることが多いですが、あれは漢民族の髪型ではなく満州人の髪型です。無意識のうちに中国人のイメージになっているのだと思いますが、清朝は異民族支配の王朝です。

図71：辮髪

一方で、清朝は中国の文化に理解を示し、儒学に関する編纂事業を数多く手がけています。また、満州人と漢民族を必ず同数任命し（満漢併用制）、科挙も実施しました。軍隊においても、満州人の軍隊だけでなく、漢民族の軍隊を設置します。要するに、漢民族も官僚や兵士に登用して体制側に取り込んだのです。中国以外の地域（藩部）、例えば、チベットや新疆《しんきょう》などでも自治を許し、宗教については、チベットなら仏教を、新疆ならイスラームを保護して、地域ごとに対応して尊重しました。いわば八方美人の政策をとったわけです。

中国の見方17 中国の政府は「権力」に関して巧み3（「権力」を「アメ」によって維持）

威圧策と懐柔策の併用は、いわゆる「アメとムチ」の政策になります。これは19世紀の偉大な政治家ビスマルクの政策が有名です。彼は、社会主義者を弾圧するかたわら（威圧策・ムチ）、社会政策を行って年金や保険の制度を整えていきました（懐柔策・アメ）。原理はツンデレと同じですから、人を引きつける強い力があります。

◉中国の政府は「権力」を「アメ」によって維持する

ポイントは、ムチを基本とすることでアメの価値を上げることにあります。例えば、普段は表情を出さない人が笑っているところを見ると嬉しくなるものです。そして、もう一度笑っているところを見たいと思うものでしょう。笑ってもらう側は、もう一度笑ってもらうために頑張ります。その時点で、笑われる側は笑う側に従属することになります。ビジネスの場でも、普段は厳しい上司が、飲みの席などで褒めてくれると、その上司に褒められることの価値は他の上司に褒められることの価値よりも上がります。そして、もう一度褒めてもらうために頑張るのです。

こうした手法は誰にでもできるものではないでしょう。そう考えると、政治を得意としない北方民族の成長ぶりがよくわかります。魏晋南北朝時代の北魏は漢化政策によって吸収され、元朝は吸収されまいと厳しい統治を行ったため短期で滅亡しました。その北方民族も、歴史とともに成長、清朝に至って、その支配は東アジアをグローバル化する体制を整えるまでに賢くなったということです。

しかしながら、乾隆帝《けんりゅうてい》の時代には衰退の兆しが見え、続く嘉慶帝《かけいてい》の時代には、農民反乱が相次ぎ始めます。中央に鎮圧する力は既になく、地方の有力者が義勇軍を率いてようやく鎮圧する有様でした。いつもと同じ衰退の流れです（中国の見方9）。しかし、いつもとは異なる「その時」は着実に近づいていました。衰えゆく清朝と衝突する相手は、北方の遊牧民族ではなく、ヨーロッパという全く新しい夷狄《いてき》だったのです。中国の歴史は、いよいよ帝国主義というグローバリズムの波にさらわれ、世界観の変容を迫られることになります。現在に至る激動の「アヘン戦争以降」を見ていきましょう。

第4章❖中華の崩壊と再建——辛亥革命と中華人民共和国

本章の目次

第4章では「中華の崩壊と再建」を主題として見ていきましょう。東アジアにヨーロッパという新しい勢力が出現すると、中華の根本的な世界観、価値観は崩壊してしまいます。現在に至る中華の再建の歴史はいかなるものだったのでしょう。

19世紀、アヘン戦争をきっかけとして、清朝は欧米諸国の侵略に苦しみます。武力による抵抗、改革による延命を図りますが、多くの問題を前に挫折を繰り返し、結局、清朝300年の支配は孫文による辛亥革命によって終止符が打たれました。

孫文は新たに中華民国を建国しましたが、安定せず、失敗してしまいます。立て直すべく、蔣介石（国民党）と毛沢東（共産党）との間で主導権争いが行われますが、今度は日本という外敵によって中断を余儀なくされます。日本を撃退すると、毛沢東の共産党が主導権を握り、中華人民共和国が建設されました。

中国はようやく地に足をつけて歩み出します。しかし、冷戦による東西対立に翻弄され、そして社会主義への挑戦の中で大きな失敗を繰り返しながらも、かつての威信を取り戻しつつあります。

第8幕 中華の崩壊——押し寄せる帝国主義の波

イギリスが抱えた問題

18世紀半ば、清朝とイギリスの間には、貿易をめぐる問題がありました。清朝は、支配が安定して以降、外国との貿易に多くの制約を設けており、場所は一港（広州）に限定、取引できる商人も一部の特権商人（公行《こうこう》）に制限していました。のみならず、外国商人は指定の宿舎に居住させ、外出も月に二度しか許可せず、中国語を学ぶことも中国書を買うことも、中国人の召し使いを雇うことも許しませんでした。

また、清朝にとってイギリスのもたらす商品（特に毛織物）は、珍奇なものであっても生活に必須のものではなく、購入の意欲がありませんでした。一方で、ヨーロッパでは中国の独特の香りを持つ茶を中国の陶器で飲む習慣が人気を博していたため、中国の品々をイギリスは大量に輸入していました（図72）。イギリスは、清朝のとる貿易体制にも、そして、貿易収支にも大きな不満を感じていたのです。

イギリスは対等な国交と公平な取引を実現すべく使節を送り交渉にあたらせます（乾隆帝《けんりゅうてい》の時代にマカートニー、嘉慶帝《かけいてい》の時代にアマーストを派遣）。けれども、時の乾隆帝は使者に対して次のように述べます。

「貿易は、万国に君臨する中国皇帝が周辺を育て恩恵を与えるためのものである。中華の産物は豊富であって、これといってないものはなく、外夷の産物は我々にとって必須のものではない」

使者は返す言葉がなかったことでしょう。中国にとってイギリスなどとるに足らない国だったのです。マカートニーは、中国の未来を次のように予言して中国を去ります。

「中華帝国という船は、有能な艦長が続いたおかげで過去150年間を無事に浮かんできたが、今では古びて傷んでいる。ひとたび無能な艦長が指揮をとることになれば、艦の規律は緩み、安全は失われる。艦はすぐには沈没しないで、しばらくは難破船として漂流するかもしれないが、やがて岸にぶつかり粉微塵《こなみじん》に砕け散るであろう」

話し合いによる解決の道は断たれ、

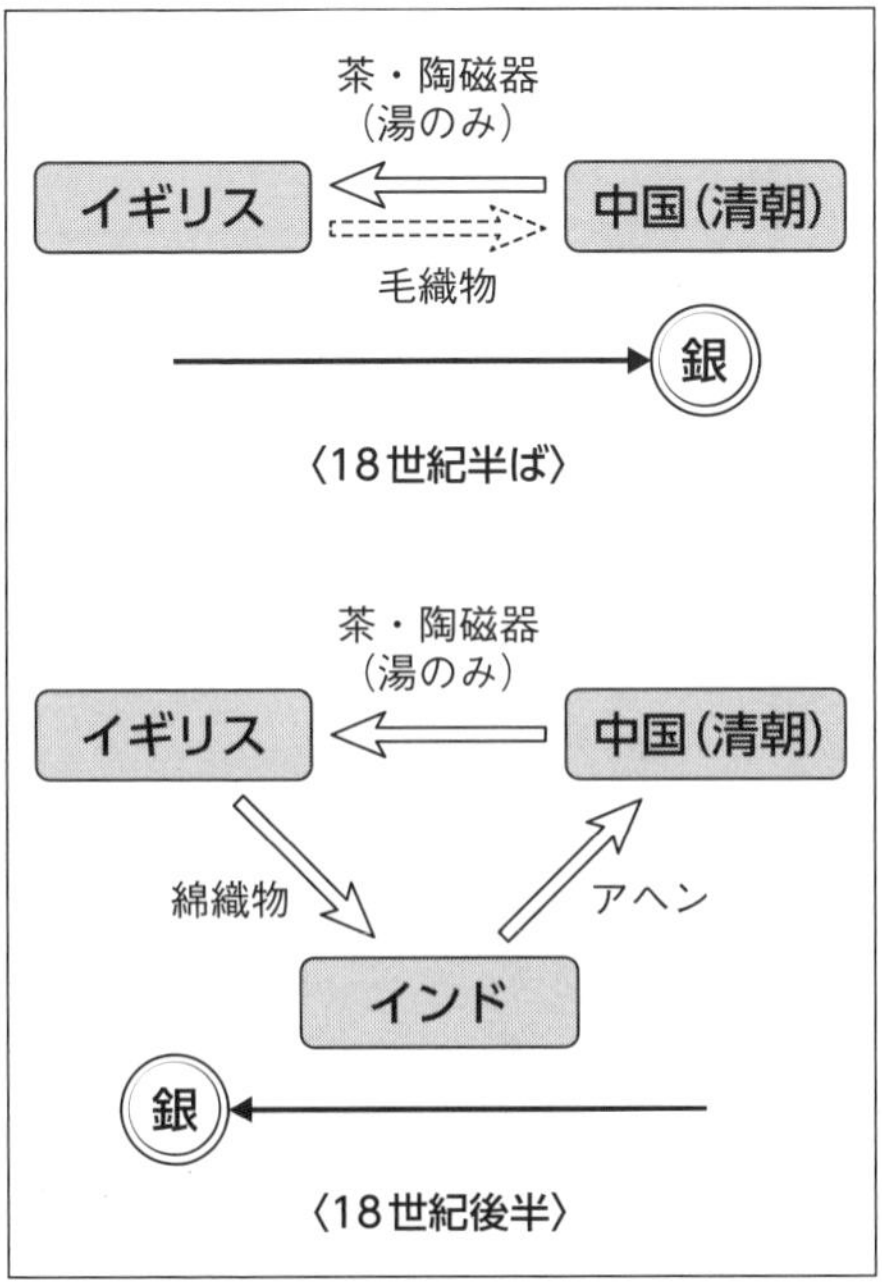

図72：三角貿易

イギリスには武力による解決の道だけが残されました。ただ、そうこうしている間にも赤字は膨らみます。根本の問題である体制の問題は兎《と》も角として、緊急の問題たる収支の問題はなんとかしなければなりません。

清朝が抱えた問題

18世紀後半。産業革命によってイギリスの主力商品が毛織物から綿織物へと転じると、イギリスは貿易の形態を変更します。中国からは相変わらず大量の茶を輸入しますが、イギリスからインドへ綿織物を、そしてインドから中国へ麻薬のアヘンを大量に輸出します(三角貿易)。これによって貿易黒字に転換することに成功し(図72)、最悪の状態は脱しました。しかしながら、麻薬によって貿易黒字を続けるわけにもいかず、貿易体制という根本の問題も解決していません。

さて、他方、今度は一転して清朝が問題を抱えるようになります。イギリスによってインドから大量にアヘンが持ち込まれたため、中毒者が激増してしまったのです。貧民が手を出すならまだしも、官僚や軍隊にも蔓延しているとなれば看過できません。清朝ではアヘン問題に対して弛禁策をとるか厳禁策をとるかで割れますが、こういった問題は「ダメ。ゼッタイ。」で対応すべきでしょう。こうして、両国が不満を持つことで、ようやく両国は向き合うことになりました。嘉慶《かけい》帝に続いた八代目の道光帝は、厳禁策を訴える林則徐《りんそくじょ》にアヘン密輸とアヘン吸引を厳しく取り締まるように下命、戦端の火蓋となる広州へと送り込んだのでした。

アヘン戦争

１８３９年3月、林則徐（図73）は広州に到着すると電光石火の行動に出ます。民衆の持っているアヘン吸引器具は全て没収、外国商人に対しても、商品としてのアヘンを3日以内に全て引き渡すことを要求、さらに今後アヘンを持ち込んだ場合は死刑に処されてもかまわないという誓約を迫ります。イギリスだけが誓約を拒否してマカオへと退去、しかし、林則徐はイギリスが武力をもっていないことを知るとマカオを武力封鎖して食を断ち、さらに井戸に毒を巻いて水も断ったため、イギリスは船上への避難を余儀なくされてしまいました。危機においては果断な決断力と強靭な行動力が必要です。瞬き一つの間の動きでした。没収したアヘンは2万箱、１４００トンにのぼり、林則徐はこれらを横流しせず、民衆が見守るなか全て海に投棄。人々は度肝を抜かれ、

図73：林則徐

アメリカの商人たちは帽子をとって林則徐に畏敬の態度を示したといいます。しかし、これは武力行使を念頭に置くイギリスに格好の口実を与えることになってしまいました。

イギリスも黙っているはずがありません。「アヘンの密輸」などという開戦理由に反対の声も大きかったものの、議会が僅差で開戦を可決、1840年の8月には、東シナ海に大英帝国の軍艦16隻、武装汽船4隻、陸軍兵士4000人を送り込みます。

イギリス艦隊は林則徐《りんそくじょ》が万全の体勢を整えて待ち構える広州を避け、北部の沿岸を占領していきました。イギリスが蒸気機関を動力とする鉄甲艦を並べたのに対して、清朝は風力で動く木造の帆船で応戦、銃火器に対しては青龍刀で立ち向かったといいます。これでは勝負になりません。圧倒的な軍事力の差にあわてた道光帝は、愚かにも、戦争の原因となった林則徐を解任して左遷、南京条約を締結して事態を収束させることになりました。

林則徐は左遷先でも改革に着手して活躍しましたが、以降、外敵の脅威と対峙する機会が与えられることはありませんでした。清廉潔白、そして左遷されても国家のために尽くした憂国の士は、後世の人間から深く尊敬を集めています。

条件を整えたものの

南京条約の内容は次の通りです。

1　対等国交の原則（中華の意識を改善）
2　公行の廃止（取引相手を拡大）
3　広州・廈門《アモイ》・福州・寧波《ニンポー》・上海の5港開港（取引場所を拡大）
4　香港の割譲（イギリスによる香港支配の始まりとなる）
5　賠償金の支払い

さらに、イギリスは有利かつ安全に貿易を進めるために不平等条約の締結を強要しました。開港場にて土地を提供させ、そこではイギリスの法律を適用、貿易に関しては自由貿易を強要して保護貿易を行う権利を剝奪、そして、イギリスが最も恵まれた待遇となるようにする、といった内容です。

清朝に危機意識はありませんでした。そもそも中国人にとって国家間の「平等」という発想はなじみがなく、むしろ外国人をなだめるための一時的な譲歩ととらえていました。これまで北方民族に行ってきた「懐柔」の一環だったのです。南京条約の締結時、高級官僚たる曾国藩《そうこくはん》は郷里に次のような手紙を書き送っています。

「もし夷人が今後はずっと辺境をおかさず全国が安心して暮らせるなら、〔孟子がいうように、仁を重んじる寛大な態度の〕大国が小国にへりくだるのは、天命を楽しむ境地であって、上策といえるでしょう」

さて、これだけの条件を整えても、イギリスの綿織物は中国で順調に売上を伸ばすことはできませんでした。清朝が条約を履行しなかったことや、開港した場所が沿岸や南部に偏っていたことなどが挙げられます。イギリスは新たな要求を通すため、もう一度戦争を行う必要がありました。曾国藩《そうこくはん》が先のように語った一方、イギリスは武力行使の体制を整え、いつでも戦争に踏み切れるよう、その時を待ちました。

アロー戦争

1856年。広州に停泊していたイギリス船籍を名乗るアロー号を清朝の官憲が臨検、海賊船と判断して乗っていた中国人12名を逮捕、掲げられていたイギリス国旗を引き摺り下ろして海に投げ捨てる、という出来事が起こります（アロー号事件）。

「これは戦争にできるぞ！」

イギリスはこれに激しく抗議。実際には、船籍登録が過ぎており、アロー号の臨検は合法でしたが、特にイギリス国旗の扱いは侮辱であるとして武力行使に踏み切ります。第二次アヘン戦争とも呼ばれたアロー戦争です。

イギリスはフランスに共同出兵を求め、英仏軍が広州を占領。さらに連合軍は北上して天津へと進出、九代目の咸豊帝《かんぽうてい》はあっけなく降伏して天津《テンシン》条約が結ばれました。主な内容は次の通りです。

1 南京などの開港場の増加（内陸での開港を追加）

2 外国公使の北京駐在（中央政府と迅速に交渉できるようにするため）

3 キリスト教布教の自由（西洋人に慣れさせ、綿製品の売れ行きを伸ばすため）

連合軍が引き上げると、宋代にも見られた、中華意識に基づく違約ぐせが出ます（p196参照）。中国では条約内容を非難する声が上がり、イギリスの使節が条約の批准のために天津に現れると、清朝は砲撃を加え撃退。翌年、英仏軍は再び天津の砲台を占領して交渉にあたりましたが、使節団のうち11名が拷問の末に殺害され交渉は決裂、連合軍はいよいよ北京に迫り、首都を占領しました。その際、かつて宣教師のカスティリオーネによって建造された円明園は破壊されてしまいます（p224参照・図74）。

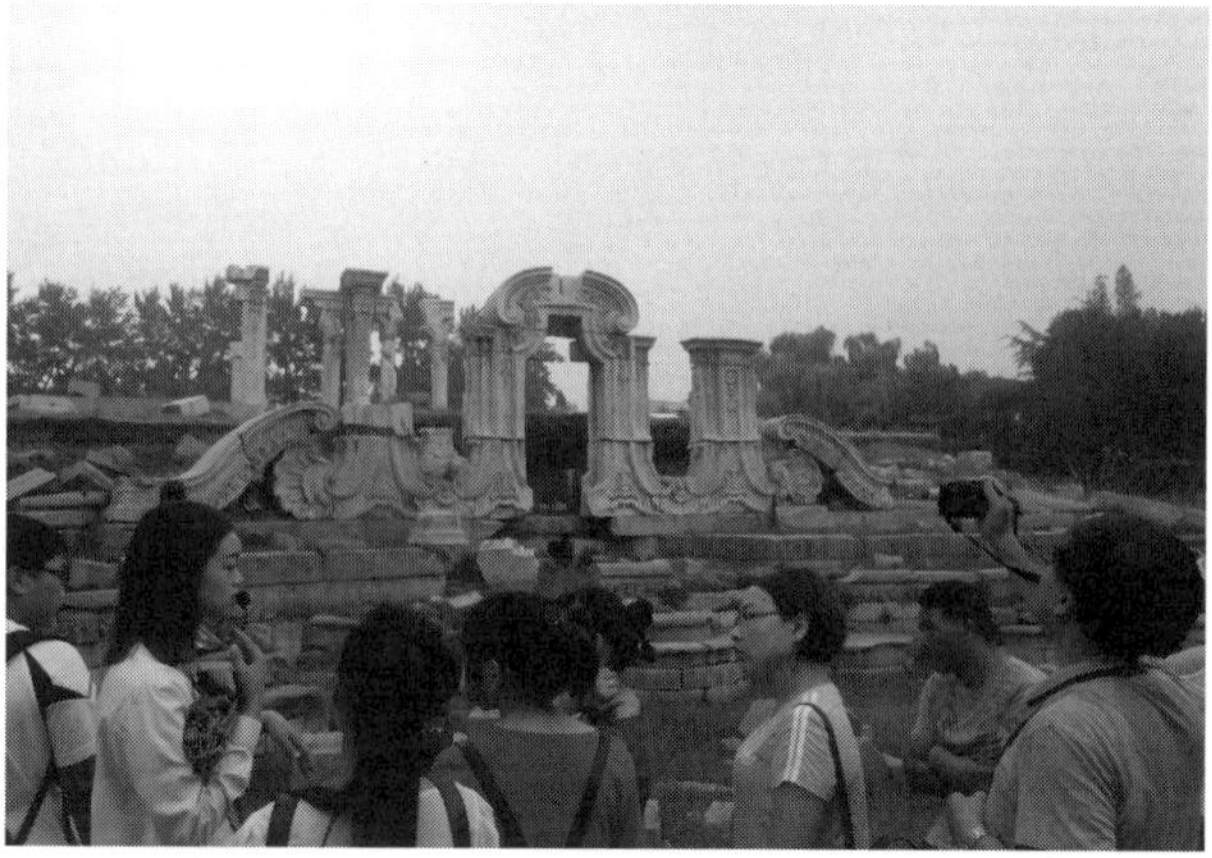

図74：円明園

清朝はたまらず降伏。天津《テンシン》条約の批准に加え、新たに北京条約が結ばれ、清朝は最初の外交事務官庁（総理衙門《がもん》）を設置することになりました。中国はイギリスやフランスによって西洋中心の国際社会に引きずり出されます。現代に至る中国の苦難の歴史の始まりです。

洋務運動

アロー戦争が終結すると、清朝は束の間の平穏な時期を迎えます（同治の中興）。この時期をとらえ、清朝は立て直しを図りました。しかし、どうすればよいのでしょう……？

１８６０年代、十代目の同治帝の治世、清朝では、洋務派と呼ばれた曾国藩《そうこくはん》や李鴻章《りこうしょう》ら（図75）漢人官僚たちが担い手となって洋務運動と呼ばれる改革が行われました。スローガンは「中体西用《ちゅうたいせいよう》」、すなわち「中国の伝統を本体として西洋の技術を応用しよう」というものです（p195参照）。

改革は軍事部門を中心として進められました。アヘン戦争・アロー戦争でヨーロッパの近代兵器を目の当たりにしたのですから、当然のなりゆきでしょう。曾国藩・李鴻章らは組織した私兵を西洋式のものに改組していきます。新式の訓練を施し、新式の装備を与え、軍艦を購入して海軍を創設、さらに自国でも生産できるようにしていきます。軍事の分野で始まった改革は、やがて運輸や通信の施設の整備、さらには鉱業の分野にまで及んでいくことになり、期間にして30年に及びました。

　改革には、これまでの歴史にはなかった姿勢が見られました。中国に西洋の学問や技術が紹介されたのは、今回が初めてではありません。唐代に外来の思想は数多く伝わっていますし（p156参照）、明末清初にもイエズス会宣教師によって西洋の学問や技術はたくさん紹介されています（p224参照）。それでも、中国人は感心するのみで自ら進んで取り入れていこうとする姿勢はありませんでした。中国人が積極的に学んでいこうとする姿勢へと転じたことは前進への一歩と見なすことができるでしょう。ただし、この改革は１８８０～９０年代の戦争によって失敗を露呈することになります。

図75：李鴻章

崩壊する中華世界

　東アジアは古くから、中国を親分として、周辺を子分たちがぐるりと取り囲む世界でした（冊封《さくほう》体制・p155参照）。中国の二番弟子がベトナム、一番弟子は朝鮮でしょう。清朝のイギリスに対する態度も、こうした伝統からくるものでした。しかし、長らく続いた東アジアの国際体制は欧米列強によって崩され、中華の意識にも打撃が与えられます。

まず、フランスがベトナムを制圧すると、清朝との間にベトナムの宗主権をめぐる争い、いわば親分争いが勃発します。清仏戦争（１８８３—８５年）です。清朝は敗北して、フランスがベトナムを保護国としてしまいます。さらに、台頭した日本が勢力を伸ばすと、やはり清朝との間に朝鮮の宗主権をめぐる争い、すなわち日清戦争（１８９４—９５年）が勃発しました。周知の通り、勝利した日本は優先権を確保、続く日露戦争（１９０４—０５年）にも勝利して朝鮮を保護国としていきます。

中国は東アジアにおける親分としての地位を剥奪されて、必然として「中体西用《ちゅうたいせいよう》」という中華の意識に打撃が加えられ、そして軍事改革である洋務運動は、戦争の敗北によって失敗であったということが露見しました。核心にあたる部分は変えず、表層を取り繕うことでは解決できない、欧米列強と肩を並べるには、貿易にしろ、軍隊にしろ、表面の改革に終始していてはいけない、核心にあたる中華の意識を変えなければならないということです。

二つの戦争、特に日清戦争に敗北したことの重大性は深刻でした。過去の洋務運動の失敗のみならず、未来の清朝をも苦境に陥れる転機にもなってしまうのです。

「眠れる獅子」は「死せる豚」だった

二つの戦争以前、中国への進出を図っていたのは主にイギリスで、他の列強は中国を「眠れる獅子」と呼んで手を出そうとしませんでした。しかし、極東の小国である日本に敗北することで中国の無力さが露呈、一転して中国は「死せる豚」と呼ばれるようになります。取り巻きであった他のヨーロッパ列強も中国へと殺到するようになります。

清朝は日清戦争の賠償金支払いに苦心していたため、列強から借款《しゃっかん》を受け、列強は担保として土地を租借する、同時に鉱山採掘や鉄道敷設などの権利を奪う、という形で中国分割は進

図76：列強の勢力範囲

図77：中国分割

められていきました（図76）。まさにピザを分け合うように、抵抗する間もなく中国は分割されてしまったのです（図77）。

二つの戦争、特に日清戦争は日中の明暗を分けました。日本は戦争を経て韓国を併合（1910年）、欧米列強に肩を並べる大躍進を遂げますが、中国は欧米列強によって分割され、大打撃を被り、亡国への道を転がり落ちるのです。

変法

それでも、中国を再建しようとする指導者もいました。同治帝に次ぐ光緒帝《こうちょてい》は、わずか4歳で即位したため、西太后《せいたいごう》（図78）が外戚として権力を握ります。こうした幼くして即位した皇帝は外戚に実権を握られるものですが、成人に達する頃には外戚の操り人形であることに不満を感じ、外戚に対抗しようと動き始めるものです（中国の見方8）。成人に達した光緒帝は清仏戦争・日清戦争と相次ぐ国難を嘆き、立て直しを図るためにも、西太后の傀儡からの脱却と、根本的な体制の変革が必要だと感じていました。

一方、中国分割が加速するなかで、同じように抜本的な改革を訴える勢力が出現していました。変法派と呼ばれた若手の政治家である康有為《こうゆうい》らです。変法派は洋務運動を表面的であるとして批判するとともに、より本質的な改革を訴え、近代政治の二本柱である立憲政治と議会政治、すなわち立憲君主政の樹立を目指す運動を展開しました。これを変法自強運動といいます。

光緒帝の求める答えは変法派の主張にありました。皇帝は親政を開始すると、変法派とともに、大胆かつ急激な政治改革を断行します（戊戌《ぼじゅつ》の変法）。

「西欧各国が500年で成したことを日本は20年余りで成し終えた。我が国土は日本の10倍以上あり、明治維新に倣えば3年にして大略成り、5年にして条理を備え、8年にして効果を上げ、10年にして覇業を定める！」

変法の失敗

しかしながら、光緒帝の個人的な思いと康有為の意固地な姿勢は、変法派のなかに不和を生み、改革は思うように進みません。西太后を中心とする保守派による批判と抵抗が激しさを増すと、宮廷は混乱に陥ったため、変法派の一部は西太后ら保守派を幽閉して事態の打開を図ろうとします。変法派は軍隊をもたなかったため、李鴻章《りこうしょう》の後継者であり、改革を支持していた袁《えん》

図78：西太后

世凱《せいがい》を頼ります。袁世凱も案を承諾したかに見えました。ところが、旗色が悪いと判断した袁世凱は、計画を西太后《せいたいごう》に密告、動きは早く、翌日には変法派の大粛清が行われ、康有為《こうゆうい》らは日本に亡命、光緒帝《こうちょてい》は逆に幽閉されてしまいます（戊戌《ぼじゅつ》の政変）。清朝政府の実権は西太后の握るところとなり、またも改革は挫折することになりました。

変革や反発の声を上げたのは上層の者たちだけではありません。大衆たちの間でもナショナリズムが爆発することとなりました。しかし、それも失敗に終わってしまいます。

義和団事件

民衆は、自分たちの生活が困窮するなかでヨーロッパ人を恨み、西洋文化を憎みました。それは中国に滞在するヨーロッパ人たちとの間の紛争となって表われます。なかでも、最も大きな事件となったのが義和団事件です。

義和団は義和拳という武術を修練した集団です（図79）。民衆になじみのある『西遊記』の孫悟空や『三国志演義』の諸葛亮などを神と崇め、「義和拳を身につけること100日に及べば、刀のみならず銃弾も跳ね返せる肉体となり、400日にして飛翔する魔力を得る」と教えていました。彼らは山東省を拠点として勢力を拡大、やがては20万人にものぼる集団となると、「扶清滅洋《ふしんめつよう》（清朝を扶《たす》けて西洋を駆逐する）」を掲げ、各地で鉄道や電線を破壊、教会や病院を焼いて西洋人一般を襲いはじめました。現実に対してあまりにも幼い抵抗でした。西太后は、義和団の攻撃の矛先が西洋にあると知るなり、列強に対して開戦する旨を宣言します。こちらも、現実に対してあまりにも甘い決断といわざるをえません。

状況はアヘン戦争・アロー戦争の頃とは異なり、中国にはイギリスのみならず列強が進出しています。列強8ヵ国（英・仏・独・露・日・米・墺・伊）が、北京に居住する自国の居留民を救うため共同で出兵。清軍の装備は前近代的であり、義和団兵たちの多くは刀剣を武器とするのみで、銃すらもっていませんでした。たちまち列強に敗れ、北京の紫禁城《しきんじょう》は占領され略奪に晒されました。西太后らは農民に身をやつして西安へと逃れていきます。この時、西太后はようやく自分の見通しが全くの誤りであったことを痛感したでしょう。しかし、それは遅すぎました。中華帝国という船は、漂流した末に、いよいよ粉《こな》微塵《みじん》に砕け散ったのです。

図79：義和団

進退窮まる

欧米列強8ヵ国との間には和約が結ばれ（辛丑《しんちゅう》和約）、中国は外国に対して北京に駐兵する権利を与えることになると、ついに半植民地と化してしまいました。帝国主義の時代、アジア・アフリカの多くの国がヨーロッパに滅ぼされて支配を受けることとなりましたが、中国という広大な地域の場合、しかも、複数の列強が進出している地域の場合、直接の統治は困難です。したがって、清朝に対しては「生かさず殺さず」の半植民地という形態がとられたのです。

さすがの西太后《せいたいごう》も心を入れ替えます。光緒帝《こうちょてい》が解放され、変法派の進めた改革の計画が実行に移されました（光緒新政）。近代政治を行うため、憲法の制定と議会の設置を目指します。科挙は廃止され、儒学の知識ではなく西洋の学問を学ぶことが重視されて、多くの学生が国外へ留学しました。西洋を模範とした軍隊（新軍）が各省に創設されると、留学を終えて帰国した学生たちが将校や兵士となりました。ただし、光緒帝は相変わらず西太后の傀儡に留まります。

改革は遅すぎました。数年後、最後まで自由を手にできなかった光緒帝が崩御、翌日には西太后も世を去ります。後継には、清朝最後の、否、中華帝国として最後の皇帝となる溥儀《ふぎ》（宣統帝）が指名されました。

満州人たちの度重なる失態、遅すぎた改革に、漢民族、すなわち中国人たちは既に清朝を見限り、清朝打倒と「中国人の中国」を取り戻すための新たな動きを進めていました。これを牽引したのが「国父」と呼ばれた孫文（図80）です。難破船としての中国に、ようやく舵をとる人物が現れるのです。

孫文

1905年。孫文はヨーロッパからアジアへと向かっていました。船は地中海から紅海へ抜けるため、スエズ運河にさしかかると、現地民が孫文のもとに駆け寄ってきました。

「おまえは日本人か？」

アラビア人と思しき男たちが興奮した様子で尋ねるのです。

「違う、私は中国人だ。何があったのか、なぜそんなに嬉しそうなのだ？」

「なんでも、ロシアがヨーロッパからまわした海軍を、日本が全滅させたということだ。そのニュースが本当かどうか知らないけれど、自分たちは運河の両側にいて、通る船ごとにロシアの負傷兵がヨーロッパへ送られるのをよく見る。きっとそれはロシアが大敗した証拠に違いない」

「まさか、そんなことが……」

孫文は呆然と海の向こうを眺め、大きな勇気がわいてくるのを感じました。この年、日露戦争で

図80：孫文

の日本の勝利は驚きをもって全世界をかけめぐります。当時、全世界は欧米の支配に屈服していました。無論、中国と同様に各地で抵抗が起きていましたが、それらは全て抑え込まれてしまいます。けれども、数百年ぶりにアジアがヨーロッパを打ち破ったのです。

孫文は日本の東京に向かうと、現在の池袋にて、革命諸団体を結集した中国同盟会を結成しました。当時の革命団体は同郷の者で組織され（中国の見方2）、広東《カントン》省出身者の組織、浙江《せっこう》省出身者の組織、湖南省出身者の組織といった具合に分立しており、結束を欠いていました。孫文は日本の勝利を契機に、それらを大同団結させたのです。そこには留学中の若き蔣介石《しょうかいせき》の姿もありました。孫文はのちに次のように演説します。

「どうしてもアジアは、ヨーロッパに抵抗できず、ヨーロッパの圧迫からぬけだすことができず、永久にヨーロッパの奴隷にならなければならないと考えたのです。（中略）ところが、日本人がロシア人に勝ったのです。ヨーロッパに対してアジア民族が勝利したのは最近数百年の間にこれが初めてでした。この戦争の影響がすぐ全アジアに伝わりますと、アジアの全民族は大きな驚きと喜びを感じ、とても大きな希望を抱いたのであります」

計画

孫文は、革命の方針として三民主義（民族独立・民権伸張・民生安定）を具体化した四大綱領を掲げました。それは次の通りです。

◉駆除韃虜《くじょたつりょ》……満州人の打倒
◉恢復中華《かいふくちゅうか》……中国人の中国を取り戻す
◉創立民国……民主共和国の建設
◉平均地権……土地の平等

満州人の清朝を打倒して中国人の中国を民主共和国として建設、農民には平等に土地を分配していこうというものです。こういった方針を機関誌『民報』で訴えていきました。以降、孫文は幾度となく中国に帰国して清朝に対する武装蜂起を行いましたが、ことごとく鎮圧され失敗に終わってしまいます。のちに「中国革命の父」と呼ばれることになる孫文ですが、革命はなかなか実を結びませんでした。まもなく、清朝政府の手がまわったため、孫文は日本にも香港にもシンガポールにも滞在できなくなり、資金と同志を集めるために世界を転々とすることになります。

空想

「あの空想家に何ができる！」

革命派の一人が吐き捨てるように言いました。孫文には、そのように仲間内から言われても仕方のない面がありました。孫文の抱える問題を整理してみましょう。

第一に、一般民衆に基盤を置かなかったことでしょう。言い換えれば一部のエリートだけで革命を進めていたことです。中国の王朝は常に民衆、すなわち農民たちによって打倒されてきました（中国の見方9）。清末には民衆の暴動が繰り返されていましたが、孫文らは冷然として民衆に声援を送ることはありませんでした。中国はエリートと大衆の社会ですが（中国の見方13）、中国の行く末を大きく決定するのは常に大衆なのです。

第二に、一方で、資産階級の要求にも応えなかったことです。当時は欧米列強に奪われた利権を回収するための運動が頻繁に起こっていました。しかし、孫文らは、四大綱領に満州人の打倒と中国人の中国を掲げるのみで、そこには欧米列強に対する反発が含まれていません。孫文のナショナリズムは反満であって反帝国主義ではなかったのです。要するに、貧乏人には目を向けず、富裕層にも応えなかったわけです。

第三に、革命団体が統一されたといっても、実際には足並みが揃っていなかったことが挙げられます。まずもって、中国人は同郷の結びつきが強いため（中国の見方2）、各団体がもっていた地域性はなかなか拭えるものではありませんでした。それらを協調させるはずの理念についていえば、共有されているのは「駆除韃虜《くじょたつりょ》」「恢復中華《かいふくちゅうか》」という民族独立の一点、反満の一点だけだったといえます。「創立民国」という民権伸張は共和主義を意味しますが、海外経験が長く西洋思想に傾倒する孫文には理解できても、皇帝独裁を歴史としてきた中国の人々に理解する者は多くありません。そもそも人間で溢れかえる中国において、共に和す政治などというのは実現できるかさえ疑問です。「平均地権」という民生安定についてはさらに無理があります。孫文は海外を多く見聞することで、近代国家たる欧米にも社会問題があることを知りました。これはそれをも解決してしまおうというものです。中国にとっては遠い問題であることは明らかで、理解する者は多くありませんでした。

孫文は14歳の頃より海外で生活を送り、中国に帰国したのちもヨーロッパの学校で学び、香港で仕事をしていました。革命に身を投じてからは亡命生活の連続です。中国の歴史を知らず、中国の現実も知らず、同志から断罪されてしまう側面があったのも、そういったところに原因があるのでしょう。

１９１１年。アメリカにいた孫文に本国のニュースが飛び込んできました。革命軍が武昌《ぶしょう》で蜂起したというのです。実は、辛亥革命は孫文の居合わせないところで始まりました。

辛亥革命

清朝政府が幹線鉄道を国有化して再び列強からの借款《しゃっかん》を試みると、四川の資産階級が反発、大規模な暴動が起こりました（四川暴動）。清朝政府は光緒《こうちょ》新政によって設置された武昌の新軍に鎮圧を命じましたが、開明的な将校・兵士が多かったため、軍は鎮圧を拒否。逆に清朝に対して蜂起すると（武昌蜂起）、清朝からの自立を宣言、これに呼応して各地の省は次々に清朝から離反していきました。こうして辛亥革命が始まります。

孫文は、風雲急を告げるなかで帰国、清朝から離反した省を吸収していくと、南京にて臨時大総統に就任、そして中華民国の成立を宣言しました。秦の始皇帝から2000年以上続いた「皇帝による王朝体制」を捨て、中国初の、そしてアジア初の民主共和国を成立させます。

「革命における破壊と創造とは、もともと相互に不可分なものである」

辛亥革命では、まだ破壊が終わっていません。清朝は依然として北京に命脈を保っています。そして、創造についても不安が残ります。創業と守成は、実は前者のほうが難しいのでしょうか。

創造に欠けた理念

中華民国は清朝の主権を継承しようとしているわけですが、孫文の掲げた「民族独立（駆除《くじょ》韃虜《たつりょ》と恢復《かいふく》中華《ちゅうか》）」を強調しすぎると矛盾が生じます。清朝は帝国として様々な民族を内包しています。五族と呼ばれた漢（漢民族）・満（満州人）・蒙（モンゴル人）・回（ウイグル人）・蔵（チベット人）です。五族のうち、漢民族のナショナリズムを高揚させすぎると他の民族が離反してしまいます。そこで、孫文はあわてて「民族独立」を「五族共和」に置き換えました。しかし、それは革命派を結束させていた唯一の理念が崩壊することを意味します。

「信念ができると、力が生まれる」

逆に理念の喪失は意欲の鈍化を招きます。辛亥革命が瓦解するヒビはこうしたところにあったのです。

清朝は鎮圧のための軍を送らなければならないものの、光緒《こうちょ》新政によって設置された新軍はもはや使えません。そうすると、頼れるのは洋務運動で整えられた漢人官僚の軍隊です。清朝政府は李鴻章《りこうしょう》の勢力を継承していた袁世凱《えんせいがい》（図81）の軍閥（北洋軍閥）に鎮圧を命じました。

創造に欠けた武力

袁世凱の立場は微妙なものでした。鎮圧に失敗すれば断罪され、成功したとしても「狡《こう》兎《と》死して走狗《そうく》煮らる」ということになりかねません（p38参照）。袁世凱は漢人王朝を樹立しようとする野心をもって、清朝も孫文も押さえる道を考えました。袁世凱は革命派が武力に劣っている点を見抜き、孫文に密約を持ちかけます。袁世凱の軍事力で清朝を打倒することに協力する代わりに、袁世凱に大総統の席を譲る、言い換えれば、孫文の率いる勢

図81：袁世凱

力をいただく、というものです。ここで、革命派の空疎な理念と弱体な武力という弱点が浮き彫りになり、孫文らは密約を受け入れる道しかありませんでした。

袁世凱《えんせいがい》は武力をもって最後の皇帝たる宣統帝（溥儀《ふぎ》）を退位させます。ここに300年の歴史を持つ清朝の支配は幕を閉じました。さらに、密約に従って中華民国大総統の座に就くと、すぐさま首都を孫文らの拠点である南京から自らの拠点である北京に遷都、さらに独裁政治を始めて革命派を弾圧していきます。孫文は抵抗する武力を持ちません。こうして、袁世凱はまんまと「夷をもって夷を制する」かたちで中華民国の権力を掌握（中国の見方14）、辛亥革命は袁世凱の個人的な野心を遂げるための道具にされ、中華民国は袁世凱の支配する国家となってしまいました。

ラストエンペラーのたそがれ

最後の皇帝となった溥儀（図82）は、住み慣れた紫禁城《しきんじょう》から追われ、北京の日本公使館に結婚したばかりの妻とともに身を寄せました。旧清朝の立場からは遜帝《そんてい》と呼ばれ、革命派からは廃帝《はいてい》と呼ばれ、屈辱の日々を送ることになります。彼は心境を次のように語ります。

「私は紫禁城の外の筒子河《とうしが》のほとりまで行って角楼と城壁の輪郭を望見しながら、思わず胸が熱くなった。私の目には涙が溢れ、心の中で固く誓った。いつの日か、かならず勝利した君主の姿で、ここへもう一度帰ってくるのだ」（『わが半生』より）

以降、ラストエンペラーは清朝再興の夢をもって歴史に翻弄されることになります。

結局、何が残ったか

辛亥革命ののち、中国に残されたものは何であったのか。やがて袁世凱は共和政を改め、皇帝に即位して伝統に則った帝政を宣言しますが、反発が大きく撤回、失意のうちに病死してしまいます。すると中華民国政府には、袁世凱の部下であった烏合の軍人たちが残されました。軍人というのは、かつて宋の趙《ちょう》匡胤《きょういん》がそうであったように（p171参照）、常に「頼りになるお頭」を求めるものです。しかし、袁世凱は死にました。統率がとれなくなった軍人たちは、政府の実権をめぐって抗争を始めます。

図82：子どもの頃の溥儀（右）

一方の孫文は、革命が失敗したとわかるやいなや、早々と東京へと亡命、革命のやり直しのため、新たに中華革命党という秘密結社を結成しました。そこには、大衆を基盤とする姿勢が未だに見られません。広東省に政府を樹立して革命の拠点としますが、消滅と再建を繰り返す、これまた安定しないものでした。要するに、終わってみれば、中国には二つの不安定な政府が残っただけです。

辛亥革命は孫文という空想家と袁世凱という野心家による茶番に終わり、中国の歴史はさらなる泥沼へとはまりこんでいきます。中国の大地には前進を予感させるものが何もありません。けれども、中華の歴史は何度も苦難を乗り越えてきました。いったい誰が中国の再建を担うべきか。それはいつだって民衆たちの手によって成されてきたではないか！

第9幕

中華の再建——啓蒙と救国

第一次世界大戦と中国

辛亥革命が失敗に終わった後、突如としてヨーロッパで第一次世界大戦が勃発しました（1914年）。

日清戦争以降、中国には欧米列強が殺到して半植民地化が進みました。しかしながら、第一次世界大戦が勃発すると、ヨーロッパの国々はヨーロッパ戦線に釘づけになり中国どころではなくなります。好機を得たのは日本でした。日本はイギリスと同盟を結んでいたため（日英同盟）、ドイツを敵として参戦。ヨーロッパ列強の目が届かないのをいいことに、中国にあるドイツ領（青島《チンタオ》）を占領していきました。イギリスは日本にヨーロッパへの派兵を要請しますが、ヨーロッパに派兵しても何の利益もないため、外務大臣の加藤高明は頑として受け付けません。

こうして、日本は鬼の居ぬ間に韓国を足がかりに大陸へと勢力を拡大。中華民国政府に圧力をかけ、内政干渉権などを含む「対華二十一か条要求」を呑ませることに成功します。

民衆の啓蒙

同じ頃、中国では新しい動きが生じていました。中国が生まれ変わるためには民衆が生まれ変わらなければなりません。中国を支配するのはエリートたちであっても、中国の将来を決定するのは常に民衆たちなのです。革命の志士たちは時期を待ち、来たるべき革命に備えて、大衆への啓蒙運動を始めました。これを新文化運動といいます。

運動の担い手となったのは、北京大学の教授であった陳独秀《ちんどくしゅう》や李大釗《りたいしょう》らでした。第一次世界大戦中、ロシアでは革命が勃発して、史上初の社会主義国であるソヴィエト連邦が成立しました。革命の影響を受けて、中国にもヨーロッパの最新の思想であったマルクス主義に傾倒する人々が現れます。彼らは啓蒙雑誌（『新青年』）を発行して（図83）、中国の旧体制・旧道徳の支えであった儒教道徳を批判。一方で欧米の科学的、合理的な学問・思想を紹介して民衆の教育を行ったのです。あるいは胡適《こてき》や魯迅《ろじん》らは、旧来の難解な文語体ではなく、大衆にも理解できる平易な口語体で、国際社会における中国の窮状を訴えました。

文化は人の精神です。文化を新しくすれば人の

図83：雑誌『新青年』　© Mountai

精神も新しくなります。新文化運動は民衆に新しい精神を目覚めさせ、歴史を前進させる担い手としての自覚を与えました。

第一次世界大戦後、日本の「対華二十一か条要求」が列強に承認されると、中国の民衆たちはついに立ち上がり、怒りの声を上げました。

五・四運動――起つべきときはまさにいたる！

1919年4月。中国の学生たちは異様な空気の中にありました。遥か西のヴェルサイユから「対華二十一か条要求」が承認されたとの情報が入っていたのです。北京大学の学生は2万5000人の名をもって各地に檄を飛ばします。

「青島《チンタオ》返還はついに成功の望みなし。われら起つべきときはまさにいたる！　全国民うって一丸となり、5月7日、国恥記念会を決行、もって、外敵に抗議し、難局にあたらんことを！」

5月7日とは、4年前に二十一か条要求に関して日本政府が最後通牒を突きつけた日です。

5月3日夜。北京大学の学生は大会を開催。7日に予定されていたにデモは急遽4日に行うことが決定されます。昂奮した学生のなかには刃物で自殺を図る者もいました。死をもって同志を激励せんというのです。こうして、4日午後1時半、天安門広場は約3000人の学生で埋め尽くされました（五・四運動・図84）。

「青島を回復し得ずんば寧ろ死せん！」

群衆たちもプラカードをかかげて次々に参加。なかにはわけもわからず参加していた人々もいたでしょう。やがて民衆たちは、二十一か条要求受諾の責任者たる高官の自宅を襲撃、喚声をあげて乱入すると、たまたま居合わせた別の高官に暴行を加え、火を放って引き上げていきました。

翌日から7日にかけて暴動は続き、全国主要都市へと広がりを見せ始めます。路上のいたるところで学生による未熟な、しかし熱烈な演説が行われ、人が集まり、やがて行動に移していきました。熱狂した群衆は日本製品を運び出してくると、石油をかけ火を放ちます。そのかたわらで学生たちは演説を続けました。日本留学者さえも当時の衣服や書物を次々と火に放り込みます。また、この場に自転車でやってきた一人の中学生は、その自転車を火の中に投げ込み「この自転車も日本製だった！」と叫ぶと群衆はドッと笑いました。この光景を見た日本人は次のように記しています。

図84：五・四運動

「何ぜ皆笑ふんだろう。不思議に思ひながらぢっと見ていると、その中学生は泣いていた」

中国には民主主義革命の地盤が整えられました。

陳独秀《ちんどくしゅう》や李大釗《りたいしょう》らは、ソ連の援助のもとで中国共産党を結党するに至ります。そこには若き毛沢東の姿も見られました。一方、この運動は孫文にも大きな影響を与えます。彼はようやく、大衆のエネルギーの爆発を利用しなければ革命は成功しない、ということに気づいたのです。孫文は秘密結社であった中華革命党を大衆政党である中国国民党に改組しました。

国共合作

さて、国民党と共産党は理念が異なるものの、中国のナショナリズムは、日本を含む外なる帝国主義と、それと馴れ合う内なる軍閥政府（中華民国政府）との二つへと向けられることになり、目標は反帝国主義・反軍閥政府で一致、両者は提携関係へと入ります。これを国共合作（第一次）といい、国民党と共産党の政府として新たに広州国民政府が樹立されました。そして、問題であった軍事力不足を補うため、孫文は軍官学校を広州に創設、蔣介石を校長として将校や兵士の養成にあたりました。

なお、孫文は袁世凱《えんせいがい》と提携した時の苦い経験があります（p257参照）。そこで、協力関係といっても、国民党に共産党の構成員が個人で入党することを認め、あくまで国民革命は国民党が主体であることを確認させせます。国民革命の方針は「連ソ・容共・扶助工農」となり、三民主義は新しい段階へと入りました。孫文の追い求めてきた革命は、ここに国民革命としての形を整え、敵を見定めたのです。まず、打倒すべきは、袁世凱亡き後の軍閥政府（中華民国政府）です。

革命いまだ成らず

しかしながら、これからというときに孫文は病に侵され北京にて闘争の歴史に幕を下ろします。彼は残していく同志たちに対して遺書を書き記しています。

「余、力を国民革命に致すこと凡そ40年……」

思えば孫文だけが中国を裏切らずに戦いつづけてきました。この書き出しを読むと、中国の人々は孫文の気持ちに思いを馳せ、胸が熱くなるのを感じないわけにはいきません。なぜ、私たちの父や祖父は孫文だけに背負わせてきてしまったのか、と。

図85：孫文（中央）と蒋介石（後列中央）

遺書は次のように締めくくられます。

「現在、革命いまだ成らず。凡そ我が同志たるもの、努めて須《すべか》らく余が著すところの建国方略・建国大綱・三民主義、及び第一次全国代表大会宣言に基づき、努力を継続して以て貫徹せよ」

孫文の運動には失敗こそ多いものの、彼の素直な人柄やひたむきさは「建国の父」として、中国からも台湾からも、今でも尊敬を集めています（図85）。

北伐の始まり

孫文の遺志を継ぎ、国民党の指導者となったのは蔣介石《しょうかいせき》でした。ただ、彼は兼ねてより共産党との協力に反対しており、国民党の中で勢力を増す共産党を警戒していました。国民革命軍は不安を抱えたまま中華民国政府打倒のために、広州を後にして、北京に向かいます（第一次北伐）。

当初、国民革命軍は破竹の勢いで勢力を拡大、各地に割拠する軍閥を次々と破っていきました（図86）。軍官学校で育成された若き兵は革命に燃え、戦意盛んです。武漢を占領すると上海も解放、特に経済の中心たる上海は、共産党が勢力を置く労働者たちの多い地域であったため、彼らの活躍が目立ちました。

北伐が順調に進む一方、蔣介石は岐路に立たされていました。やはり孫文の見通しは甘く、国民党を中心とした合作であったにもかかわらず、知らず知らずのうちに共産党はソ連の支援も受けて勢力を伸ばしていました。このままでは袁世凱《えんせいがい》の時と同様に革命は乗っ取られかねません。蔣介石は、こうした苦境にあって、自分が校長を勤めた軍官学校の学生兵士を頼ります。両者の間には親分と子分のような関係ができあがっており、信頼に足る部下たちだったのです。

図86：第一次北伐　© Futuretrillionaire

この苦難は彼らに託し切り抜けなければならない、そのために革命の一時的な後退はやむをえない！　蔣介石は密かに共産党の弾圧を命じました。

国共分離――蔣介石と毛沢東

1927年、4月12日、蔣介石は青幇《チンパン》と呼ばれる秘密結社を動かして上海の労働者組織を襲撃、国民革命軍も市内に突入して労働者や共産党メンバーの虐殺を行いました（上海クーデター）。同様の動きは上海のみならず、広東や北京でも行われ、共産党員は散り散りに都市を追われていきました。

蔣介石は拠点を南京に移して新たに南京国民政府を樹立（図87）。共産党に理解のあった国民党のメンバーも、結局は南京国民政府に合流して、残された北伐は、蔣介石ら国民党のみで再開されることになります（第二次北伐）。

共産党のメンバーらは、弾圧を受けて江西省の井崗山《せいこうざん》へと逃れました。その後、瑞金《ずいきん》に拠点をおいて中華ソヴィエト共和国臨時政府を樹立することになります。こうして、孫文の掲げた「連ソ・容共・扶助工農」の方針は完全に崩れ去り、両勢力は強い憎悪をもって決裂することになったのです。

革命、成る

蔣介石は南京から北上して北伐を続けます（図87）。ここで妨害を始めたのは日本でした。当時、北京にて中華民国政府の実権を握っていた軍閥は、張作霖《ちょうさくりん》を中心とする奉天派でした。日本は、張作霖ら奉天派を援助して傀儡化していたため、妨害に乗り出したのです。国民革命軍が山東半島に迫ると、日本は居留民保護を名目に出兵、蔣介石らの軍との間に武力衝突を起こします（済南事件）。

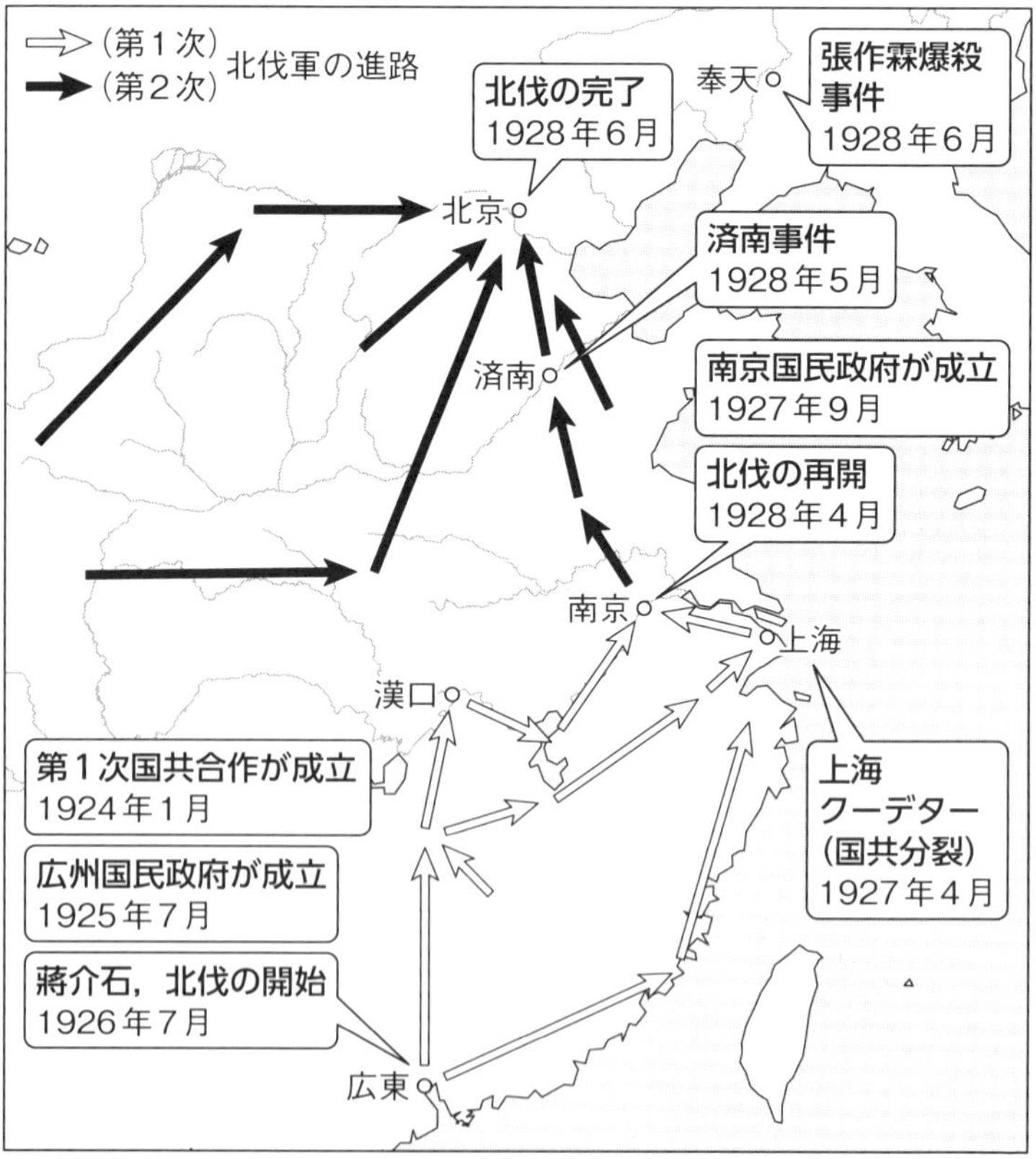

図87：北伐ルート

蔣介石らは、日本との間に協定を結ぶと、さらなる衝突を避けて北京へと至ります（図87）。そして奉天派の張作霖を撃破、北京を占領してついに北伐、すなわち国民革命を達成し、中国統一を完成させました。一方、敗れた張作霖は、奉天へと退去する際、日本によって殺害されてしまいます（張作霖爆殺事件）。南満州鉄道と関東州を警備する関東軍は、傀儡化した張作霖ら奉天派を見限って切り捨てたのです。

１９２８年7月3日。蔣介石は北京に到着しました。ただちに孫文が埋葬されている西山へと向かい、霊柩がある寺の坊内に宿泊すると、6日、蔣介石は幹部たちを連れて西山の長い石段をのぼり、霊柩の安置されている場所にまでやってきます。

現在、革命いまだ成らず
努力を継続して以て貫徹せよ

そう書かれた孫文遺像を見つめながら、代わる代わる進んで霊前に花を手向け、革命貫徹を報告します。蔣介石は感極まって涙を流しました。

志あれば必ず成る

この言葉がその勇姿を見下ろしていました。しかし、国民革命は一応果たされたものの、国内には共産党の勢力が敵として残っています。国外からは日本が侵略の機会を窺っています。こうした情勢において、中国史の主人公の座は、蔣介石から毛沢東へと移っていくことになります。

毛沢東の登場

毛沢東は湖南省の地主の家に生まれます。智者は歴史に学ぶといいますが、毛沢東は少年時代に歴史書を愛読して、秦の始皇帝や漢の武帝などはもちろんのこと、ナポレオンやリンカーンなど外国の傑物たちの話にも夢中になりました。毛沢東は、早くから中国の革命には農民が重要な役割を果たすことに気づいていたはずです。

辛亥革命が起こると、革命に参加しましたが、清朝が倒れると、再び読書づけの毎日を送って学んでいたようです。25歳のとき、毛沢東は革命運動に再び参加、団体を組織して雑誌も創刊するなど、運動の中心となっていきました。この頃、マルクスの『共産党宣言』を読んでマルクス主義者になったと毛沢東は語っています。大衆運動こそが変革をなし得ると確信した毛沢東は、1921年に共産党の結党に湖南省の代表として参加しました。

共産党の初期は、ロシアに留学した人々が中心となって、ロシア革命を模倣しようと努めました。すなわち、都市の労働者による革命です。そして、それを国民党の力を借りることで押し進めようとしました。これが共産党から見た国共合作です。しかしながら、既に見たように、国民党の蔣介石が上海クーデターを起こしたことで挫折してしまいます。共産党員は各地で抵抗した後、毛沢東を中心に江西省の井崗山《せいこうざん》に立てこもりました。

毛沢東と農民

毛沢東は農民たちをよく教育しました。ゲリラ戦の神髄は次のように教えられ、農民は兵士へと変貌していきます。

敵進我退（敵が進めば、我は退く）
敵駐我擾（敵が止まれば、我は攪乱する）
敵疲我打（敵が疲れれば、我は打つ）
敗退我進（敵が退けば、我は追う）

文字の読めない農民たちに、中国語にすればたったの16文字ですべきことを教えたのです。毛沢東の賢さは、本質を短くわかりやすく伝えるところにもありました。紀律についても次のように定めます。①行動は指揮に従う、②労働者や農民のものは奪わない、③敵から奪った者は独り占めせず皆のものとする。最終的には「三大紀律八項注意」としてまとめられ、農民たちの部隊は紅軍と呼ばれるようになります。

かくして、毛沢東は農民兵を巧みに操りながらゲリラ戦を展開、井崗山《せいこうざん》に灯された革命の火は、湖南省・江西省・福建省・浙江省へと燃え広がりました。やがて、拠点を瑞金《ずいきん》に移して中華ソヴィエト共和国臨時政府を樹立、ここに20年以上にもわたる中国建国への新たな戦いが始まったのです。

蔣介石は瑞金に猛攻撃を仕掛けます。毛沢東は紅軍を率いて大健闘しますが、やがて瑞金の保持をあきらめ、拠点を北方の延安へと移すべく、大移動を始めました（長征）。8万6000人を引き連れての大移動です。距離にして約1万2500キロ、国民党の追撃を受けながらの大移動は苦難を極めました。

中国の見方18 中国の人々は「大まか」な感覚

ここで、毛沢東の「三大紀律八項注意」に注目しましょう。中国の人々は、その「広さ」と「多さ」から、日本の「細やか」な感覚に比べ、非常に「大まか」な感覚をもっています。この感覚の違いは様々なところに見られます。例えば縄張り意識です。無論、この感覚だけが中国の領土に対する意識を支えているわけではありませんが、自分のテリトリーに関してはとても大雑把です。中国でトイレに行けば、個室の扉が半開きになっていたりします。モノに対する帰属の意識が曖昧といってもいいでしょう。あるいは、行列の順番に関してもそうです。日本人からすれば中国人が行列の順番を守らずに不快に思うことも多々あります。しかしながら、中国人にとって、行列は「道路」のような大雑把さなのです。日本人も道路では急いでいればどんどん抜かし、空いていれば車線変更をして横入りもします。

◉中国の人々は「大まか」な感覚

中国は多くの人口を抱えているため、細かいことにはこだわらずに、ザックリと端的に表現する力が指導する者には求められます。過去には劉邦が「法三章」という言葉で人民の支持を得ました（p55参照）。現在でも、政治家は「二つの○○」とか「三つの○○」といった表現を好みます。毛沢東も、この大まかな感覚でもって巧みに農民たちを教化した人物なのでしょう。

さて、国共は激しく衝突しますが、もう一人、敵がいることを忘れてはいけません。国外から侵入の機会を窺っている、日本です。

新たな敵

日本の状況を整理しましょう。韓国併合は大陸進出の足がかりに過ぎません。4年後、ヨーロッパで第一次世界大戦が勃発すると（1914年）、日本は隙を突いて中国へ勢力を拡大、中華民国政府の袁世凱《えんせいがい》を屈服させ、中国への影響力を強化します。袁世凱が死んだのちは、中華民国政府の実権を握る張作霖《ちょうさくりん》を傀儡化しました。のち、張作霖爆殺事件を起こして暗殺すると、ソ連の脅威から韓国を防衛するためにも、中国東北地方、すなわち満州の直接支配を狙い始めました。

1928年に昭和恐慌が起こり、翌年の1929年にアメリカを震源とする世界恐慌が起こると、日本の経済は大打撃を受けます。こうした国内の問題を一挙に解決する道として、大陸への進出はにわかに現実味を帯びてきました。これを実行に移したのは関東軍の参謀たる石原莞爾《かんじ》。彼は日米の間の世界最終戦争を想定して、満州の奪取をしきりに訴えていました。これを実行に移したのです。国民革命の成功から3年後の1931年、日本は満州事変を起こしました。こうして、中国の前に日本が現れます。

ラストエンペラーの夢想

国民党の蔣介石にとって、日本の侵略は重要な問題ではありませんでした。日本など「皮膚の病」であって、共産主義勢力こそ「内臓の病」であるとして、共産党の掃討が第一だったのです。日本は、中国の抵抗がないため、次々に都市を攻略して満州を制圧（満州事変）、ここに傀儡化された満州国の建設が実現しました。

このとき、関東軍が注目したのが、清朝のラストエンペラーたる溥儀《ふぎ》でした。関東軍の将校は溥儀のもとを訪れ、満州国の元首として迎えたい旨を伝えます。

溥儀「その新国家はどのような国家になるのですか」

将校「独立自主の国で、宣統帝が全てを決定する国家であります」

溥儀「私が聞いたのはそのことではない。私が知りたいのは、その国家は共和国か、それとも帝国であるかどうかということです」

将校「もちろん帝国です。それは問題ありません」

溥儀「帝国ならば、行きましょう」

皇帝の椅子を約束された溥儀は満州に向かいました。東アジアに覇を唱えようとする日本、清朝を復活させようとする溥儀、という時代に合わない夢を抱く者同士が、利害を一致させ、手を組んだのです。

図88：溥儀

満州国の首都は長春。執務のために用意されたのは塩の専売所であった建物、溥儀《ふぎ》がようやく手にいれた「紫禁城《しきんじょう》」です。彼はここに清朝の祖先を祭った祭壇をつくり、毎日欠かさずに礼拝を行いました。やがて、清朝滅亡から22年、溥儀が皇帝に即位する日がやってきます。

「私はひとり、22年間保存していた竜袍《ロンパオ》を鑑賞していた。心の中に感慨が溢れてきた。これは本当の皇帝の竜袍なのだ。私は必ずこれを着て即位せねばならない。これが清朝再興の出発点だ」

しかしながら、日本軍は竜袍を着ることは許さず、溥儀に用意されたのは満州国軍大元帥服でした（図88）。

再度の国共合作

外からの脅威が現実として進めば、内で揉めている場合ではなく、外からの危機に対して団結する必要があります。共産党の毛沢東は、長征の最中に対日統一戦線の結成を訴えますが（八・一宣言）、頑強に反共を掲げる蔣介石は応じません。これには国民党の内部からも反発の声が上がります。国民党の幹部は、督促のために西安を訪れた蔣介石を武力で監禁、抗日のための、再度の国共合作を迫りました（西安事件）。共産党の周恩来も駆けつけて説得にあたると、ようやく蔣介石は同意して、ここに第二次国共合作が実現することになりました。

日中戦争

1937年。北京郊外の盧溝橋《ろこうきょう》にて、日本軍と中国軍との間で偶発的な武力衝突が勃発しました（盧溝橋事件）。これは明らかに6年前の事件とは異なっていました。満州事変の始まりとなる柳条湖《りゅうじょうこ》事件は石原莞爾の綿密な計画と構想のもとで意図的に行われたものですが、今回の事件はそういった計画も構想もなく起こったのです。政府も軍の幹部（石原莞爾《かんじ》を含む）も、すぐさま不拡大・現地解決の方針を打ち出します。しかし、わずか4日でそれは覆されてしまいます。かくて宣戦布告もないまま戦争が始まると、なし崩し的に戦火は中国全土へと拡大、全面戦争へと向かいます。

北京を突破されると、中国には遮るものがありません。日本軍は各地を占領、南京では有名な虐殺事件も起こります。今や国民党と共産党の政府となった南京国民政府も重慶へと移されます。日本軍は広州や武漢を占領していきました。やがて、中国問題をめぐって、日本とアメリカ・イギリスとの関係が悪化し始めます。日本は多くの戦略なき愚劣な判断を重ねて太平洋戦争へと突き進んでいきます。対米英戦が始まると、日本は中国にあるイギリス領香港やアメリカ軍が日本空襲の拠点とするであろう航空基地を占領していきました。そして、戦火は太平洋全域へと拡大していったのです。

中国側は国民党と共産党の協力体制を樹立したものの、期待されたほどの効果を生みませんでした。国民党は、対日本軍よりも対共産党を重視していたため、抗日戦に関しては消極的な姿勢をとります。一方の共産党は、軍隊の装備や訓練は貧弱でしたが、人民の中にもぐりこみ深い結びつきを形成していました。日本軍の占領地域でも、人民との共闘によってゲリラ戦を展開して「占領」を空洞化、無力化していきました。こうした努力の結果、共産党は抗日戦を通じて、その支配勢力を拡大させ、抗日戦の終了後にやってくるであろう国民党との戦いを勝利に導くだけの準備を整えていったのです。１９４５年8月、日本は降伏。中国や韓国から撤退したことで、ようやく中国は外敵の脅威から解放されることになります。

第10幕 中華の復活に向けて——中国の夢

国共内戦

「恨みに報いるに徳をもってせよ」

蔣介石の言葉は当時の日本人を感激させました。けれども、蔣介石にとっては日本への制裁よりも来たる共産党との戦いの方がより大きな問題だったことを考慮しなければなりません。日本の降伏後、国民党と共産党は協定を結び、内戦回避、国内和平に一応は合意します（図89）。そして、アメリカの仲介で国共停戦協定も結ばれました。

しかし、それも束の間、国民党が一方的に協定を破棄して内戦を再開します。国民党はアメリカの支援を受け、430万の兵力にアメリカ製の武器を備えていました。対して共産党軍は120万の兵力を有するのみ。この頃までは、天安門広場に掲げられていた肖像画も蔣介石のものでした（図90）。けれども、国民党は腐敗した体質のために民衆からの支持を失っていきます。アメリカの支援を受けていましたが、内戦の停止を求めるアメリカと、内戦を優先した蔣介石の間では足並みも揃いませんでした。

共産党はソ連の強力な支援を受けながら、ゲリラ戦や見事な戦略によって勝利を重ね、国民党の保持するアメリカ製の武器を奪って装備を強化、兵力のうえでも逆転し始めます。共産党軍は規律に優れ、人民に危害を加えず、略奪もせず、着実に民衆の支持を得て勢力を拡大していきました。

１９４９年末までに、共産党による中国全土の解放が完了。同年の12月、蔣介石は台湾へと逃れていきました。

図89：国共和平合意

図90：天安門広場

中華人民共和国の成立

１９４９年10月1日の天安門楼。広場は30万の人々が埋め尽くしています。周恩来がマイクの位置を調整すると、毛沢東が高らかに宣言します（図91）。

「中華人民共和国、中華人民政府は今日、成立した！」

万雷の拍手と歓声、国歌「義勇軍行進曲」が奏でられるなか、五星紅旗が旗竿を上り風にはためき、祝砲が撃たれます。思えば長い道のりでした。１８４０年のアヘン戦争以来、そして１９２２年の結成以来、中国は苦しい経験を乗り越え、ようやく地に足をつけて新たなスタートを切ることになります。

ただし、毛沢東は冷戦という新たな世界情勢に対峙しなければなりませんでした。そして、創業に続く守成という困難も待ち受けています。中華人民共和国は激動する世界の荒波に翻弄されながらも、社会主義への挑戦と挫折を経験していくことになります。いよいよ、中国の歴史は、かつての東アジアの地位を取り戻すため、現在へと歩み始めます。

図91：毛沢東

初動

世界が東西の陣営に分かれるなかで、中国はソ連の指導する社会主義陣営の重要な一角として誕生しました。毛沢東はソ連の支援のもとで国家建設を推進します。

社会主義国家では、平等を実現するために、共産党が計画を立て、人民に実行させていく体制がとられます(計画経済)。1953年、中国は第一次五カ年計画にとりかかりました。目標は農業の「集団化」と工業の「国有化」です。中国は農業国であり、重工業はほとんど存在していなかったため、工業に重点が置かれました。各地に鉄鋼コンビナートが建設され、農業分野のみならず、工業や商業分野にも合作社が設立されて、集団化、国有化が進んでいきました。結果、56年には農業の総生産額を工業が上回り、「社会主義の確立」が宣言されるに至ります。

この第一次五カ年計画が順調に始まった頃、世界を揺るがすニュースが中国にも飛び込みました。

スターリンの死の波紋

1953年、ソ連のスターリンが世を去りました。スターリンの後継者となったフルシチョフは、内外の政策を大きく転換します。対外的には資本主義陣営との対決姿勢を弱め、「平和共存政策」を打ち出しました。対内的にも、独裁や粛清といった過去の政策を否定し、「スターリン批判」を行いました。冷戦は緊張の緩和（「雪解け」）に向かったものの、社会主義陣営のリーダーによる方針転換は、社会主義諸国を大きく揺るがす事態に発展します。

東欧諸国は、ソ連から指導を受けて自由を奪われていたため、ソ連に対する反発が巻き起こります。これをフルシチョフは徹底して弾圧しました。ソ連国内での個人独裁は否定しても、社会主義陣営内での地位は維持しようとしたのです。

中国も敏感に反応しました。スターリンが批判されるということは、毛沢東からすれば自分が批判されるのと同じことです。ここから、中国とソ連の関係は急速に悪化し始めます（中ソ論争）。毛沢東はソ連との訣別を決意、独自の国家建設を追求するようになります。けれども、それは現実離れした暴走ともいえるもので、中国を破滅に向かわせることになりました。

百花斉放・百家争鳴

毛沢東は自問自答していました。自分が批判の対象になるなどということがあるのだろうか、いや、そんなはずはない、そんな者がいることは許されない、と。第一次五カ年計画が終わりにさしかかった頃、毛沢東は講演を行って呼びかけます。

「共産党に対する党外からの積極的な批判を歓迎する！」

批判などあるはずがない、そう思っていたものの、徐々に批判が出始め、やがては共産党の支配や計画に対する批判も続出します。毛沢東は思わぬ事態に自尊心を大きく傷つけられ、猜疑心を抱き始めました。ここには毛沢東のコンプレックスが見え隠れします。毛沢東が地主の息子として生まれたのに対して、周恩来や鄧小平《とうしょうへい》は留学も経験した知識人です。このコンプレックスは攻撃的な闘争となって爆発します。

わずか4ヵ月後、毛沢東は反撃に転じました（反右派闘争）。批判は共産党のための批判ではなく、共産党を打倒するための批判である、として、批判者たる知識人の弾圧に乗り出したのです。実に55万人が右派と認定され、職場を追われるか辺境に追いやられます。11万人が投獄され、家族も含め、被害者は200万人以上とされています。

さて、こうした理不尽な運動の結果、毛沢東を批判できない体制ができあがるとともに、独裁者を、己の信念と意地をかけた挑戦に向かわせることになります。

大躍進の愚

「人民、ただ人民のみが世界の歴史を創造する原動力である」

1958年、毛沢東は第二次五カ年計画を発表しました。有名な大躍進政策です。農業の分野では米の大増産が掲げられます。第一次五カ年計画で組織された合作社を「農業・工業・商業・学業・軍事」を管理する「人民公社」（図92）に発展させ、社会主義社会の基本単位として、生産・流通・分配までの全てを管理させます。土地の私有は否定され、土地や農具、機械は公有となり、計画に基づいて集団で農業生産を行うようになります。同時に、農民は工業にも商業にも携わり、共に文化を高め、教育を受け、兵士にもなる、という万能な存在になることが目標とされました。肉体労働と頭脳労働、農民と商人、労働者の格差をなくした平等な社会を実現しようとしたのです。

工業の分野では鉄の大増産が掲げられます。1070万トンもの鉄づくりのために9000万人もの人々が動員されました。製鉄のための設備を持たない農村では、「土法高炉」と呼ばれる手作りの高炉がつくられます（図93）。一斉に鉄が製造され始めますが、素人が見よう見まねでつくった鉄は粗悪で使いものになりませんでした。原料の鉄鉱石や燃料の石炭が尽きると、農民たちは鉄鉱石の代わりに農具や調理器具など鉄製のものを集め、石炭の代わりに木材を燃料とした高炉で鉄をつくろうとしました。おわかりかと思いますが、農具や調理器具などは既に鉄であり、鉄を高炉に入れて鉄をつくるというのはリサイクルをしているにすぎません。しかも、木材を燃やす程度では

図92：人民公社の食堂

石炭ほどの高温にならず、リサイクルすらできません。要するに鉄製品をだめにしているだけです。おまけに木材を大量に山々から伐採したので、土砂崩れや洪水などの災害が相次ぎます。

大躍進政策の失敗は明らかでしたが、毛沢東の目には見えておらず、耳にも入ってきませんでした。

図93：土法高炉

現場の情報が伝わらない！

社会主義の政治体制における欠陥は、共産党の計画に対して批判が許されないことにあります。共産党の計画は絶対ですから、目標が達成できない場合は実行する者が悪い、ということになってしまいます。ゆえに、実行する者は、目標が達成できた、さらには目標を超える結果を実現した、と上層部に虚偽の報告をする習慣が生まれます。幹部が現場の視察に来ても、隣の村から食糧を運んできて豊作のように見せかけたり、倉庫の見える部分にだけ稲の束を置き、後ろは藁を置いてごまかした、などということが行われました。そうなると、共産党の上層部には現場の正しい情報が伝わらなくなります。毛沢東は、こうした虚偽の報告を信じて嬉しい悲鳴をあげ、頭を悩ましていました。

「豚の餌にしても余ってしまう」

けれども、実際には農村は飢餓と災害に苦しんでいました。毛沢東の信念と意地をかけた政策は大失敗に終わり、彼の地位は一転して危うくなります。

誰も止められない

大躍進政策の結果をめぐって、事実を進言する者は次々に粛清されていきました。歴史を振り返ると、人民の苦しみを顧みない皇帝は必ず天から見放されてきました。これは中国の伝統です。毛沢東を諫めることができるのは誰なのでしょうか。

彭徳懐《ほうとくかい》（図94）は毛沢東と同郷にして紅軍の時代からの盟友、共産党幹部のなかでも気のおけない特別な人物でした。毛沢東に対しては「主席」という敬称を用いずに「老毛」と呼び、毛沢東が寝ている部屋をノックもせずに入って叩き起こすなど、遠慮ない態度で毛沢東に接することができた唯一の幹部です。彭徳懐は個人的な意見書で盟友の失態を指摘して修正を促しました。

「大躍進の報告は誇大な報告で、人民は飢え、人民公社にも不満が溜っています」

しかしながら、裸の独裁者は苦楽をともにした盟友の率直な意見すらも聞けないようになっていました。1959年の廬山《ろざん》会議にて、毛沢東は彭徳懐の意見書を批判して叱責すると、両者は激しく衝突します。

彭徳懐《ほうとくかい》「なぜ私的な文書を公的な場で公開するんだ!」
毛沢東「君は公開するなとは言わなかったよ。同志、もう一度話し合おうよ」
彭徳懐「もう君と話すことはない、無駄だ」

そう言って彭徳懐は立ち去ります。会議の末、彭徳懐は国防部長の地位を解任され失脚。のち、文化大革命のなかで8年間にもわたる壮絶な拷問の末に無惨な死を遂げます。

毛沢東は、隋の煬帝のように（p143参照）、現実を見ようとせず、反対派を抑えて強引に大躍進政策を続けました。誰も独裁者を止められないまま飢餓は全土に拡大、中国は4000万人ともいわれる死者を出して壊滅します。同じ20世紀、日本の首相は人間の生命を「地球より重い」と表現してテロに屈しました。中国では人間の生命は「九牛の一毛」と

図94：彭徳懐

いえるような結果に終わる政策が行われたのです。

毛沢東、追いつめられる

「社会主義建設において経験が不足していました」

結局、毛沢東は自らを批判することになり、責任をとって国家主席の地位を下ります。代わって、劉少奇《りゅうしょうき》と鄧小平《とうしょうへい》の体制が成立、大躍進政策の立て直しが図られ、一部資本主義を導入することで労働意欲の回復が目指されました（調整政策）。

劉少奇らの政策によって経済が徐々に回復すると、毛沢東の存在はさらに薄くなり始めます。毛沢東は半年もの間、民衆の前に姿を見せませんでした。毛沢東の心中では、少しずつ歪んだ不満が醸成されていきました。文化大革命という遠雷が鳴り響き、中国に再び暗雲が立ちこめることになります。

揺れる世界

1960年、「雪解け」が終わり、冷戦による東西対立は再び激しくなります。ベルリンの壁が構築され、核実験も再開されました。1962年にはキューバ危機が起こり、世界は全面核戦争の危機にさらされますが、ソ連の妥協によって乗り越えられました。さらに、対立はアジアにも持ち込まれ、ベトナム戦争が勃発します。アメリカのベトナムへの介入は、世界から非難を浴び、アメリカの国内でも、学生たちによる激しい反戦運動が展開されました。こうした学生たちによる既存の体制への抵抗は世界に波及、フランスではド＝ゴール体制に対して五月暴動が起こり、日本でも東大の学生たちによる運動が起こります。そして、この波は中国にも押し寄せてきました。

その頃、中国では、キューバ危機でのソ連の妥協をめぐって中ソ対立が激化、国内でも社会主義の道を外れる者への批判が高まっていました。１９６６年、こうした時流をとらえ、毛沢東は突如として民衆の前に姿を現し、声明を発表します。

文化大革命の愚――爆発

「司令部を打倒せよ！」

毛沢東は、劉少奇《りゅうしょうき》・鄧小平《とうしょうへい》らを「資本主義の道を走る者（走資派）」とのレッテルを貼って、思想闘争に見せかけた権力闘争を仕掛けました。人々を扇動したのは、毛沢東の権威を武器にした「四人組」と呼ばれる側近グループです。号令には精華大学附属中学の学生たち（日本でいう高校生にあたる）が呼応、彼らは「紅衛兵《こうえいへい》」と呼ばれ、反共と見なした人々を攻撃し始めます（図95）。毛沢東の真意は権力奪還ですが、紅衛兵にとっては思想闘争です。毛沢東は若者たちの純粋な精神と強靭な肉体を利用して権力奪回へと立ち上がったのです。

毛沢東が学生たちの破壊活動を「造反有理（謀反には道理がある）」として支持すると、運動の火に油が注がれる形になります。暴力の行使には理由がある、としてしまっては、全ての暴力が正当化されてしまいます。「造反有理」という言葉は日本の学生たちにも影響を与え、東大闘争でも掲げられました。

「革命とは暴力である。一つの階級が他の階級を打ち倒す、激烈な行動なのである」

中国各地で凄惨な魔女狩りが行われました。共産党の幹部、役人、知識人などが吊るし上げにあいます。子が親を告発して街頭で殴る蹴るの暴行を加えたり、髪の長い女性はブルジョワ的であるとの理由で短く切られたりもしました。ヒトラーユーゲント（ナチスの少年部隊）がユダヤ人を迫害したように、少年たちはわけもわからず破壊活動に熱狂したのです。

この運動で劉少奇は失脚、のちに凄惨な拷問の末に獄死しました。鄧小平は地方に飛ばされ強制労働を強いられます。実に300万人もの人間が投獄され、50万人が処

図95：紅衛兵

刑されました。

毛沢東は権力奪回に成功して目的を達成します。けれども、彼の意図を理解しない学生たちは運動を続けました。毛沢東は無用となった紅衛兵を排除すべく、真の共産主義を理解させるためとして、学生たちに地方で農業に従事するよう命じます（下放）。彼らが農村で目の当たりにしたのは絶望的な貧困です。学生たちのなかには、若かりし日の習近平もいました。

文化大革命の愚――終息

1976年、1月には周恩来が、7月には朱徳が、そして9月、ついに毛沢東が逝去。文化大革命は独裁者の死をもって終結します。共産党の古参の死が相次ぐなかでの出来事でした。

毛沢東の晩年、身の回りの世話をした女性が二人います。張玉鳳《ちょうぎょくほう》と孟錦雲《もうきんうん》です。二人は4時間ごとに交替で毛沢東の看病にあたっていました。病状が悪化すると、張玉鳳が食べさせ、孟錦雲が支えるという役割分担です。毛沢東は中国の歴史について、よく二人に語って聞かせました。

「中国には二大史書がある。『史記』と『資治通鑑《しじつがん》』だ。共に才気はあるが政治的に志をえなかった境遇のなかで書かれたものだ。どうやら人が打撃をこうむり、困難にぶつかるのはまんざら悪いことでもなさそうだ。むろん、その人に才気があり、志がある場合の話だがね」

そこから話題は武則天の墓碑に移りました。彼女の墓前の石碑には何も刻まれていません

（p152参照）。書ききれないほど業績が大きいと解釈するのが一般ですが、毛沢東は「功罪は後世に論評させよ」という意味であると主張しました。毛沢東もそのように自身をとらえていたのかもしれません。ただ、この人物のためにどれだけ多くの人間が死んだことか。九牛の一毛ほどの命、天道是か非か、煬帝は殺害されても老毛は天寿を全うします。毛沢東に司馬遷の言葉はどのように響くのでしょう。

１９７６年9月7日、毛沢東は危篤に陥ります。意識が戻ると、毛沢東は張玉鳳と孟錦雲も聞き取れない微かな声で、本を読みたいと訴えます。毛沢東は紙と筆を求め、震える手で「三」の文字を書きました。二人は「三木の本」（中国で独自に編集された資料と思われる）であることがすぐにわかりました。しかし、それを自ら支える力は既になく、孟錦雲が支え、数分間読むと、再び混迷状態に陥りました。これが毛沢東の最後の本となり、読み終えることのなかった唯一の本となりました。9月9日、一つの時代が終わりました。

不死鳥、鄧小平

毛沢東の死によって、党主席の地位には華国峰《かこくほう》が就任しました。この人物は、これといった実績がなかったものの、毛沢東が後継者に指名したとされる「遺書」によって就任が認められます。しかし、共産党内の華国峰の権力基盤は「遺書」のみで、極めて脆弱でした。ここに失脚していた鄧小平《とうしょうへい》（図96）が復活してきます。

華国峰《かこくほう》が立場を強化するには、正当性の源泉である毛沢東の成果を誇示して路線を忠実に守るしかありません。彼は「毛沢東の決定」と「毛沢東の指示」は絶対であるという方針を打ち出します（「二つのすべて」）。けれども、民衆にとってはようやく文革が終息したばかり、この方針は歓迎できるものではありません。政治の舞台に復帰した鄧小平《とうしょうへい》は、この路線に対抗して華国峰の追い落としに乗り出します。

まず、鄧小平は「実事求是《じつじきゅうぜ》（事実の中に物事の是非を求める）」という毛沢東の言葉をもって華国峰を攻撃します。これは、思想が絶対なのではなく、事実を見ながら最良の方針を定めよ、という意味で、要するに、鄧小平は、毛沢東も毛沢東の思想が常に絶対だとは言わなかった、と主張したのです。相手の土俵で相手の矛盾を突いたわけです。続いて、鄧小平は次のような声明を出します。

「ひとりの革命指導者に欠点も誤りもないことを求めるのはマルクス主義ではなく、毛沢東同志の自分自身に対する一貫した評価にも合致しない」

図96：鄧小平 ©National Archives and Records Administration

毛沢東本人も自分が常に絶対ではないと言っていたのだから、文化大革命や毛沢東自身にも誤りがあったと言って差し支えないだろう、として、文化大革命の間に逮捕、追放された幹部300万人の名誉回復と復権を行いました。鄧小平の盟友であった劉少奇《りゅうしょうき》の名誉も後に回復されるに至ります。文化大革命が見直されるということは、毛沢東本人についても見直されるということです。こうして民衆の心に次の視点を芽生えさせます。毛沢東が華国峰を後継者にしたのも絶対ではないかもしれない、と。

1981年。鄧小平は最後の一撃を加えます。党総会で「建国以来の党の歴史問題に関する決議」が採択され、文化大革命を「完全な誤り」と認めたのです。こうして、鄧小平は華国峰と文革との関係を問い、党主席から降格させることに成功します。

鄧小平は毛沢東に関しては次のように総括しました。

「毛沢東同志は偉大なマルクス主義者であり、偉大なプロレタリア革命家、戦略家、理論家である。彼は10年にわたる『文化大革命』で重大な誤りを犯したとはいえ、その全生涯から見ると、中国革命に対する功績は誤りをはるかにしのいでいる。彼にあっては、功績が第一義的で、誤りは第二義的である」

中国の未来を考えるならば、毛沢東の権威を完全に貶めるわけにはいきません。鄧小平は政敵を排除し、そして毛沢東の評価に決着をつけたうえで、中国の次の段階を準備したのです。

鄧小平は子弟の胡耀邦《こようほう》を党主席に、趙紫陽《ちょうしよう》を首相に据え、自らは軍主席に就きました。こうして、表には二人の子分を置き、力を握ったうえで裏から操る、という鄧小平《とうしょうへい》体制が確立されます（「トロイカ体制」）。彼らは文化大革命によって衰えた経済の立て直しに取りかかりました。

真の大躍進に向けて

「まるで後ろから押されて走っているようだ」

鄧小平は京都に向かう東海道新幹線のなかでつぶやきました。1978年、鄧小平は日中平和友好条約の批准交換のために日本を訪問していました。

中国の頂点に立つ人物は、日本の日産自動車や新日鉄、松下電器の工場を視察、特に日産自動車の工場でロボットが自動車を生産していく様子に驚愕します。京都や奈良、大阪を見て回った際、日本の幹部から「ここの文化は中国から学んだものです」と言われ、次のように答えます。

「今は立場が逆になりました。（中略）今はあなた方から学ばなければなりません」

60年代に高度経済成長を迎えた日本と、疲弊しきっていた中国では、経済力の差が歴然としていました。鄧小平の心の中には危機感が芽生えます。

鄧小平は帰国すると「改革・開放政策」を打ち出して経済の立て直しを宣言します。中国の経済構造を「改革」して、海外からの投資を受け入れるべく「開放」しようというのです。新標語には「四つの現代化」を掲げます。これは、農業・工業・国防・技術の四つの分野での革新を進めるものでした。

改革と開放

「貧しいことが社会主義ではない！」

そう鄧小平は言い放ち、1980年から20世紀末までの具体的な発展目標として、一人当たりのGNP（国民総生産）を2倍にすると宣言しました。

「改革」によって人民公社は解体されていきます。個々の農家に土地を配分して、農民は農地を自由に耕作することができるようになりました。国に税金を収め、村に行政管理費を払えば、あとは全て自分の利益となります。自分で生産したものは自分のものになり、生産すればするほど自分のものが増え、金になる、という資本主義の世界では当たり前のシステムが動き出すと、農民たちは生産意欲を上げ、個々に工夫して農業を行うようになります。穀物だけではなく、すぐに金になる野菜や果物も生産し始めました。こうして急速に裕福になる農家（万元戸《まんげんこ》）が出現します。さらに農民たちが集まって、自分たちで加工した作物を売り出す企業（郷鎮企業）を設立する者たちも現れました。

「先に豊かになれる者から豊かになろう！（「先富起来」）」

鄧小平は「格差是認」のもとで人民を鼓舞します。結果、予想を超える経済発展を実現、1

982年には、国民所得を4倍にするという目標が掲げられるようになり、1984年には、2年間で食糧総生産量が約6000万トンも増加します。中国が豊かになり始めたのです。

鄧小平《とうしょうへい》は「改革」と同時に「開放」も推進、各地に経済特区と呼ばれる地域を指定しました。広東省の深圳《しんせん》、珠海《しゅかい》、汕頭《さんとう》、そして福建省の厦門《アモイ》です。この地域は従来の経済規制を取り払い、自由な経済活動を認め、海外の企業を誘致しました。深圳は香港（イギリス領）に、珠海はマカオ（ポルトガル領）に近く、汕頭や厦門は海外に移住した商人が多いため故郷に投資がしやすい、ということが理由でした。

鄧小平らの大胆な政策によって中国の経済は息を吹き返しました。1992年、共産党の党大会にて、中国の体制は「社会主義市場経済」と名づけられ、その確立を目指すことが発表されます。これは、政治においては共産党独裁を維持しつつ、経済においては資本主義の市場経済を推進する、というものです。言い換えれば、政治の民主化は許さない、けれども経済の自由化は進める、ということです。

揺らぐ鄧小平体制

改革・開放政策の結果、中国は実質的に資本主義社会へ移行します。ただ、同時に多くの思想や習慣、つまりは様々な文化が外からドッと流入することになりました。女性はパーマをかけ、スカートを履くようになり、男性はスーツを着るようになります。街中には英語の看板も見られるようになり、あるいはテレサ・テンの歌う「恋の歌」なども流行するようになります。これらを裏の鄧小平、そして表の胡耀邦《こようほう》（図97）や趙紫陽《ちょうしよう》らは黙認しました。彼らは、経済の自由化に伴うある程度の思想の自由を認めていたのです。しかし、運動が一線を越えて政治の民主化を求めるようになると、対応をめぐって、鄧小平体制に不協和音が流れます。

1986年12月5日、安徽《あんき》省で学生による民主化運動が起こりました。安徽省の人民代表大会（日本の県議会にあたる）の選挙で、立候補者名簿に学生の支持する人物の名前がなかったことに対する抗議が発端でした。人民代表大会は、その名の通り人民の代表が選出されていることになっていますが、実際は共産党の指名を受けた人物しか立候補できず、人民はそれを承認することしかできません。この運動はすぐに全国へと波及していきました。

鄧小平は危機感を抱きます。動きが政治の批判、すなわち共産党独裁への批判に向かう恐れがあったからです。一方で胡耀邦は動きを黙認しました。胡耀邦は民主化を当然の流れと考えていたためです。ここに師弟間のビジョンのズレが浮き彫りになります。鄧小平は経済の自由化は認めても政治の民主化は断固として拒絶しますが、胡耀邦は民主化も是認していました。胡耀邦は、鄧小平や他の共産党の首脳部から糾弾されます。彼は文化大革命で失脚したのち、師である鄧小平とともに復活、その後に失脚した多くの共産党の長老たちの名誉回復に尽力した人物です。胡耀邦は、自分の師や自分が助けた長老たちによって権力の座から引きずり下ろされることになります。鄧小平は後任に、自分を胡耀邦とともに支えてきた趙紫陽（図98）を選びました。しかし、実は彼も、胡耀邦《こようほう》と同じ立場に立っていました。

2年後、胡耀邦は会議の最中に倒れ、1週間後にあっけなく死去します。心筋梗塞でした。味方であった胡耀邦の死に対して、北京大学の学生たちは追悼集会を開催、各地の大学でも同様の動きが起こります。胡耀邦の再評価を求め、動きは解任が誤りであったことを求めるデモに発展。徐々に主張の範囲も拡大して、胡耀邦以外の共産党幹部の腐敗を糾弾する声まで上がります。そして、ついに学生たちの掲げるプラカードや横断幕に「打倒鄧小平《とうしょうへい》」の文字が掲げられ始めました。

図97：胡耀邦

図98：趙紫陽　© National archief

東欧革命の波紋

胡耀邦が世を去った１９８９年、社会主義陣営では民主化が進展していました。ソ連にゴルバチョフが登場すると、ソ連社会の大胆な改革を展開（ペレストロイカ）、また、チェルノブイリ原子力発電所事故が起こると、秘密主義を排して情報公開も推進していきました（グラスノスチ）。ゴルバチョフは内政とともに外交の見直しも図ります。アメリカとの関係を改善すると同時に（新思考外交）、ソ連の子分である東欧に対する締めつけも緩和します（新ベオグラード宣言）。すると、東欧では民主化が一気に進みました。チェコスロヴァキアやハンガリー、そしてルーマニアや東ドイツで次々と共産党独裁が崩壊、民主化が実現します（東欧革命）。ルーマニアではチャウシェスクが処刑され、東ドイツでは独裁を行っていたホーネッカーが退陣しました。

こうした東欧の動きを中国の共産党幹部たちは恐怖をもって注視していました。自国でも学生たちの動きが慌ただしくなっています。冷戦の終結とともに、鄧小平らは今後の行く末を決断する難しい判断を迫られました。

天安門事件前夜――鄧小平の決断

「これは一般の学生運動ではなく明らかに動乱である。彼らは東欧に影響されている！」

鄧小平は危機感を募らせ、趙紫陽《ちょうしよう》が北朝鮮の訪問のために北京を離れた時を狙って、民主化運動弾圧の方針が固められます。

「我々には数百万の人民解放軍がある！」

学生たちは驚きました。共産党の指導を否定するつもりはなかったからです。デモの横断幕には「共産党擁護」を掲げ、自分たちの行動が決して動乱ではないことを訴えました。帰国した趙紫陽も方針の撤回を求めますが受け入れられません。デモの中には学生のみならず、共産党の機関誌『人民日報』の編集者も混じっていたため、記事に「学生たちは我々の根本的な制度に反対しているのではない」という趙紫陽の談話を掲載して、運動が動乱ではないことを主張しました。しかし、共産党の幹部たちの決意が軟化することはありませんでした。

その時、ソ連や東欧の動きを代表するゴルバチョフが中国を訪問します。ソ連と中国の長年の対立を解消するためです。世界で巻き起こる変化の激流がいよいよ中国に押し寄せてきたのです。

ゴルバチョフによる点火

中ソ和解という歴史的瞬間を見届けるため、北京には世界中からマスコミが集まりました。学生たちは自分たちの主張を世界に知らせる絶好のチャンスととらえ、ゴルバチョフが訪問する前々日より天安門広場に座り込みを始めます。本来、海外から国賓が来訪した場合は天安門広場で記念式典を行いますが、政府はこれをあきらめざるをえず、空港で式典を行いました。完全に面子を潰される形になったのです。

各国メディアは、ソ連の民主化を進めるゴルバチョフ（図99）と、中国の民主化の動きを絡めるかたちで報道。ゴルバチョフを「民主主義の大使」として学生たちは歓迎しました。こうして、ゴルバチョフの訪問で中ソ関係は改善され、中国での民主化の要求は勢いを増すことになりました。ゴルバチョフは、こうした結果になることを計算したうえで訪問したといわれています。

目的を遂げた「民主主義の大使」は、5月17日、北京の空港を離れていきました。共産党の幹部たちは、世界が注目するなかで事を荒立てるわけにはいかず、平静を装う忍耐を強いられていました。空港で離陸を見届けると幹部たちの目の色が変わります。

図99：ゴルバチョフ夫妻　©ドイツ連邦公文書館

趙紫陽の慟哭

ゴルバチョフが帰国した5月17日、天安門広場と周辺の道路は群衆に埋め尽くされていました。１００万人は収容できる広場が人々で埋まったのです。集まった群衆は横断幕を掲げ、そこには職場が堂々と記されていました。共産党の各部、各省、共産党機関紙『人民日報』や国営の通信者である新華社の名前までありました。権力の中枢にいる人々までが参加していたのです。

5月19日午前4時、まだ暗いなか、人民服を来た趙紫陽《ちょうしよう》が広場に現れます。学生にマイクを手渡されると涙を流しながら若者たちに話し始めます。

「学生諸君、君たちはまだ若いのだから命を粗末にしてはいけない……！」

何度も嗚咽しながらも、学生たちの愛国の精神を称え、そして危機を訴えました。けれども、迫り来る流血の惨事を回避するための声は学生には伝わりません。この姿はテレビで放送されましたが、趙紫陽が表に姿を現したのはこれが最後となりました。

同日夜、共産党幹部がテレビに出演して治安維持を呼びかけます。冒頭で次のように言います。

「党中央、国務院を代表して……」

人々は共産党総書記であった趙紫陽が失脚したことを知ったのでした。その日、鄧小平の自宅で対策が協議され、趙紫陽は解任されていたのです。鄧小平《とうしょうへい》は胡耀邦《こようほう》に続き趙紫陽も切り捨てたのでした。

5月20日、北京市の一部地域に戒厳令を布告。人民解放軍が地方から北京に続々と集結して、その数は20万人にものぼりました。

「人民の軍隊が人民を攻撃してはならない!」

兵士を乗せたトラックが市民に取り囲まれて衝突が起こります。

5月21日、人民解放軍戒厳部隊指揮部がテレビで「北京市民に告げる書」を発表。

「戒厳令に従い、首都の治安維持のため断乎たる措置をとる」

しかし、それから動きはなく、政府と学生たちは、不気味な小康状態に入りました。

天安門事件、流血

6月4日午前4時10分。突如、天安門広場の電気が音もなく消え、広場は暗闇に包まれました。広場で寝ていた学生たちは怯え始めます。誰が提案するともなく、学生たちは動揺のなかで「インターナショナル」を歌い始めます。

「立て、飢えたる者よ……!」

共産党の集会では必ず歌われる労働者の歌です。共産党に反対しているわけではないことを若者たちは最後まで示し続けました。

午前4時30分、赤い照明弾が打ち上げられ、広場を照らしたかと思うと、乾いた銃声が響きわたり、群衆のなかに装甲車が突入。若者たちはパニックに陥ります。若者たちはストライキを行っていただけで暴徒ではありません。武器を持っていないのです。それでも勇敢な者は装甲車に火炎瓶を投げつけて抵抗します。人民解放軍と人民の間で市街戦が展開されたのです。

翌日になっても兵士たちの無差別射撃は続きました。大通りは戦車の一隊が進み、建物の人々に銃撃を加え、天安門広場周辺はほとんど軍が制圧します。このとき、勝ち誇ったように進む戦車の列の前に一人の男性が立ちはだかり、勝負を挑みました。戦車が向きを変えるのに合わせて男性は戦車の行く手を遮ります。3分ほど経過したのち、横から男たちがかけよって男性を連れ去りました。その時の映像を見ていると、その1秒1秒に胸を突かれる思いになります。この様子は写真に収められ「無名の反逆者」として世界中の新聞に掲載されました。

事件から5日後、人民解放軍の戒厳部隊をねぎらう鄧小平《とうしょうへい》の姿が報道されます。共産党の指導部は世界中から非難を浴び、経済制裁まで課せられましたが、これを乗り切ります。中国当局は死者数を319名と発表しますが、事実より少ない数字であることは明らかでした。2017年にイギリスが公表した機密文書によると、約3000名が犠牲になったようです。

鄧小平を継承した江沢民

鄧小平は趙紫陽《ちょうしよう》の後任として江沢民《こうたくみん》を指名しました（図100）。江沢民は共産党の上海市委員会の書記にすぎませんでしたが、民主派と保守派の中間の立場をとり、ほとんど特定のイメージがついていなかったことも評価され、異例の大抜擢となりました。鄧小平は、江沢民なら政治の民主化を抑えつつ、経済の自由化を進める、すなわち社会主義市場経済の確立に尽力するだろうと考えたのです。

1989年、冷戦が終結すると、東欧諸国に続いてソ連も解体、ソ連共産党も解散に至りました。中国は社会主義陣営において孤立してしまいます。

鄧小平は江沢民を指名した後、完全引退を宣言、最後まで握っていた軍主席の地位も江沢民に譲りました。江沢民が党主席であり軍主席ともなり、最高権力者となります。しかし、それでも鄧小平は、1997年2月19日に死去するまで最高実力者として影響力を残しました。

図100：江沢民　© www.kremlin.ru

鄧小平の指示

鄧小平は、いわば遺言ともいえる、中国の行く末についての方針を残しました（外交二十四文字指示）。

- **冷静観察**（冷静に観察せよ）
- **站穏脚踵**（我が方の立場を固めよ）
- **沈着応付**（冷静に事態に対処せよ）
- **韜光養晦**（我が方の能力を隠し好機を待て）
- **善於守拙**（控えめな姿勢をとることに長けよ）
- **絶不当頭**（決して指導的地位を求めるなかれ）

これは、中国の現在に至るグランドデザインといえるでしょう。注目に値するのは「韜光養《とうこうよう》晦《かい》（我が方の能力を隠し好機を待て）」ではないでしょうか。これは、しばらくは国際社会では目立たず、外ともめごとを起こさすな、力を蓄え内を固めろ、ということでしょう。これは、逆にいえば、内が固まれば外に出ろ、ということを意味します。江沢民《こうたくみん》は、現在の中国の覇権を準備する不気味な時代を担ったのです。

江沢民は鄧小平《とうしょうへい》の方針をよく守ります。すなわち、政治の民主化を抑えつつ、経済の自由化を進める、そして、それとともに内を固める、という路線です。この間、中国は経済力と軍事力を着々と蓄えるとともに、共産党独裁の体制を強固にしていきました。

経済の分野では、税制改革や国有企業の改革を成功させました。特に、首相であった朱鎔基《しゅようき》が辣腕を振るいます。2000年には念願の世界貿易機関（WTO）加盟が実現、対外貿易が発展して外資導入も加速、予想を超える経済成長を遂げました。また、1997年には香港が、1999年にはマカオが、それぞれイギリスとポルトガルから返還されると、特別行政区として高度な自治権が与えられ、一国二制度のもとで吸収されました。軍事の分野でも、急速な軍事力の増強をスタートさせ、1990年以降、軍事費は前年比2桁台で急増させていきます。
さらに、江沢民は天安門事件の反省から、共産党の支配に反対させないための教育改革を行いました。これは、2000年代半ばには、日本との関係に影を落としていくことになります。

天安門事件の反省

共産党に反対させないためには、共産党の支配の正当性を理解させなければなりません。正当性の源泉は過去、すなわち歴史に求められます（中国の見方7）。江沢民が強化した歴史教育の骨子は次の通りです。

◉アヘン戦争以降、中国は列強に侵略を受けて苦しんだ。
◉中国は日本の侵略を受けた。
◉共産党は欧米の侵略に反抗、日本との戦争を戦い抜き、現在の中国を打ち立てた。

要するに、中国が日本の軍国主義に苦しめられたとき、共産党が人民を解放したのだから共産党は素晴らしく、共産党の指導に人民は従わなければならない、という論理です。歴史教育は反日教育を意味します。中国共産党にとって「日本は悪」でなければならないのです。１９９８年に江沢民が日本を訪問した際にも、時の小渕《おぶち》首相との首脳会談や演説、宮中での晩餐会でも繰り返し日本批判を展開しました。江沢民《こうたくみん》は日中戦争で親族を殺されているので、感情的にも日本に対して厳しかったのでしょう。中国の主張する日中戦争での被害は年々増加していきました。

◉50年代　死傷者１０００万人　経済的損失　６００億ドル
◉85年　死傷者１８００万人　経済的損失　１０００億ドル
◉95年　死傷者３５００万人　経済的損失　５０００億ドル

この90年代の教育は、２０００年代に展開された反日運動の精神的基盤となっていきました。

ややこしい中国の政治体制

さて、ここで、中国の政治体制について整理しておきましょう。中国は形式としては共産主義に基づいているため、日本の体制とは異なっています。国家主席とか総書記とか首相とか、我々には一見すると何がなんだかわかりません。

まず、社会主義では、共産党が国家の組織を指導する、という体制をとります。共産党が国家の上位にあるのです。これは旧ソ連も現在の北朝鮮も同じです（北朝鮮は労働党）。社会主義では、平等な配分となるよう、共産党が国家の経済を計画・管理・コントロールするため、共産党が「人民の代行」として「人民の権力」を行使します。そのため、共産党は正しい思想をもって国家を指導し経済を調整する、独裁という形になるわけです。

共産党のトップが総書記です。そして共産党の政治局常務委員会で基本的な方針は定められ、委員は25人、常務はその中に7人います。一方で、国家のトップは国家主席と呼ばれ、国家組織の最高機関として国務院（日本の内閣）、全国人民代表大会（日本の国会）があり、トップが首相になります。共産党が、日本でいうところの内閣や国会を指導するわけです（図101）。なお、人民解放軍は共産党の軍隊であって国家の軍隊ではありません。

江沢民は発展する経済とともに共産党の定義につい

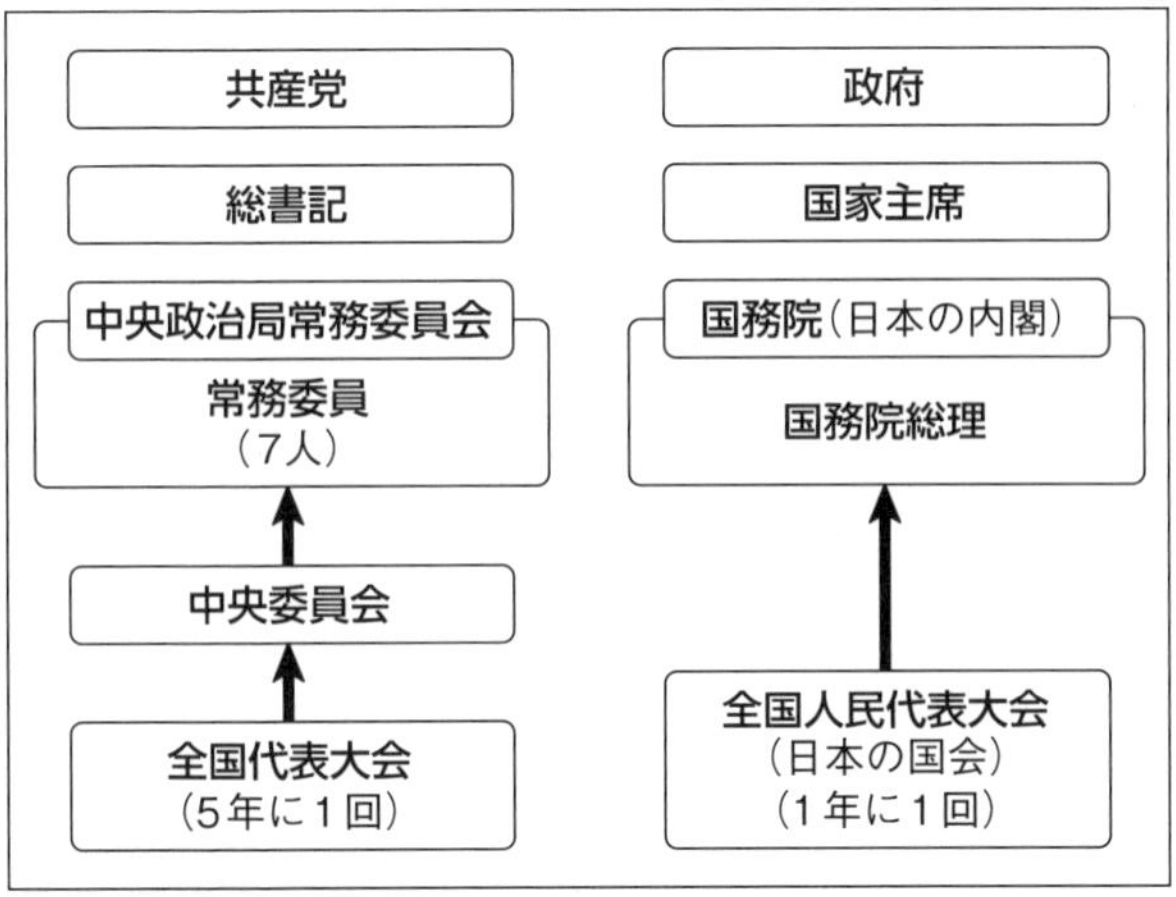

図101：現代中国の政治体制

ての改変も行いました。それまでは「労働者階級の前衛部隊」としていたものを、①先進的な社会の生産力、②先進的な文化、③包括的な人民の利益、を代表するものとして（「三つの代表」）、「企業家」「知識人」「スポーツ・文芸界の著名人」なども入党できる「国民政党」となりました。要するに、エリートの党になったのです（中国の見方13）。

胡錦濤《こきんとう》へと引き継がれる

２００２年、江沢民《こうたくみん》の後を胡錦濤が引き継ぎました。民主派の胡耀邦《こようほう》に見出された柔軟な人物で、五十九歳という若さです。ただ、かつての鄧小平《とうしょうへい》と同じように、軍主席の座には江沢民が残り、強い影響力を残したため、胡錦濤は思うように政治を進めることができませんでした。

胡錦濤の時代、改革・開放の成果は身を結び、２０１０年には国内総生産（ＧＤＰ）がついに日本を抜いて、アメリカに次ぐ世界第2位の地位になりました。北京オリンピック（２００8年）や上海国際博覧会（２０１０年）を成功させ、中国の存在を世界に示します。ただ、そこには発展の代償として新たな問題が生まれました。

国内では、政治の問題として汚職や腐敗が蔓延、経済の問題としては格差拡大と、それに伴う環境問題などが深刻になりました。胡錦濤は「和諧《わかい》社会（調和のとれた社会）」や「以徳治国（徳を以って国を治める）」をスローガンに掲げて改革を行いましたが（中国の見方5）、本当の意味での改善は実現しませんでした。また、北京オリンピックに前後して、チベットやウイグルで自治権の拡大や独立を求める激しい運動が起き、政府は武力で徹底して弾圧しましたが、世界から人権侵害として非難されてしまいます。

国外では、歴史教育の結果、日本との関係が悪化の一途をたどっていました。胡錦濤が就任した前年、日本では小泉政権が発足、公約に掲げていた靖国神社の参拝が行われたことで、中国では激しい反日運動が起こります。ここから日中関係の氷河期が到来、間の悪いことに２００３年の夏から秋にかけて、旧日本軍がチチハルに遺棄した毒ガス兵器が原因で死傷者を出した事件、日本の建設会社社員が珠海《しゅかい》で集団買春をした事件、日本人留学生が西安の大学の文化祭で行った「下品な寸劇」に対する反日暴動など、立て続けに事件が起きました。このような緊迫した情勢のなかで、２００４年に、サッカーのアジアカップが中国で開催されたのです。

２００４年、サッカーアジアカップ

当時の日本代表はジーコ監督のもと、キャプテン宮本恒靖《つねやす》、エース中村俊輔を擁する好チームでした。国際大会にもかかわらず、中国サポーターは日本の国家斉唱の際に起立しません。試合中に日本がボールを持てばブーイングを浴びせ、相手のゴールには大歓声があがります。準々決勝のヨルダン戦では、日本はブーイングに苦しみながらも、ＰＫ戦でキーパー川口能活《よしかつ》が好セーブを連発して逆転、苦しい状況のなかで勝利を勝ち取ります。そして、決勝においてなんと日本と中国が激突することになりました。

中国当局は5000人の治安部隊を動員して警戒にあたります。試合開始前にはスタジアム周辺で逮捕者が出るほどの熱気で盛り上がっていました。試合は3対1で日本が勝利して2連覇を達成しましたが、日本の2点目のゴールは中国にとって納得のいかない判定となり、それがきっかけとなって中国サポーターの怒りが爆発します。日本のサポーター席にはペットボトルが投げつけられました。試合が終了しても中国サポーターの怒りはおさまらず、日本人選手やサポーターは深夜までスタジアムに足止めされ、日本の公使の車も襲われて窓ガラスを割られる被害を受けました。

日本人はこうした光景をテレビで目の当たりにして、大きなショックを受けたのです。

2005年、上海での反日運動

翌年には、上海で大規模な反日運動が起こります。歴史教科書問題や、国連の常任理事国になろうとする日本の動きに対する反発でした。

テレビで放映されたのは、上海の日本総領事館にペットボトルや石が投げつけられ、暴徒化した一部が日本料理店やス―パーを襲う光景でした。警官隊は制止しようともしません。「愛国無罪」と掲げる者もいました。日本の町村外務大臣は中国を訪問して謝罪と賠償を求めましたが、暴力行為に対して「遺憾の意」を表わすのみで、謝罪と賠償については「そもそもの原因は日本側にある」として拒否されました。

日本では一気に反中の感情が湧き起こります。内閣府の世論調査によると2003年から2005年で、「中国に親しみを感じる」と答えた人は47・9％から32・4％にまで下がってしまいます。

共産党が権力を守り続けるために重要なのは「歴史」です。「日本が悪」であることが共産党の正当性を支えます（中国の見方7）。あるいは戦勝国が善、敗戦国が悪、という構図から成り立つ国連において、日本が常任理事国になることなど認められないのです。共産党が教えた通りの動きを人民はとっているわけですから、政府は運動を黙認します。抑え込めば矛盾することになります。

しかしながら、統制された大衆の運動は問題ないものの、統制の効かなくなった大衆の運動は、政府にとっては脅威です。中国の歴史はいつだって民衆の不満・反乱・暴動によって倒されてきました（歴史の見方13）。実際、反日運動が過激になって統制がとれなくなると、政府を弱腰として批判する反政府運動に向かい、政府は一転して運動を抑え、政府に管理されたメディアが日中友好の大切さを説き始めました。

日中の冷えきってしまった関係は、2004年に江沢民《こうたくみん》が軍主席を辞任し、徐々に影響力を失っていくなかで好転していくことになります。

習近平の登場

２０１２年11月15日、新たに習近平が党大会で総書記に就任しました。翌日の党中央委員会の第一回全体会議で、指導部である政治局員25人と常務の７人が選出され、初めての顔合わせとなりました。その後、記者会見が開かれ、幹部たちの顔見せが行われます。世界中から報道機関が集まり、13億人の中国人と８９００万人を超える共産党員を率いる指導者たちの表情に目を凝らしました。

「長らくお待たせしました」

習近平の表情には余裕が漂い、新しい中国に対しての決意を表明します。実は、この記者会見の前日、幹部たちの間で会議が開かれていました。一線を退く指導者たちを慰労する形式的な会議です。その際、総書記を退任したばかりの胡錦濤《こきんとう》が手を挙げました。

「ひと言申し上げたい」

幹部たちの視線が集まります。

「私は様々な妨害を受け、本来目指していた仕事をやり遂げることができなかった。今後は習近平総書記を中心に、党は団結してもらいたい」

静かに眈々と語られました。江沢民《こうたくみん》が軍主席に留まりつづけたことに対する痛烈な批判です。

室内は静まり返っていました。

「極めて重要な発言だ」

習近平が発言を引き取ります。こうして胡錦濤は党主席、軍主席の座を次世代に託したのでした。胡錦濤の時代、政治の問題として汚職や腐敗が蔓延、党の指導力と決断力は弱まり、権力闘争によって揺れに揺れていました。胡錦濤は習近平にこうした問題を託したのです。

反腐敗キャンペーン

習近平は即座に行動に出ます。官僚にはびこる腐敗の根絶を進めることを宣言。四川省の副総書記を規律違反によって解任し、反腐敗キャンペーンの号砲が鳴り響きます。

習近平の進めた摘発は上から下まで徹底していました。キャンペーンには「法治」を掲げ（中国の見方5）、4年間で省長クラスの大物が100人以上、地方の中堅幹部まで含めると10万人近くが処分されました。そこに「聖域」はありません。その様子は、かつての秦の商鞅を彷彿とさせる苛烈さです（p36参照）。

「虎も蠅も一緒に叩け！」

中国には政治局常務委員を経験した者が汚職で摘発されることはない、という不文律のようなものがありました。しかし、習近平が政治局委員を経験した人物をも摘発すると、人々は運動がこれまでのものとは異なることを知ります。そして、ついに中央政治局常務委員を経験した人物が逮捕され、無期懲役判決が下されます。人々は新しい指導者の実行力に喝采を送りました。

習近平は「紅《こう》二代」と呼ばれる、革命世代の指導者を先祖に持つ党関係者の代表でした。これに対して、当時、政治腐敗を拡大させていた勢力は、改革・開放以降、財産を築いてのし上がり、権力までも掌握するようになった新しい世代でした。紅二代が共産党という会社の創業者一族であるなら、腐敗勢力は叩き上げの役員のようなものです。紅二代が、我が物顔で振舞う新しい世代の腐敗幹部を次々に摘発していく様子に、人々は熱狂したのです。

共産党の再生を託された習近平は見事に応え、党内外における評価と権威を高めることに成功しました。

習近平の立ち位置

２０００年代後半になると、中国は自信を持ち始めます。鄧小平《とうしょうへい》の指示した「韜光養晦《とうこうようかい》」の時期は終わりにさしかかりました。こうした流れを受けて、２０１２年に登場したのが習近平です。毛沢東、鄧小平にならび称される習近平は、どういった立ち位置になるのでしょう。

これまで、中国は、国家として毛沢東の時代と鄧小平の時代に大きな変化を遂げてきました。習近平は文化大革命の最中に青年期を過ごし、毛沢東の影響を強く受けています。一方で、鄧小平の路線の影響も受け、その継承・発展を強く主張しています。毛沢東でもあり、鄧小平でもある、負の歴史も正の歴史も、一手に吸収して登場したのが習近平です。

政治においては、毛沢東の戦略は「站起来（立ち上がろう＝建国）」、鄧小平の戦略は「富起来

（豊かになろう＝富国）」と説明し、習近平の時代を「強起来（強くなろう＝強国）」と規定しました。そして、鄧小平が「韜光養晦」を掲げて国際紛争を極力回避する対外消極策を指示したのに対して、習近平は「大国外交」へと転じて対外積極策を進め始めています。

経済において、鄧小平は「先富起来」と言って「格差是認」のもとで経済発展を目指しました。しかし、習近平は「共同富裕」を掲げて充分な経済発展を誇示しています。そして、これまでの中国経済は、国外からの投資先、輸出先として成長してきましたが、現在の中国は海外進出を重視しています。そして、新たに「一帯一路」という壮大な構想を実現させようとしています。

要するに、国内が充実して「集権」の体制が強固になったため、「韜光養晦」の時期を終え、国外へ進出しようとしているのです。漢朝の武帝が国内を充実させて西域へと対外進出した時代と同じような局面にさしかかっているのかもしれません（p80参照）。

「大国外交」の推進

習近平は、２０１４年には、「大国外交」を他の国に対して進めることを明らかにしました。それは、グローバルな世界に対して、米中を中心とする「二十一世紀の新型大国関係」を目指す、すなわち、米中は対等で、国際問題を協力して平和的に解決するという道筋です。しかし、アメリカのオバマ大統領は中国への警戒を強めていたため取り合わず、日米同盟の強化、その他の国々との連携を強めたため宙に浮いたままです。ただし、トランプ大統領が登場するとことで、現在は大きな揺れを見せています。

一方で、周辺諸国に対しては、中国が上位に立つ関係を目指しています。充実した経済力をもとに、ASEAN諸国との関係を強め、事実上の人民元国際通貨化を進めました。中央アジアの国々とも結びつきを強め、上海協力機構という機関を立ち上げます。

そして、2014年、APEC（アジア太平洋経済協力機構）の北京会議にて、習近平は突如「一帯一路」という壮大な構想を発表するに至ります。

「一帯一路」の提唱

習近平は、2013年9月、カザフスタンのナザルバエフ大学で演説しました。

「2000年余り前、中国・漢代の張騫《ちょうけん》は外交使節として中央アジアへ二度赴き、中国と中央アジア諸国との友好的交流の扉を開き、ユーラシア東西をつなぐシルクロードを切り開きました。カザフスタンはシルクロードの通る地であり、かつて異なる民族や文化の相互交流と協力の促進に重要な貢献を果たしました（中略）。ユーラシア各国の経済的結びつきを一層緊密化し、相互協力を一層深め、発展空間を一層広げるため、我々は革新的な協力モデルによって『シルクロード経済ベルト』を共同建設して、地域大協力を一歩一歩形成することができる」

同じ年の10月には、インドネシアの国会で次のように訴えます。

「15世紀初め、中国明代の有名な航海家鄭和《ていわ》は7回遠洋を航海し、毎回インドネシア諸島を訪れて、ジャワ、スマトラ、カリマンタンなどに足跡を残し、両国人民の友好往来の美談を残し、その多くが今日まで伝えられています。（中略）数百年来、遥遠《ようえん》広大な海は両国人民の交流の障碍《しょうがい》とはならず、逆に両国人民を結ぶ友好の絆でした。商品と旅客を満載した船団が両国の間を行き来して、有無通じ合い、よしみを伝えました（中略）。インドネシアの国立博物館には大量の中国古代の磁器が陳列されています。これは両国人民の友好交流の生き生きとした例証です。（中略）東南アジア地域は昔から「海のシルクロード」の重要な中枢でした。中国はASEAN諸国と海上での協力を強化し、中国政府が設立した中国ASEAN海上協力基金を活用して、海洋協力のパートナーシップを発展させ、

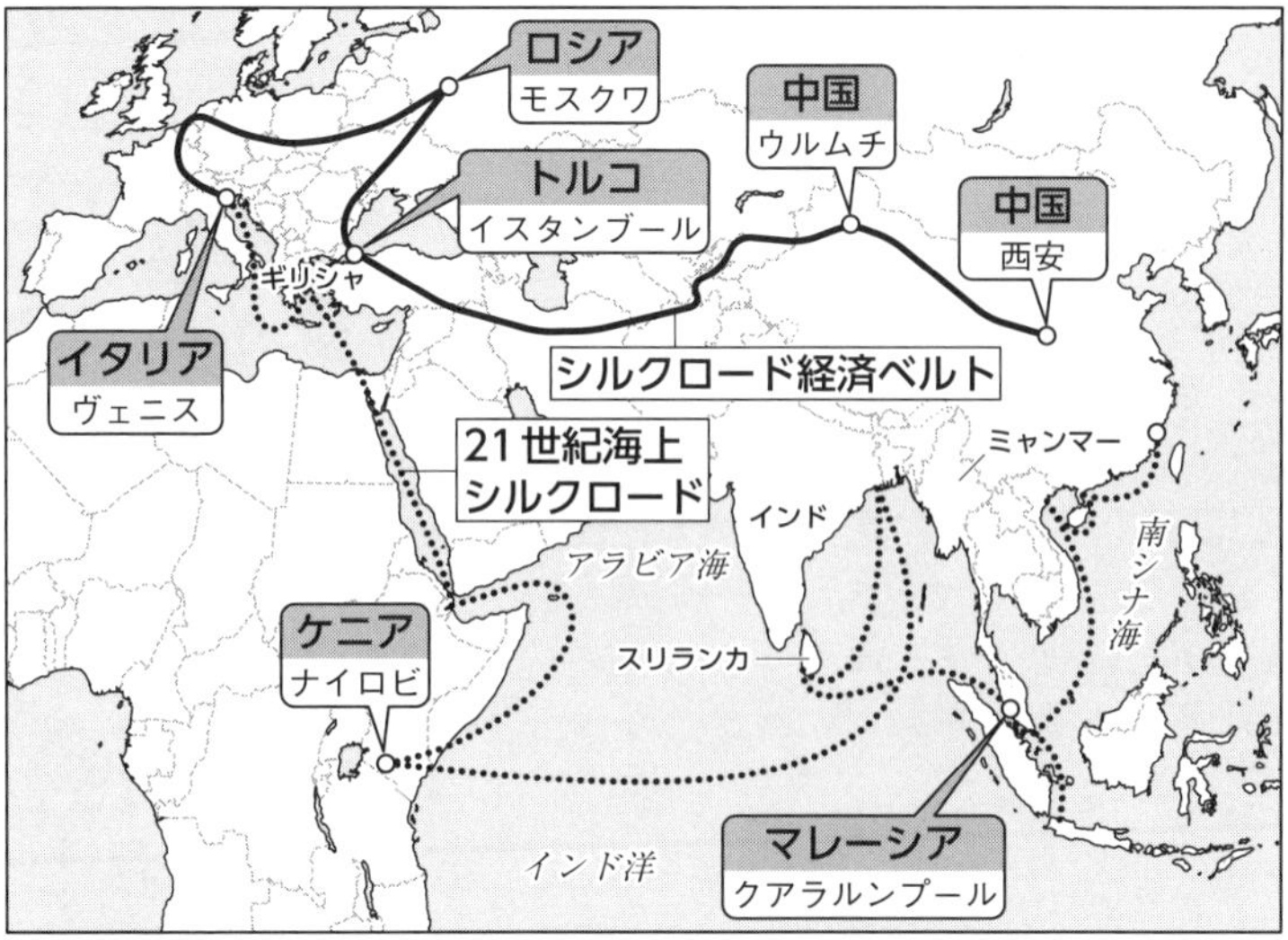

図102：一帯一路

『二十一世紀海上シルクロード』を共同で建設することを願っています」

この「シルクロード経済ベルト」（一帯）と「二十一世紀海上シルクロード」（一路）を合わせた、アジア、ヨーロッパ、そしてアフリカにまたがる経済圏構想を「一帯一路」といいます（図102）。習近平は、中国のさらなる改革・開放と海外への進出のため、そしてアジアの平和と発展のため、ひいては、世界の平和と発展のための遠大な構想の中心たらんとしているのです。

抱える国内の問題

習近平という強力な指導者が登場した背景には、もちろん中国の国力への自信があります。しかしながら、国内に抱える数々の問題を解決することへの時代の要請も感じられます。

共産党は、天安門事件で学生らに銃弾を浴びせた負の歴史を抱えています。それでも、彼らが13億人を支配し続けることができる正当性は、一つは欧米列強や日本の侵略を退け、中国の分裂を食い止めたという歴史にあります（歴史の見方7）。もう一つには、貧しさに喘いでいた人たちを改革・開放によって世界第2位の経済大国に引き上げ、豊かにしたという実績にあります。けれども、発展とともに貧富の格差は拡大しました。さらに、古い、貧しかった時代を知らない新しい世代が増え始めると、比較の対象は、同じ時代に生きる、自分よりも恵まれた人たちになります。それは競争のストレスや失敗に対する不安を増幅させます。共産党の正当性を支える二つの柱の内の一つである経済が破綻すれば、共産党に不満の矛先が爆発するであろうことは容易に想像がつきます。

あるいは、チベットやウイグルの問題は、かつての清朝と同じように、同化政策（ムチ）と、多様性を認める政策（アメ）を巧みに使い分けて統治していますが（p228参照）、今も火種はくすぶりつづけています。あるいは、「優等生」といわれるマカオはよいにしても、香港では、2014年に、民主化を認めようとしない共産党政府に対して学生たちによる「雨傘革命」が展開されました。2019年7月にも衝突が起きたばかりです。台湾では、馬英九総統の時代に「一つの中国」に向かう道筋がつけられたかに見えましたが、2016年に蔡英文が総統に就任することで挫折を迎えました。こうした国内の動きには、発展する巨大な中国に呑み込まれることに対する様々な立場での反発があります。

文武百官の人の海に浮かぶ巨大な船として、習近平は中国という荒波の舵をとれるのか、経済構造を改革して高度成長から安定成長へと軌道を修正できるのか、政治改革に対して、既得権益にしがみつく組織の抵抗を抑えられるのか、そして何より、チベットやウイグルなどの民族問題を解決し、香港や台湾、さらには「一帯一路」に巻き込まれていく周辺諸国が喜んで受け入れるような普遍的な社会、そして国家のあり方を示せるのでしょうか。軍事力と人民元だけでは人々はついてこないはずです。

「二つの百年」「中国の夢」

現在、中国は人口13億人、共産党員は8900万人、対外投資はアメリカに次ぐ世界第2位の1962億ドル、GDP（国内総生産）も第2位の11兆1991億ドル、軍事力は総兵力にして115万人。「一帯一路」経済圏は世界人口の6割、GDPの3割を占めます。習近平は、2018年に国家主席の地位を2期10年とする制限を撤廃しました。国内では波紋が広がり、中国のインターネットでは、かつて中華民国の時代に皇帝に即位した「袁世凱」の名が規制の対象となりました（p258参照）。我々の隣人たる巨龍はどこへ向かうのでしょうか。習近平は就任から2週間して次のように述べました（以下、林望『習近平の中国』より）。

「改革開放以来、我々は歴史を総括し、苦しみながら探求を続けた末についに中華民族の偉大な復興を実現するための正しい道を見出した。我々はこれまでのどの時代よりも、中華民族の偉大な復興という目標に近づいている。すべての党員は肝に銘じてほしい。落伍すれば叩かれるのであり、強くあるためには発展を続けなければならないということを。肝に銘じてほしい。正しい道を見出すのがどれだけ大変なことだったかを。我々はこの道を迷わず進む。いま、多くの人が中国の夢を語っている。私は中華民族の偉大な復興こそが近代化以来、中華民族が目指してきた最も偉大な夢だろうと思う。（中略）中華民族の偉大な復興は光栄ではあるが困難な事業であり、そのために代々の中国人が共に努力していかねばならないのである」

指導者が語る「中国の夢」というのは、あまりに漠然としています。しかし、ぼんやりとしているからこそ、この言葉は中国の人々の耳には魅惑的に響きます。一方で、この巨大な国家が如何なる世界を未来に描こうとしているのか、つかみどころがないために、周辺の国々は困惑を隠せません。中国は、アヘン戦争から約200年という長い長い物語と時間感覚で未来を見据えています。講演は、次のような大目標を掲げて結ばれました。

「私は固く信じている。中国共産党の成立から100周年までに（2021年）、小康社会の全面的な達成という目標を実現することを。そして新中国の成立から100周年までに（2049年）、繁栄して強く民主的かつ文明的な調和のとれた社会主義現代化国家をつくるという目標を実現し、中華民族の偉大な復興の夢を必ず実現できるということを！」

◉本書で述べた中国の見方

幕		中国の見方
第1幕　殷・周と春秋戦国時代	1	中国は「中心」の文明
	2	中国は「秩序」の文明、「政治」の文明 ・「血縁」や「地縁」に基づく人間関係による相互扶助を「秩序」とした。 ・「権力」と動力とする「王朝」という体制がつくりだされた。
	3	中国の歴史は「漢民族支配」か「異民族支配」に分かれる
	4	中国の歴史は「統一の時代」か「分裂の時代」に分かれる
	5	中国の統治は「徳治」か「法治」に分かれる ・徳治政治…徳をもって善を伸ばす政治を行わなければならない。 ・法治政治…法をもって悪を抑える政治を行わなければならない。 ・無為自然…自然の摂理に従うことこそが正しい生き方である。
第2幕　秦と楚漢戦争	6	中国の統治は「集権」で安定する
第3幕　漢	7	中国の政府は「権力」に関して巧み1 ・中国の政府は「権力」を「歴史」によって説明する。
	8	中国の統治は「分権（宦官・外戚地方勢力）」で動揺する
	9	中国の統治は「農民反乱」で崩壊する

第4幕　魏晋南北朝時代	10	中国の歴史は「農耕民族」か「遊牧民族」が担う——遊牧民族の特徴 ・農耕民族の世界では、政治・経済・文化の全てが発達する。 ・遊牧民族の世界では、政治・経済・文化の全てが発達しにくい。 ・遊牧民族は、軍事力を強みとする。
	11	中国の歴史は「農耕民族」か「遊牧民族」が担う——遊牧民族の末路 ・遊牧民族は軍事力を強みとして征服する。しかし、いつのまにか吸収されている。
	12	中国の人々は「移動」が得意 ・新天地で生活を築いていくための知恵を蓄積させた。
第6幕　宋と元	13	中国の統治は「エリート」が行い、「大衆」が覆す
	14	中国の政府は「権力」に関して巧み2 ・中国の政府は「対立」によって「権力」を掌握する。
	15	中国の人々は「現実」を重視する
	16	中国の歴史は「農耕民族」か「遊牧民族」が担う——遊牧民族の成長 ・遊牧民族は征服できる。そしていつの間にか吸収されている。これを回避するため、農耕民族と遊牧民族を統治し分ける傾向が生まれる。
第7幕　明と清	17	中国の政府は「権力」に関して巧み3 ・中国の政府は「権力」を「アメ」によって維持する。
第9幕　中華の再建	18	中国の人々は「大まか」な感覚

おわりに——歴史とは何か

中国は今後どこへ向かうのか。巨大な龍ともいえる隣人は確かに動き出しています。その中で、歴史はどのような意味を持つのでしょう。私なりの「歴史の見方」をお伝えすることで結びとさせていただきましょう。

私は『史記』から「歴史」に入門しました。呉越の攻防、楽毅や田単の奇謀詭策、そして何より項羽と劉邦の攻防……そこでは個性が躍動していました。魅力あふれる群像や語り継がれる教訓にわくわくしたものです。私には、日本史よりも先に中国史がありました。

のち、日本史を学び始めた時に違和感を覚えた記憶があります。日本史の情景や人物の気持ちが、とてもよくわかるのです。関ヶ原の戦いが半日で決着していく情景、西郷隆盛が挙兵した気持ち、それらが自分のことのようにわかるのです。そこで、私は中国史を客観的に見ていたことに気がつきました。

中国史の魅力は当事者ではないところにあります。だからこそ、冷静に読み、語り合い、学ぶことができるのかもしれません。項羽には何が足りず、劉邦は何が秀でていたのか、創業が難しいのか、守成が難しいのか、曹操は何がしたかったのか、そして始皇帝に毛沢東、あるいは唐太宗に康熙帝、名君と呼ぶに相応しいのは誰なのか。日本的な情緒を排して考えることができるように思います。

歴史は「人」です。歴史は私であり、あなたであり、あるいは他の誰か、です。中国史を知るということは中国人を知ることです。古来より、中国は自らを知る鏡であり、学ぶ師でもありました。それは歴史においても同じなのでしょう。

風檐《ふうえん》に書をきて讀めば　古道顔色を照らす（正気の歌）

（風が吹く軒で書物を広げて読めば、古の道が私の顔を照らしてくれる）

大河のような雄大な歴史、あまりに長く、広く、そして深い歴史のなかで描かれる人間たちの生き様は、東アジアに生きる我々の道を、微かに照らしてくれるかもしれません。

謝辞

『中国の見方がわかる中国史入門』を出版するにあたって多くの人の協力をいただきました。支えてくれる妻の由佳、中原さん、山田さん、齋藤さん、川上店長、Lin、Yawen、そして教え子の皆様、ありがとうございます。なかでも、歴史の描写についての感性を共有していただいたベレ出版の森岳人さんには深く感謝するとともに、あらためて御礼申し上げます。

◉参考文献・資料

司馬遷著、小竹文夫、小竹武夫訳『史記』全8巻　ちくま学芸文庫、１９９５
吉田賢抗『史記〈本紀〉』明治書院、２００３
水沢利忠『史記〈列伝〉』明治書院、２００２
水沢利忠『史記〈列伝二〉』明治書院、２００３
班固著、小竹武夫訳『漢書』全8巻　ちくま学芸文庫、１９９７
陳寿『正史三国志』全8巻　ちくま学芸文庫、１９９３
羅貫中著、井波律子訳『三国志演義』全4巻　講談社学術文庫、２０１４
呉兢著、守屋洋訳『貞観政要』ちくま学芸文庫、２０１５
原田種成『宋史　文苑伝　訓点本』汲古書院、１９８６
川越泰博『明史』明徳出版社、２００４
ブーヴェ著、後藤末雄訳、矢沢利彦校注『康熙帝伝』平凡社、１９７９
寺島驍、多久弘一『十八史略詳解　新装版〈上〉』明治書院、２００４
寺島驍、多久弘一『十八史略詳解　新装版〈下〉』明治書院、２００４
宮崎市定『中国史（上）』岩波文庫、２０１５
宮崎市定『中国史（下）』岩波文庫、２０１５
水野清一『中国文明の歴史〈1〉中国文化の成立』中央公論新社、２００１
貝塚茂樹『中国文明の歴史〈2〉春秋戦国』中央公論新社、２０００
日比野丈夫『中国文明の歴史〈3〉秦漢帝国』中央公論新社、２０００
森鹿三『中国文明の歴史〈4〉分裂の時代　魏晋南北朝』中央公論新社、２０００

砺波護、外山軍治『中国文明の歴史〈5〉隋唐世界帝国』中央公論新社、2000
佐伯富『中国文明の歴史〈6〉宋の新文化』中央公論新社、2000
田村実造『中国文明の歴史〈7〉大モンゴル帝国』中央公論新社、2000
三田村泰助『中国文明の歴史〈8〉明帝国と倭冦』中央公論新社、2000
宮崎市定『中国文明の歴史〈9〉清帝国の繁栄』中央公論新社、2000
波多野善大『中国文明の歴史〈10〉東アジアの開国』中央公論新社、2000
宮崎市定『中国文明の歴史〈11〉中国のめざめ』中央公論新社、2000
内藤戊申『中国文明の歴史〈12〉人民共和国の成立へ』中央公論新社、2001
吉澤誠一郎『清朝と近代世界　19世紀〈シリーズ中国近現代史1〉』岩波新書、2010
川島真『近代国家への模索　1894－1925〈シリーズ中国近現代史2〉』岩波新書、2010
石川禎浩『革命とナショナリズム　1925－1945〈シリーズ中国近現代史3〉』岩波新書、2010
久保亨『社会主義への挑戦　1945－1971〈シリーズ中国近現代史4〉』岩波新書、2011
高原明生・前田宏子『開発主義の時代へ　1972－2014〈シリーズ中国近現代史5〉』岩波新書、2014
濱下武志、平勢隆郎『中国の歴史―東アジアの周縁から考える』有斐閣アルマ、2015
小島晋治、丸山松幸『中国近現代史』岩波新書、1986
矢吹晋『毛沢東と周恩来』講談社現代新書、1991
加藤徹『貝と羊の中国人』新潮新書、2006
林望『習近平の中国―百年の夢と現実』岩波新書、2017
中華人民共和国駐日本国大使館ウェブサイト　http://www.china-embassy.or.jp/jpn/zgyw/t1086218.htm

著者紹介

福村 国春（ふくむら・くにはる）

▶1983年生まれ。慶應義塾大学文学部東洋史学科、美学美術史学科を卒業。専門は世紀末芸術。在学中から世界史の講師として教鞭をとる。卒業後は都内に歴史専門大学受験塾史塾を設立、東大・京大・一橋・早慶を中心に高い進学実績を誇っている。歴史上の人々と同じように「私もあなたも生きている」ことを伝え、「では、あなたはどう生きるか」を高校生に問いかけている。著書に『歴史の見方がわかる世界史入門』『歴史の見方がわかる世界史入門 エピソードゼロ』（いずれもベレ出版）がある。
史塾 HP＝http://shijuku.jp

◉── 装丁・本文組版　常松 靖史［TUNE］
◉── 本文図版　中野 成
◉── 校閲　有限会社 蒼史社

中国《ちゅうごく》の見方《みかた》がわかる中国史入門《ちゅうごくしにゅうもん》

2019年 9月 25日　初版発行

著者	福村《ふくむら》 国春《くにはる》
発行者	内田 真介
発行・発売	ベレ出版 〒162-0832　東京都新宿区岩戸町12 レベッカビル TEL.03-5225-4790　FAX.03-5225-4795 ホームページ　http://www.beret.co.jp/
印刷	株式会社 文昇堂
製本	株式会社 根本製本

ISBN 978-4-86064-592-2 C0022　編集担当　森 岳人

ベレ出版　　大好評の既刊

歴史の見方がわかる世界史入門

福村国春
Fukumura Kuniharu

定価 1600円（税抜）
※続編『エピソード・ゼロ』ともに

世界史を追いながら、歴史を読み解く視点まで身につく入門書。本文で提示された「歴史の見方」を通して、複雑な世界史をスッキリと本質的に理解することができる。臨場感あふれる解説で、歴史の決定的瞬間を垣間見られる、これまでなかった世界史教養書！

ISBN978-4-86064-393-5

ISBN978-4-86064-449-9